獻給心中的山水兒女

一個人需要隱藏多少秘密
才能巧妙地度過一生
這佛光閃閃的高原
三步兩步便是天堂
卻仍有那麼多人
因心事過重而走不動　　— 六世達賴喇嘛倉央嘉措

一狗二馬在路上

奧馬　著

半是兒戲，半是心存上帝
一輩子，寫的就是自己的一本書

單車華夏兩年　探玩天地人趣　騎遊感恩心路

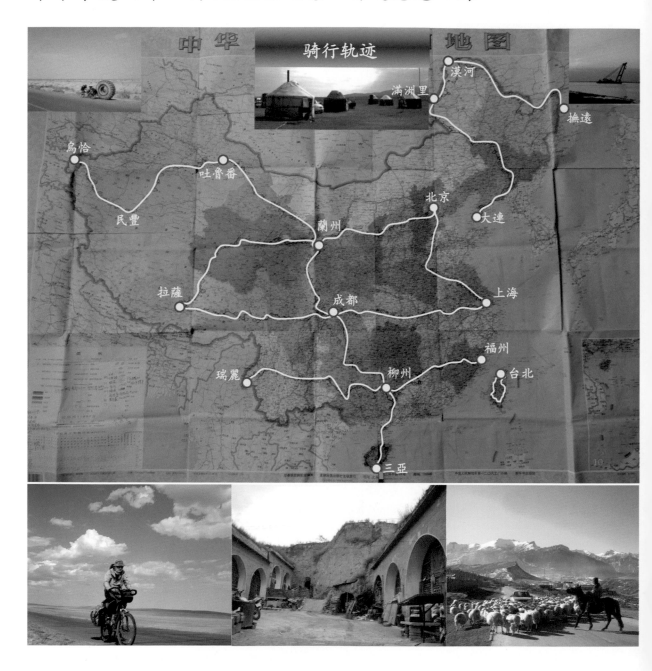

推薦序

天地蒼茫任你行，林野奔馳賽風雲
廣結善緣赤子心，萬里江山弄騎影

「白米飯，蚊子血，世上風景閒流水」的騎人夢，處處洋溢著自愉笑鬧的遊歷見聞。他的吃喝，不是口中美食，却更甘醇有味；他的玩樂不是一般探奇，却更隨得怡然。癡人狂想的奧馬真能偷樂！

就是這個偷樂讓我們看到玩車人「堅持」的可愛和樂趣，感受到他內心澎湃的光閃和淚花；驚訝宇宙大地的浩瀚和狂野，也經歷了天下蒼生的憐惜和包容。探索華夏的歷史和地理，他看到深山叢林和黃土高坡生活的不易，除感恩自己的擁有，也更加關懷周邊的族群。習於商場的奧馬心一放下，「海闊了，天空了，遠颺了」，他融入天地，忘記了自己。

奧馬不搭車的兩年騎行，除臺灣環島外，更走遍大陸各省、自治區和直轄市。他看到人有多種活法，不管高山農夫還是草野牧民，都活得心坦恬適。回想我們城市白領，合宜得體的攀爬各自領域的高峰，目光炯然心中得意；而所謂的出遊觀光，多是心、眼、腹和手腳的休息或放縱，一樣生活的慣性延續。奧馬單車的精彩，可能讓五、六十歲功成名就的大老們對珍惜當下有另一種理解。

是以，建議年輕人為自己留出較長的一段時間出遊。可能的話，盡量與邊民同吃住，感受其樸拙傳統的思維和生活。這不只增長見聞；就單從心靈的知足對接下來工作的開展就有其價值。

奧馬天南地北伴蒼生，說是山水史跡的遊記，却更像對女兒和生活的追憶。看著他的遊戲人生，想起大學登頂的大霸尖山。慨歎之餘，不禁對這不怕「凸槌」掉鏈子的同窗，來了昔日彼此的一句捉弄：
「你又走過頭了，老小子，I 服了 you！」

朱博湧
斯坦福大學訪問學者、交通大學 EMBA 創辦教授

騎友特猛序

崇山峻嶺- 瀾滄江峽谷

　　奧馬 2010 年 4 月開始的「大中華騎行」分為三個部分：
1，上海拉薩北京環騎　　上海-成都-拉薩-蘭州-北京-上海
2，臺灣環島/華南七省　臺灣-福州-柳州-瑞麗
　　　　　　　　及東北內蒙　撫遠-漠河-滿洲里-長春-丹東-大連
3，新疆直下海南　　　　烏恰-喀什-吐魯番-蘭州-成都-三亞

　　歷時兩年，行程三萬五千公里的漫長騎行，多是獨自上路。上海-成都-拉薩的國道 318 線，被稱作中國人的景觀大道，也是奧馬「大中華騎行」的序幕。而我正好有幸在川藏線上和奧馬同行。作為不多的同行者之一，從另一個視角說幾句有關奧馬的觀察和體會。

　　川藏線上奧馬每日歸來，幾乎都是最後，有時天黑很晚才到。川藏線一路，山陡崖深連綿不絕，我們從不趕夜路。有時也擔心奧馬車壞天晚，不要出點岔子，但奧馬每晚皆能趕到住地，觀其碼表，總多出三五公里。先前一直不得索解，後來才慢慢想到，每日出發上坡又陡又長，我等年輕體力尚可，達到時速 5 公里以上雖然困難，倒還能保持直線前進。估計奧馬的時速常在 5 公里以下，一定是拐了比我們多的小彎，才能使藍馬不歪斜傾倒保持向上前進，自然要比我們多行。奧馬從不推車不搭車，始終騎行，可見奧馬意志之堅強。每天落到最後，甚或天色將黑，高原初夏的天黑已是很晚，奧馬也不慌不怕，依然以自己的節律騎到住地，可見奧馬耐性之堅韌。

　　待我細細看來，奧馬喜歡穿行小村小鎮，接觸少被侵染的風土人情，甚至有意避開都市。奧馬陶醉於山水景觀，也感動於眾生有情，奧馬直面老天的脾氣、大地的性格，也直面自己的性情。一葷一素、一酒一飯，奧馬也喜聚前後左右友，做海闊天空之暢飲長聊。奧馬思接千載，在理智與感情、物質與心靈、經濟與生態、傳統與現代之間逍遙遨遊。奧馬感通萬里，在北國冰原、南國叢林、西域大漠、東海碧波之間塗抹縱橫。奧馬醍醐灌頂，在一坡一山、一轉一彎、一踩一圈、一閃一念之間忘我了悟。而貫穿這所有的，使奧馬之所以成為「奧馬」者，是奧馬那獨特的觀察之眼、體會之身、思索之腦和感悟之心。

　　騎行的長者我見過一些，有幾個也聊過幾句，有的甚至長年以騎行過日子。他們大多剛毅，卻又帶著少許木訥，大多堅韌，卻又透著一絲冷淡，有些非常熱情，卻是組隊拉旗喊著口號。奧馬有些不同，他剛毅但保持敏感，堅韌卻又熱情，熱情卻又自我完成。奧馬

的人生歷程我瞭解甚少，但他長年的自修、自省，必是非常了得。奧馬一路上對山水自然的觀察，遠非大多數人所能有和能有這麼好。奧馬一路上和各色人等的往來，遠比大多數人要多得多，要深入的多。奧馬一路的思索感悟也遠非大多數人那樣浮光掠影，人云亦云。蜀道走了幾千年，要李白來才能唱出蜀道「難」；百姓苦了幾千年，要杜甫來才能寫出百姓「苦」；赤壁立了幾萬年，要東坡來才能賦出赤壁「美」。山水自然早在那裡，人世更迭亦是淵源流傳，行走其間千千萬萬，我輩是當勇猛精進，接續前賢。

　　荒山戈壁奧馬碰到一群赤身戲水的小孩把它團團圍住，爭相拍照，他感歎：

　　…經濟發展讓我們還不具備文明素養時，已忘掉自然，拋棄純真，離它越來越遠。猛一回頭才發現人生的「沒有」是真快活。得失間，卻也茫然無法理清。大地的美，看了一輩子中外景觀，但是宇宙的意義，奧馬無能體會。相信光身的大地之子有一顆沒有造作的心，他們是天使對人類的花灑。
　　髮濕身裸遠千愁，谷澗連峰任你遊；
　　夜呢燈喃戲床頭，茅草溝裏我還揉。
遊她嬌柔大地「十八摸」，再放縱，也僅是都市幽暗的遊魂。藍天白雲下，浩瀚天地間，一絲不掛的稚子，才有光潔中的奔放，美妙中的快樂，真正浸淫人間山水的坦蕩。

　　看到這裡，我想起了木心先生說的「好的作者有一隻情郎眼，有一隻哲士眼。」由這隻敏感的情郎眼，過往的山水也變得生動多情：

　　…藍天抹上白雲，絲絲、朵朵、層層，或捲或舒，或靜或動。有時，烏雲蓋住藍天，片片、陰陰、深深，或灰或黑，或薄或厚。水邊禿鶩駐足張望，空中雄鷹凌風翱翔。青藏鐵路上，如龍快車近處急行，如蛇慢車遠處蜿蜒。青藏公路上，偶爾大群犛牛越過路面，連綿車隊揮手致意。白渾的八塔，正列隊歡迎。

　　四川的好客農家，奧馬歎息：

　　…奧馬和阿婆吃談著。原來一次生病發燒，幼小的嬰兒因山區送醫誤時落下殘疾。放手不歸的父親再加上死亡離去的母親，阿婆僅能獨力照顧女娃，婆孫二人山中養蜂相依為命。轉頭看著女娃正費力將食物挖起一匙送入嘴中，三兩飯粒掉出碗外，胸前圍兜飯菜沾黏。從堅毅的眼神和扭曲的身體，奧馬發現她需要決心和力氣才能完成一口吃食。阿婆平淡疼惜地說：「她一直堅持自己吃飯。」看著婆孫，酸鼻勉力吞完碗內米飯，最後一口，奧馬咽下的是苦鹹。倉惶站起直奔屋外，奧馬不願人前露出眼中的脆弱。…夜空星辰滿佈，伴著瀘定河的洶湧濤聲，婆孫的笑容又浮上奧馬床頭。人生有著數不清的戰場，而她們不流血，卻永無終止的掙扎，才是一場打不贏的戰爭，也是一輩子的苦難。

　　遙遠的聖湖納木措，伸手要錢的小孩攪動他內心的價值糾結：

　　…人，終要站在自己的雙腳上。我們能給下一代最好的東西是謀生能力、責任擔當、獨立意志及追求快樂的認知，這是無價的氣質。無論精神滿足還是物質擁有，都必須依賴努力去獲得。不勞而獲徒增空洞厭煩，也不會長久。奧馬崇尚真、善和美，但也不是天真的衛道人士。在不涉及法律道德底線，一個用汗水去賺，甚或用智慧去騙、用拳頭去嚇、用身體去賣，都比低頭伸手去要來得有尊嚴。因為，更像個人。

⋯照顧小孩予之以魚，重要的是育之以漁，確定他們學到一生可用的技能。但是今天奧馬錯了，或許每個人都以自己獨特的方式與天地共存。正如這可愛女孩在家鄉草原湖畔，擁有的幸福與眾不同，她的索求，可能是對長者的日常探尋。奧馬無法體會，也沒有智慧理解「魔本非魔，道亦非道，善惡自在人心」的佛緣。或許，女孩是以哪吒的本真來碰觸、啟迪奧馬惡邪的業障。

青藏線上，無涯曠野入廁成了奧馬感悟和修行的法門：

⋯群山起伏是安靜的街道，蒼天林木是華麗的屋宇，
　　原野大地是隨躺的臥床，草木土堆就是「開敞的茅廁」。
為太陽底下拉屎遮掩，就如脫褲放屁般做作。它們只是又回到原來的地方再行輪迴。人的兩張口，誰先誰後說不清楚。蒼天眼下，「人」，不就是比馬牛小的動物，如羊狗大的牲畜。「萬物之靈」的驕傲不過是棄宗背祖的遺忘。⋯在前後各距數十米的平整大地，光腚奧馬蹲靠一根細長電杆與兩隊人馬僵持著。最後，火車先行離去，而捉狹的車隊還在龜爬，一部接一部，似乎足有百部，部部車頭都在微笑。習於馬桶，不耐久蹲的雙腿雖已能日踩五百里，今天，它也不時換腳跪地求饒。

再上路，天地間四下皆無，奧馬也裏外皆空。發現吃過的米糧精肉，喝過的酒水墨水、穿著的衣褲鞋襪，盡是累贅。快活的有如一隻去淨羽毛的光鳥，舞的又輕又高。
古人「閒坐小窗讀周易，不知春去已多時」，
奧馬「窘蹲電杆孵太極，始覺吃穿皆多餘」。

而布達拉宮藏香手藝傳人也應和了奧馬的人生體會：

⋯繁星爭寵，年輕喧鬧的夜空下認識藏人德哲。在安靜的一角，奧馬入神聽完他前半生的故事。他說真正藏香製作，除有賴藥材、工藝、環境及溫度的調和外，更蘊含藥理、心靈和哲理的境界提升。它藏著過去的傳統智慧，也提示未來的無限奧秘。裊裊雲繞中，神秘的藏香喚醒虔誠、提振精神更摒棄病毒。地道的藏香抗風聚而不散，長時不退。僅能每日選時而作，於是婉拒他廟要求。人一輩子只要做會一件事，讀懂一本書，夠了！人生到底要多美多長？或許就是執著的一程長跪，甚或入定的一柱藏香。藏香夠用就好，人生夠美就好。

第一部分騎完後，奧馬有如下藍圖：
「上海寒冬拉練後，確是不懼雨天和寒冷
　大巴山區翻嶺後，再也不懼爬坡
　川藏上去後，不懼高原
　青藏下來後，不懼強風
　夏日陝北黃土高原穿過後，不懼炎熱
　上海-拉薩-北京環騎後，不懼長途
　就等夏天新疆絲路騎完後，不懼沙漠戈壁
　冬天東北隴黔騎完後，不懼雪寒泥水
　奧馬已然決定，要狂野騎遍中國各省！」

後來，他做到了。

奧馬《一狗二馬在路上》其中「一狗」是指遠在新西蘭屬狗的女兒，一路都在他心中，「二馬」是指「奧馬」自己以及一路同行住同風雨的單車。他玩、想，將數十年的人生回憶轉入滾動的兩輪。騎完後就像兩年來的放任和快樂，欣見他一句：「有話要說，寫！」

木心先生說：「講完後，一部《文學回憶錄》重要的是我的觀點。」騎完後，一部「中華騎行錄」，重要的是奧馬的體思。奧馬自成風格無法複製，諸位並世彥材可細細看來。願天地間有情眾生，都能，騎行在路上。

特猛　2014 年 1 月及馬年正月　北京香山　陽光裏

維族孺腆—新疆和田

自序

騎遊，是一個人的旅行
左踩右踏，心靈獨自對話
童時的歡愉，中年的奔忙，老來的淡定
思緒飛揚於來世今生

沿途景物似有若無，人情溫暖感入肺腑
我動情，我流淚
我張揚，我慚愧
我分享，我受惠

你問，為何以兩輪丈量千里
哈，只因發現自己的可愛

　　假如騎遊是一個人的旅行，輪滾的就是一條「心路」。騎遊是踩玩的食宿看談，心路是感悟的天馬行空，奔馳的人車與湧現的思緒形影難分。隨著旅程開展，遨遊張望更加自在，嬉笑怒罵逐漸隨緣。現在，分不清筆下是騎行的經歷、生活的回憶還是人類最基本的慾望。

　　路上每一個臉龐或背影都是生活。一張照片、一句話語都是一個經歷一個故事，甚或一個體會。左瞧右看萬般人生，恍然大悟，蒼天待己不薄，除了知足更是感恩。兩年遊走，感受自己的瞬間存在，景換星移的遊戲也變成了生活的雋永回憶。最終，心悅誠服地接受生命對自己的安排，一切坦然放下。

　　人說「成熟是個很痛的東西，需要適時放棄，更需要長期堅持。」成長時，我們面對無數的猶豫和選擇，小心翼翼地走了過來，方知道人生沒有對與錯。還好，生命無法重來，也不需重來。相信世道上的旅人只要努力，總會找到足夠的資源去完成心中的夢想和依歸。

　　隨聽的歌、隨錄的詩和隨性的短句都讓旅途貼近心路。它讓自己在夜深人靜的桌前，不知不覺，又上到梵音山水的青藏雪原、悲天憫人的黃土高坡和鳥鳴翠綠的苗侗各族，也回到陪伴女兒成長的歡樂時光。為審視軟弱與傲慢，銘記簡實與謙虛，不藏筆拙；但得本，莫求末，奮力記之。

　　　　　　　　　　　　　　　　　　　　　　奧馬　2015 年秋於新北

單車人生

人生是一輛不停前滾的單車
困頓徬徨或海天呼嘯
都似有若無地張揚著自我輝煌

目錄

上海-拉薩-北京　中原環騎

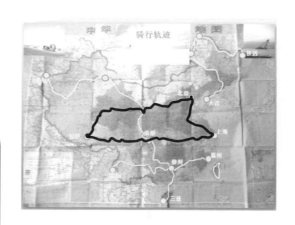

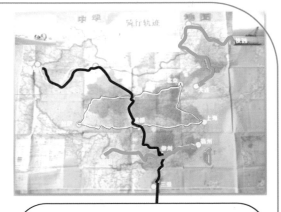

卷一　華東巴蜀

漢家天雨，人渾車閒

藏地天高，人爽牛歡

不耐煩的都市奧馬戲問：
「人頸上的狗鏈，僅是自己想像的鈎戀？」

華東巴蜀— 歡欣的鼓舞　　*行前小語*

　　經濟大潮掃到哪裏，哪裏就改變，只有深山叢林還保有較多的人文傳統與自然生態。奧馬知道自己正與時間賽跑，要儘快去體會即將湮滅的僅存。他想經歷不熟悉的人情和景物，為有限的時間創造可能的更多空間。

　　想以兩年肩著背包探尋偏遠山區的古老臉龐，發現單車可跑那遠後，來勁了！買車治裝，利用三個月的週末加入網邀跟騎，對騎友反覆請益。也曾上海獨騎杭州，寒風冷雨中兩日來回 400 公里，奧馬試圖揮別慣性人生。

　　偶爾聊起計畫中的騎程，總是引來好友關懷：
「上海騎自行車去拉薩，你能行嗎？」
「路上大車橫衝太危險了，你不擔心安全？」
「山區前不著村後不著店，你吃住如何解決？」
「一個人萬一生病，你怎麼辦？」
「對單車知識有限，路上出問題，你找誰？」
對未曾細想的場景無從回答，含笑一句：「船到橋頭自然直。」後來發現，觸動心底的遭遇多發生在意外的時候。

　　318 國道全長 5,476 公里，東起上海人民廣場西至西藏尼泊爾邊界。海拔落差超過 5,000 米，幾乎包含中國所有地質地貌和人文景觀。繁華的浙、皖、鄂、渝和川東有著史跡山水，中點成都正是接下來川藏線的起點。奧馬上路磨劍。

上海出發

華東巴蜀 ─ 上海至成都　　　2010/4/10 ─ 5/7

縹緲神秘的佛國，遙遠難入的西藏		上海行前
二馬上路頻回首，歡欣看景摔一跤	4-10	浙江湖州
一路泥濘安徽路，慢速高速兩重天	4-11	安徽廣德
再行泥路又百里，放飛林鳥夜進城	4-12	安徽宣城
鄰家阿姨施馬糧，老嫗接孫踏板車	4-13	安徽喬木
風鏡潛水左右行，雨寒凍手解急亂	4-14	安徽九華山
江北安慶思姨父，來日環島謝長恩	4-15	安徽月山
大別嶺高熬陡坡，小馬首低問山頭	4-16	安徽岳西
翻山越嶺苦煎熬，初嚐下坡樂飛揚	4-17	安徽白帽
搬馬翻界找地圖，鄉音土話二愣子	4-18	湖北浠水
泥地車陣搶路行，暮入黃州尋赤壁	4-19	湖北黃州
知詠難饗風雅士，自由送騎過武漢	4-20	湖北漢陽
大雨滂沱淋風趕，荊江大堤展平川	4-21	湖北仙桃
毛嘴鹵雞戲堂客，夜入荊州遇湘農	4-22	湖北荊州
仗義哥兒樂開道，古蹟帝王同悲涼	4-23	湖北宜昌
老漢賣餅讀古文，秭歸遙看長江壩	4-24	湖北秭歸
冷夜獨扛百米階，愧對三棒加一掮	4-25	重慶奉節
指撥誤當變速器，親切堅持老師傅	4-26	重慶公平鎮
一路標語長佩服，夜奔山路貴人助	4-27	重慶巴陽
那老祖傳的熱情，這搶不贏的帳單	4-28	重慶梁平
谷轉嶺繞氣息盡，九五人壽嚼荸薺	4-29	四川袁驛
山陡情濃學爬坡，吳下阿蒙開眼界	4-30/5-1	四川大竹
群坡連爬愉果農，黑街閒談好鄉人	5-2	四川花橋
塵揚道旁忙生計，數問無答聲喑啞	5-3/4	四川南充
沙石陷輪寸步難，飯後推倒一把胡	5-5	四川安居
趕趟種豬如馬行，遠鄉偏村賭博彩	5-6	四川童家溝
羊湯香濃飄簡陽，騎友圍爐會成都	5-7	四川成都

縹緲神秘的佛國，遙遠難入的西藏　　上海

奧馬想騎單車去西藏，心中的西藏不遠，遙遠的是入藏函。上網查找：「…根據國家旅遊局規定，外國旅遊者、臺灣遊客和海外華人（香港、澳門居民持中國特區護照或回鄉證者除外）在藏期間不允許自行旅遊，不論客人人數多少必須有組織組團旅遊…。」

大陸住了十五年的奧馬看得雲裏霧裏。或許，因前時該地區有動亂，當局為掌握國際視聽有所考量。政策取其大，此時此地，臺灣人當然與外國人並列。在中國，不說外國人和臺灣人，政治確令百姓生活時有尷尬和不便。

想起二十年的好友，出身滿族正黃旗的 H，在上海一次酒酣耳熱的歡鬧中感慨：「以前你們說我是外省人，現在我一出門又被說是臺灣人，他媽的，我到底是哪裡人？裏外不是人！」也是，祖先三百年前到臺灣的奧馬常在大陸人面前捍衛臺灣，一回到臺灣又儼然是海峽對面的觀點和口氣。只知吃喝拉撒、奮鬥和繳稅的小民不知有這多的意識形態，卻也理解「哪邊都無靠」的自嘲。

H 高大體面，個性爽朗，出語總在點子上。同事期間，一次聽得消費產品部門的女客服，正為捉狹男性詢問「婦女衛生棉球如何使用」難以啟齒。突然，他宏亮飄出清脆一句：「告訴他，彎下腰兩指撐開，另一手拿著棉球從小縫中塞入，就這麼簡單。」醫療部門直言不諱的客串「專業解答」引得偌大的辦公室一陣彎腰哄堂。假如世間只有百姓生活的隨手取樂和談笑開放，現在兩岸或許不那麼緊繃。假如歸假如，奧馬知道政治永遠不會亂套。

再問，上海西藏旅遊局說：「臺灣人自行車進西藏，無此先例，難辦。」上海旅行社說：「無此業務。」電詢成都最後結論：「巴塘開始入藏，一人團包個導遊跟隨二十天，管吃管住，再管一輛吉普車。你一人進藏的費用約人民幣兩萬，可以試試。」折騰三個月，仍是懸而未決。

「古老大國群鳥飛舞，什麼事都有可能。」老祖宗如是說，奧馬如是想。正規軍過不了關，那就當游擊隊試試。希望一個月後的成都或臨入藏的巴塘會有解決門道。奧馬習慣一句：「先不鳥它，路上看辦！」要不，到時候就沿著金沙江下雲南回老家。

心中西藏

二馬上路頻回首，歡欣看景摔一跤 浙江湖州

江南河道

奧馬坐於客廳燃煙，鋼骨藍馬一身裝備。前看後琢磨，不禁發出「對頭！對頭！」的欣慰。從學踩跟騎到現在的躊躇滿志，他倆現在要相伴遠行。心中帶上屬狗的女兒，長長一聲：「走—— 咧！」出小區就是 318 國道，地圖上一條短線，上海與拉薩就在兩頭。哈，一狗二馬很難迷路。

入浙江，清麗山道欣賞著風景，不料手把卻碰上國道護欄，橫摔的一跤讓奧馬滾到了路中。幸後無快車，否則，不知會不會被打包回家。蘇浙水鄉都曾留下往日的拉練足跡，插旗趕趙的舢板如常一聲低鳴，似壯行色地為二馬響起出征號角。料峭寒雨中來到織里鎮尋宿，奧馬濕衣黏身卻仍悠遊自在；渾不知接下來一週多是雨中騎行泥濘推進，經常弄得狼狽不堪，人車兩齜。

上海出發，路過江蘇吳江、浙江湖州都是熟悉的地盤，半日輪沾三省市，新鮮！探索帷幕已拉開。十五年前陪同臺灣朋友由廣東順德飛東北大連再到山東淄博出差，第一次到大陸的他歎著：「中國不是一個很大的國家，它是『很大很大』的國家。」是的，兩千三百萬人蟄伏在三萬六千平方公里的土地上，相較這多的民族這大的版圖有如小蛇見到大龍。今天奧馬學會使用「不咋地、就那樣」，現在他說：「大陸不是一般的大，是『相當相當』的大！」或許，寸有所長，海邊的一粒花生也對偌大的麵團進行著人文發酵。

被詢及大陸待了多年的感受時，奧馬每每回答：「小學課本說中華民族『地大物博，物產豐富，五千年文化，歷史悠久。』長大後，卻也納悶是真是假。來到大陸工作後發現這大的經緯跨度有著多樣地形和四時變化，才體會到它的『廣』；看到超過半百的民族，以自己獨特的方式存活千年，保留自身的傳統和習俗，才感受到它的『深』，很是喜歡。」進來後，確是沒想離開過。

一路泥濘安徽路，慢速高速兩重天　安徽廣德

泥濘國道

　　出門時細雨持續，一上馬，雨停了。脫下雨衣，吃起土家醬餅，雨又突然而至，還是拋豆豪雨。誰怕誰！你下你的，我走我的，奧馬又穿上雨衣。爾後，穿脫就如喝水放尿般無需思索。三小時後下馬午食，裏汗外雨冷凍欲顫，奧馬死命喝著店家熱水。上「地衣」土菜（大量繁殖於雨後地表的真菌與藻類共生體）的阿姨提醒：「過橋頭就是安徽，他們在修路，司機說路很差，又連下好些天的雨，你騎車會很辛苦，當心點。」奧馬笑語：「不算事，誰怕誰！」大雨繼續潑灑。

　　穿泥水夾泥沙，難得滾過稍硬路面，烏龜終於知道「雨」錘的厲害，「誰怕誰」也變成了「我怕你」。並行的高速公路淨亮平直，車行甚少，挑釁中有著誘惑。下奔瘡痍國道的二馬怨起「單車不准上高速公路」的交規。待一嶄新四輪呼嘯而過，對著欄下顛簸搖晃的三輪、閃繞泥路的兩輪張揚示威。狼狽不堪的奧馬賊心頓起，對藍馬開口了：
「兄弟，你怎麼看？」
「我們上！」
可是一看此地如樓高的基壩有如橋墩，又陡又滑。
「太高，恐怕上不了！」
「沒事，前頭看著辦！」

　　又推進 20 公里還是無緣上去。雨仍纏著二馬，天漸暗，路面變得更漆黑模糊，車速放緩，顛簸持續。再趕四小時沒燈的泥水路，終於在旅店門前五米處踏上凝硬的「控股力（水泥地）」，後院水管沖洗人車後方好意思進住。第二天藍馬前軸起了黃鏽，心疼兄弟的奧馬牢牢記住，往後有洗必有擦，而且擦的很乾很乾。

　　今天 107 公里讓駝包內的衣物全濕，奧馬下著結論：
「網購的雨罩及自製的雨布不防持續大雨，今後所有衣物皆以塑膠袋包裹，再進駝包。」二馬才不怕你那個鳥雨天，倒是退下鞋襪的腳趾被水悶泡的皺白，奧馬又一路尋起穿拆方便的高筒鞋套。

再行泥路又百里，放飛林鳥夜進城　安徽宣城

昨天開啟夜戰序幕，往後二馬常是近午出發夜間趕路。以前工作依著「習慣改變行為，行為創造思維」的原則，相信清晨是全部精神面貌的體現，抓了頭就有了尾。不出差時一早進辦公室計畫工作、坐等來人關心進度。上路後，卻沒了時辰節奏，不知是習慣改變了奧馬，還是奧馬改變習慣。或許彼此都沒改變，只因現在是一隻放飛的籠鳥，無念一身輕。

不靠海的安徽是「開發中」的內陸地區，厚積薄發。以前碰上不少本省子弟確有善戰徽軍的刻苦能耐。天清新地陰著，二馬繼續玩起泥巴大戲。入山區，視野逐漸開闊，遠山綠樹，處處農家稻田，只是泥濘濕黏一路還是堅持。

深一滾，淺一滾，追風趕雨入夜來到混著水泥沙石的半乾路面。滿佈的窪坑落差多有一尺，汽車壓出的輪跡卡得奧馬頓足下地，藍馬也險些翻覆。一聲「荒唐！」笑出三字罵經。路旁照亮「鱷魚湖山莊歡迎您」的標牌，心想今夜有了宿處。岔入小路後幾無人車，越走越黑。近山處找著昏暗民居，門縫探出聞聲農婦。奧馬壓下頭燈問道：
「國道上路標說 6 公里到鱷魚湖山莊，我已經走快 8 公里了，不知還有多遠？」一臉善良迷惑，緩緩抬起的手指道出可能的答案：
「這邊過去是山區，沒什麼住人的山莊，你彎進來大馬路的對邊，好像是有個風景區。」

再回國道，二馬頭燈齊照立板看個仔細，明明沒錯！往市區不久，馬路對邊似也高掛著相同的一塊標牌，我左你右，也不知誰戲弄了誰？臨進縣城，一洗浴兼住宿的霓燈亮閃，入廳吸煙小休，外頭摩的（載客的摩托車）載著美麗青春的少女有進有出。奧馬對著夜裏四處彩飛的蝴蝶打量新鮮，屋外的藍馬卻抗議了。哈，原來牠今晚不想獨睡。

燈火闌珊，夜漸深沉。再一段冷寒折騰，二馬拖沓進入宣城。發現市郊竟也有一山莊。木桌木椅擺設現代，四壁散發著原木香氣。當二馬相擁踏入溫馨的木屋時，正好午夜 12 點。突來一念，要是隨身帶個小秘，此時倒也管用。

淋浴後躺上潔白的床褥，一路奔波的疲憊頓時消逝無蹤。湧起的滿足，又讓奧馬回到大學時一場淋漓盡致的足球賽後的輕鬆。雖然天黑後幾十公里的抖跳泥路，風雨來去欲哭無淚，奧馬現在卻鬥志高昂，一心只想著川藏那頭的精彩。

山莊 6 公里

鄰家阿姨施馬糧，老嫗接孫踏板車　　安徽喬木鎮

　　小店前的烤雞掛著「上海特色」字板。住了十幾年還不知此味，罰吃一隻。一瓶啤酒，矮凳上吃起近午的第一餐。隔壁河南阿姨倚門搭訕，看著騎人隨地而食很是克難，她面露猶豫，小聲輕問：「我家裏還剩有剛剛女兒上學沒裝完的炒飯，你要不要來一碗？」嘴大吃四方的奧馬一聲爽快：「好啊！」大碗的肉絲炒飯很是溫熱，香！看著騎人讚不絕口的嗯嗯吞嚥，她舒心地說：「我原先怕你嫌棄吃不慣，不好意思問你，看你這麼喜歡，我好高興。」稍停，又說：「等一下再吃一碗！」頓時莽漢折腰，鼻湧奧馬哭笑一句：「阿姨，要不，我連鍋帶上？」

　　一上躺大鐵箱的板車，在高校門前飄著「馬車冰堡」旗幟，原來是現挖冰淇淋。吃著冰涼也聊出攤主女孩心聲：「家裏窮，不能繼續念書，要出來賺錢吃飯，羨慕你們旅遊，我要更努力工作改變生活...」。確是，不乏鄉村青年充滿美好夢想，與對之奮鬥的意志，他們只是缺少環境與機會。

　　努力「生存」或安於「生活」，一字之差，生命的內涵可能相去千里。今天，安逸又邊緣化的海隅，可能有更多的草莓一族，因被過度呵護而變得毫無抗壓能力，也少有理想和追求。每每看到來大陸工作的臺灣青年溫和守禮卻歷練欠缺，自是不如內地同齡者的企圖心旺盛，甚或老練油滑。他們受難後無法怒起，不知該對自己生氣，還是對別人冒火，只能用「無辜」一詞概括。他們成長於相對早富的時代，有著「孝子孝女」的爸媽和可頤指氣使的包容社會。大環境造就的無慾無求的無辜一群，最終或也只能蒼白無辜的消失。老實或守拙就如美德或愚昧，共生纏繞難以釐清。相信勇於投入內地競爭洪流的海島青年，正如推著冰堡的少女，他們展現的骨氣會讓未來活得更寬廣。

　　來到正放學的小學門口，二輪、三輪還有四輪，各式車輛群聚校門。路中有著數名交警指揮，也不時揮下過路大卡查開罰單，一勤兩職，維安又創收。只是繁忙路面被壓縮，百姓往來更加左支右絀。不經意間還演著現代版「官府欲撫民，官人卻擾民」的傳統矛盾。

　　喇叭放出 60 年代的美國老歌，木匠合唱團唱著「...Country road, take me home...」，那是奧馬上大學才耳熟的歌曲。此時聽到一陣訝異，原來，公立小學都把英文列入了課程。一輛轎車在大門前擋道停下，年輕母親昂首尋望。旁邊，老嫗費力拉著三輪板車閃隙拉抬而過，毫無怨言，車上快樂孫女天真地玩弄花彩書包。是的，鄉村小路帶我回家，回到有著媽媽有著奶奶的家。

　　看到 369 公里的路標，奧馬知道不管 147 還是 258 的牌戲都只是兒女們的胡鬧。母親無私的基點 0，才是萬物的根源，子孫的保障。後來遇上一位撫育先天失聰兒子的媽媽，因丈夫不要小孩而離婚，也借錢為兒子手術裝上人工耳蝸獨力做著康復。記得她自我解嘲：「女人結婚後，身體是丈夫的，時間是兒女的，只有皺紋才是自己的。」借用網言，堅毅微笑的背後是為母則強的無畏，她說的是：「我要兒子快樂長大！」

　　拿掉飲血茹毛的謀食蠻力和男人強加的倫理規範，或許人類就如動物一樣是個母系社會，從沒變過。小孩長大後，不管引領風騷還是落伍憨顢，媽媽的懷抱是永遠不變的搖籃。

馬車冰堡

風鏡潛水左右行，雨寒凍手解急亂　安徽九華山

　　風猛雨急，二馬有如逆游的魚兒劈水前進。快慢共用車道路肩窄小，車輛不時從後呼嘯而過，奧馬冷汗連連。天雨路滑又視線模糊，為避免後車誤撞，遂橫過馬路逆行迎向來車。又發現與對方二輪來車交會時，彼此都有著左右猜邊的猶豫，佔較大的路面也更加危險，二馬又回到右邊安分騎進。小店找得唯一的塑料手套，將其套包戴著濕凍雙手的騎行手套外，緊脹，但管用。一段路後發現手指勒得難受，想到三月初往杭州拉練時，半路買的笨重雨鞋讓腳趾淤血，現在似乎還能忍受。倒是膀胱壓力逐漸高漲，待看到前方稍可蔽雨的橋墩，心想最後一刻終得解套。

　　一停車，僵麻的十指已少有知覺。顢頇的手肘撩起雨衣，擠下雨褲，發現裏頭穿的是買錯的女用連身騎服，胯處沒開門。於是躬身如蝦想手入胸口拉提小弟，又發現套頭風衣和雨衣的細小拉鍊都齊到顎下，真是尿急！嘴咬臂甩，再用半死拇指苦摳，鳥口急尿已讓奧馬墊起腳尖，恨不得能立馬剪了衣服。幾乎同時，拉下胸衣、弓背彎腰、捧鳥露臉、開閘噴水，四步一次到位，有如排練多次的表演。鞋頭落水紛紛，分不清是斜風帶進的雨水，還是縮頭小鳥灑出的熱泉。渾身一個激靈，管它是四肢凍寒的顫抖，還是中肢解放的快感，就是一陣大爽。那美妙，真有勝於年輕時做愛的猴急和舒坦。

　　進到「沙縣小吃」，和店家用著家鄉話聊起共同的福建祖宗。聽得要騎往拉薩，老鄉誇大一句：「吼！阮簡哪耶要開這磊小店賺吃，偷嘞快樂，你這練屬害，佩服你！」奧馬一陣陶醉，就覺天上先祖也點頭說著：「俚也宏幹咁（閩南語，你能行）！」是的，篤定的很，這兔崽子正無畏前進，一點不徬徨。上菜後發現半僵的手指又不聽使喚，筷子變成了叉子。

　　打開電腦，女兒對著網上照片蹦出一句：「你怎麼老在雨裏趕路？」哈，老爸樂啊！

江北安慶思姨父，來日環島謝長恩　　安徽月山

　　九華山出來，一板「無為啤酒烤鴨」招牌讓奧馬會心而笑。「無為」是為女兒取名的諧音。「無所不為」也「無為而治」，要她人生無拘無束有如無涯草原般的清朗空曠。一個小時大大咧咧的可愛女兒，穿褲比穿裙好看的豪氣假男，長大後，由於老爸一個無心建議，走入了生硬邏輯的法律領域，也變成熱心奉獻的上帝追隨者。記得女兒紐西蘭高中畢業後，因老爸希望她用中文讀大學而進入大陸。老爸對著從小喜歡看書的女兒說：「妳理、工、商可能都不會比我好，可是有時我說理又說不過妳，就唸法律吧！」「我依你，但先說好，我將來不一定當律師。」畢業幾年後，她從英國來的郵件突然冒出一句：「老爸，我決定要當律師了，你是不是很高興！」除了孝，似乎，女兒還有更多的順。奧馬現在才懂得木心所說：「無，是一種為，不是一種無。」

　　跟著南京奔往西安的騎車學生上了長江渡輪，奧馬憶起年少欲與天比高的稚壯，現在還是那個善於找藉口燃燒自己的頑童。人，似乎不會改變，活得越老越像自己。騎行上路，奧馬又回到年輕的從前。

　　船行於寬大江面，望著大城，用手機向臺灣問起養老的姨父是否在故鄉安慶。想起小時候領受的無私照顧，希望今天得以登門問安。人總是在不知不覺中虧欠，卻也在感知後推給「下一次」。「常把有日思無日，莫到無時盼有時」是對年輕人的古老警語，也是老年人的低聲呼喚。水天一線間，突然醒悟，不能再有「我忙」的搪塞。奧馬決定一回臺灣就騎車環島遍尋親戚老輩和久違師長。他要當面說聲：「謝謝，謝謝對我小時候不懂事的照顧和教誨。」有的已二、三十年沒見面，人生還有多少個十年，那可能是最後的道別。到江岸時得知姨父人在臺灣。

安慶長江大橋

大別嶺高熬陡坡，二馬首低問山頭　　安徽岳西

　　越過西河大橋，年輕小陳得知騎往拉薩，執意留用午餐。在侷促的廚房兼臥室拉進小桌小凳，啤酒助興。他老婆門外高聲提醒一句：「下午別忘了你要接女兒練鋼琴。」小村，學鋼琴？奧馬訝然。對兒女的投入，鄉村父母絕對不亞於都市白領。難怪美國研究中國的學者發出感歎：「以前我們擔心中國不現代化，現在擔心中國太現代化。」來到「水吼嶺」挑了大香蕉，看店家裝入黑色塑袋上秤，付錢後探手取食，裏頭竟生出黑腐的兩小根。哈，矇混添兩，何其手快！

　　路人說：「前面有三個大山頭，其中一坡又陡又長，超過 20 公里。」誰怕誰，不就那回事。河水變寬，丘嶺隆繞，學校也叫「野寨」中學了。以前沒看過這麼陡的「馬路」，納悶汽車怎上去的？真的重，難踩！奧馬第一次感受到什麼叫「爬坡」。一開始，陡坡都不長，上氣不接下氣時已到較平的節點。覺得藍馬馱的東西太重才這麼累人，為了減負，一停就喝，再停就吃。陡坡更長，踩不動時仍看不到盡頭。繼續上翻，越盤越高，不得不下車推行。發現載重的推車角度不合人體工學，更累更慢。心想，與其累腰不如累腿，再跳上堅持踩踏。烈日炎炎，奧馬挑戰自己，也不時低視藍馬，深怕折牠鏈條關節。吳下阿蒙，不出商儒上海不知群嶺的峻偉挺拔，奧馬學會尊敬山峰。

　　原來二馬翻的是騎行者的夢魘，余秋雨筆下的「寂寞的天柱山」。千米以上的雄峰 45座，人們說它「渾身石骨，拔地而起，直插雲霄。」養尊處優的二馬，已揮別平坦的華東平原，進入連駕車朋友都皺眉的大別山區，一路將是險難的長坡。

　　常因速度近零而左擺右傾，但奧馬再也不肯下馬。兩眼垂視輪緣地面奮力下踩，一段忘乎時間的掙扎。突然，被堅持的身軀似乎突破極限，沉重的雙腿兀自蹬踏，不再酸楚抗拒。奧馬發現此時上坡宛如平地，沒有一絲「拼死折磨」的勉強。莫非這是進入空無境界的馬腳，正如道家「物我兩忘」地神遊太虛，自我逍遙？

　　一個近 10 公里的長坡來到僅僅幾間房的民聚，路邊一坐，修屋村民前來搭訕。奧馬遞菸問到：「老鄉，前頭上坡還多遠？」一人逗笑：「遙遙無期，沒有盡頭。」又一次看到前頭彎處的獨立車舖。埋頭來到跟前，雙臂搭著龍頭，苦舌張嘴，艱難吐出：「請問...離山頭還有多遠？」扶著卡車輪胎的不語老兄，嘴笑唇努，同時食指左前一比。奧馬一個偏頭，哈，前方 30 米處，突然透空的嶺線就是山頭！

　　天黑進入縣城，住進有著「岳西」頭銜又稱「飯店」的三層老舊建築。奧馬對著暗窄小窗遞上證件。中規中矩的一樓接待和樓層阿姨，用著前世的穩妥紙單傳遞著住客身份。二馬扶拉上樓，暗紅鐵條窗戶下的走道很是幽暗，棕黑泛白的木地板嘎然作響。進入空大房間，似要掉牙的扶手座椅，擺著往日官場的輝煌和今日守舊的落魄。一條洗漱水臺對著寬敞的無門長溝廁所，乾淨的細水，流著偏遠山城的傳統執著。

　　綿延的陡坡讓奧馬對騎行有了認識。平路行進是騎遊，是享受。翻山的挑戰才有騎車的真正「感覺」，奧馬開始喜歡爬坡。只要騎得動，就堅持在車上使勁，不管時速是 5 或 4公里，還是更低。今天學坡的 102 公里，磨人！

大別山區　　　　　　　　　　　　　　　　　　　　　　　　山頭連綿

翻山越嶺苦煎熬，初嚐下坡樂飛揚　安徽白帽

　　晨起，檢視尚未掉痂的膝傷，出門的一跤已近一週，偶爾疏忽，上馬抬跨時也幾次又碰開血口，這小傷摔得真是地方。直右腿，彎左膝為藍馬上油後下得樓來，小攤說著：「白帽村之前，包括大別山最高的明堂山，有三個山頭，個個坡度不小，上下一路翻繞。」還是三個？納悶！昨天的爬坡，不算山頭？

　　來到路口，見著奧迪轎車下來一穿西裝車主，奧馬問道：「請問往湖北國道哪個方向？」他斜眼看看二馬行頭後，連開口都省了，旁邊微笑的貨車司機卻接上了：「你前頭彎上去就是了，有路標，要記得向左轉。」哈，契訶夫說得對，「要人幫助的時候，求窮人比求富人容易。」兩個小時後終抵第一個山頭，對接下來 2，30 公里的下坡，身心軟倦的奧馬還真捨不得一口氣下放山谷。首次的長下坡有如張翼收腿的大鵬，風聲伴耳衣擺飛揚，高低起伏翱翔山谷；更有如孫悟空腳踩金箍棒，騰雲駕霧迎風招展，山水盤繞林中穿行。以 5、60 公里的速度飛滾到 666 公里路標，美啊！

　　午餐後，掙扎迎向一個超級陡坡。門前提著柴枝的老嫗一臉心疼，突然對著左踩右晃的二馬急手比劃，口中嘟噥似乎說著：「你這做苦，我們這陡坡沒法騎，趕快下來！」奧馬猴孫般地苦回一聲：「沒事！」這一聲，卻也泄了氣、頓了腿差點翻下路面。山路翻轉不停，奧馬上坡下坡沒了知覺，一心一意地要在日落前趕到下個宿地，管它安徽還是湖北。

　　後來臺灣環島上司馬庫斯，一年輕騎友得知奧馬大陸騎行，內行問道：
「啊卡歹騎叼時陣，你有譙嘜？（遇到不好騎的時候，你有罵三字經嗎）？」
奧馬開笑，對著一句：「幹你娘！哪嘸（怎麼沒有）？別人的八代祖宗都罵光了！」兩人發出知己的大笑。碰到泥巴土路或陡坡山路，難熬的時候那三字會脫口而出。一出，二馬又有了精氣神，確是給力！奧馬又回到見山是山，見水是水的原始野蠻階段。

　　天黑來到白帽村，年輕店東正熟練地用著電腦上網聊天兼看花邊趣聞，桌旁小兒也鬧著要玩電子遊戲。沒想到，偏遠山區的互聯網都與大城同步了。它們加速中國開發的腳步，也縮短了城鄉差距。拿著奧馬的駕駛證卻無法輸入，再三問證號，還是屢試屢敗。第二天他告知奧馬：「你的資料要從『其它』欄拉下介面才能輸入。」什麼都有第一次，多虧他對這麻煩身份的鍥而不捨，大家都學到了。

幾天前在喬木鎮，也是這證，讓旅店隔壁的公安拿去忙豁了半天。奧馬兩小時後問要證件，一句「我們查了，你的資料正確，記錄正常，歡迎你的到來。」呵，曾幾何時，一切網上作業。後來在窮鄉僻壤，奧馬也常遇上「知根知底的人民朋友」。

皖鄂交界

搬馬翻界找地圖，鄉音土話二愣子　湖北浠水

　　昨天傍晚聽說山頂無法通車，正考慮是否直接繞道。猶豫間，旅店年輕老闆娘玩趣一句：「你不想騎了對不對？太難了！」苦笑的奧馬二話不說，拉起藍馬撲往雨霧山路。上坡 25 公里到山頂一看，媽媽咪啊！如山的土堆把個 318 國道封死了。幸好就如女兒看到照片時說的：「老爸，你一定慶幸自己是騎兩輪單車，沒開四輪轎車。」那口氣，就好像她小一放學把水壺留在公交站讓阿嫲幫她取回來後安撫她說的：「它是不是乖乖的站在站牌底下等妳接它回來？」只是現在她不用加接著那句：「晚上不要告訴爸爸我忘了，以後不會了！」這恩，知心又窩心！

　　踩泥搬車下來，蓋著黑網的水泥地面正待出爐啟用。似乎兩省各管自家一段，所以有著人為隔斷。湖北境內無人車，痛快二馬下到英山。中國古代四大發明之一的活字印刷術發明人畢昇生於蘄水，就在附近。上海買的安徽地圖已過時，現在要規劃新省的大致路線。要的是單張的湖北大地圖，方便記事又可棄舊換新。幾天前在安徽小鎮尋買，老闆拿出一本厚重的全國地圖，又拿出套膜掛圖。奧馬試著再解釋，就見店家變臉來了沒聽懂的三句土話，好像說著：「你這也不要，那也不要，找碴啊！」

　　來到市區，適逢新華書局裝修不營業。冷雨下，大街小巷來回近兩小時，多家文雜店都沒找到要的地圖。進入食鋪，透濕凍寒漸感淒涼。一抬頭，一賣甘蔗老漢冒雨昂首推車而過，再想到前頭路邊一壺兩毛的熱水販，奧馬突覺自己嬌貴。是啊，這多家書店的英山老鄉也沒一人再說你三句「嗯蝶耶表，喏耶表，莫結根！」

一食客道：「你為什麼不去長途車站的小賣部買，那裡有我們湖北的交通大圖。」一語驚醒迷糊人，那不就是要找的嗎？剛剛還幾次經過！連日雨中的翻嶺爬坡激發鬥志原性，似也讓大腦停止運轉。來到熱鬧街市，奧馬如同後來碰上的可愛種豬，喜歡犯傻。

　　車站一問，還是沒有地圖，天黑進入浠水。看著悽惶湯雞的旅店掌櫃手指沙發笑道：「倪莫咶嗯（你不要站著），坐一咳！」奧馬會意坐下。進入房間後，牛筋繩跨牆拉起的長長兩串衣褲行當，個個低頭看著地上鬆帶水鞋的兩碗大口，大夥要呼它一夜暖氣，水浸一天的寒瘓腳趾也在被窩裏唧唧叫爽。

　　不說安徽那頭，就同屬湖北的英山和浠水，僅隔七十公里，鄉音就有明顯差異。偌大的地域，鶯語燕鳴千萬調。要不是書同文語同「普」，一點「河洛話」頂個屁用，一個島人還想在大陸談訪民俗「咧」！後來到湖南被請「掐環」（吃飯）再學那三句鄉音，「你鍋不要，那不要，找麻煩！」好猜，可是「你不要悸倒（站著），孺一哈！」鳥頭想半天，肯定也不知要坐下。

　　打開手機，奧馬又笑了：
「市領導開會，湘鄉籍辦公室主任點名：
娘是豬（糧食局）？到！人是豬（人事局）？到！典型豬（電信局）？到！有點豬（郵電局）？到！老門豬（勞動局）？到！穩罰豬（文化局）？到！俺全豬（安全局）？到！...
主持人：
『除了約見豬（藥監局），各豬都到了，豬尾巴，現在開飛（注意吧，現在開會）！』」
湘鄉古稱龍城，楚南重鎮，也是德高望重的湘軍之父曾國藩的故里。華夏龍孫，各自古語精彩！

源遠流長農家樂

泥地車陣搶路行，暮入黃州尋赤壁　　湖北黃州

　　蘇軾謫居黃州四年有餘，在此寫作前、後《赤壁賦》及《念奴嬌·赤壁懷古》名篇。不少歷史學家考證，黃州是三國時期孫劉聯軍火燒赤壁，大敗曹操的水域所在。中國偉大的醫學家、藥學家李時珍也出生於此。他歷時二十七年編成的《本草綱目》，貫穿五百年華夏，至今沿用。

　　人文的傳承孕育每一腔胸懷，擴展每一個視野。想起家裏牆上的的匾文「大江東去，浪淘盡千古風流人物…」，奧馬轉進黃州。一路舒服的省道卻變成修路的泥漿土路，單道雙向緩行，大車小車接排長龍，逼得藍馬又拖泥帶水，一路搶進。當兩輪超越四輪，盡顯狹路穿行的優越性時，二馬偷樂。

　　日暮，東坡廟前吐霧認識小明，呼朋引伴扯出本地騎友大佬，熱鬧的晚餐與住宿就有了著落。「臺灣吳先生」也第一次被騎行俱樂部 LED 字幕歡迎，看著那個亮彩，煞是有趣。騎友將二馬安頓於鬧區排樓的老式旅館。房間分成左右兩進，一為臥室，一為衛浴，一樣大小的空間皆有相同的明亮大窗。恍然大悟。哈！這是本家臥室併吞鄰家臥室穿牆而成的套間。帥！二馬同居卻也分房而睡。奧馬有著雙人大床，卻小的容不下藍馬；而藍馬僅有浴台蹲坑，卻也寬的睡不了奧馬。今夜，兄弟各找滑頭。

　　壁上，旖旎木畫引出蘇才子踏溪閒遊的意境：
「山下蘭芽短浸溪，松間沙路淨無泥，蕭蕭暮雨子規啼。
　誰道人生無再少，門前流水尚能西，休將白髮唱黃雞。」
無泥變水泥，二馬沒有遊子不如歸去的傷感，有的盡是早春的盎然生機。只是古蹟新貌，今昔無從連結，有著一見不如百聞的悵然。日後，奧馬常在景區門前猶豫，不進，後悔好一陣子，就怕進去，會後悔一輩子！

東坡赤壁

知詠難饗風雅士，自由送騎過武漢　湖北武漢

武漢小吃以早點為主，騎友自由晨邀奧馬「過早」。巷攤的牛肉麵、豆腦和圈餅，濃淡辣爽。因計畫七月騎川藏，決定陪騎送二馬過武漢。他教如何順暢變速，也提到洗浴條件不允許的情況下，女士護墊可代替內褲更換，確實讓奧馬在後來的騎行受用不盡。

漢朝末年，天下三分後孫權將政治中心遷鄂州。少帥「以武而昌」，遂改鄂州為武昌。今日的鄂州就是武昌地名的由來。上船準備渡長江，上來一輛 28 吋大鐵馬，兩旁滿載的竹簍壓得輪胎貼地無氣，原來那是用來馱物的廢車，不能騎，但能推。菜農用它運搬採收營逐生計。過江上岸，就見衣著鮮麗的溫州騎隊亮車爭豔，十幾人穿街而過，很是惹眼。生活對比，似顯誇張。

想到老毛一歎「才飲長沙水，又食武昌魚」，奧馬尋吃江魚。帝力於我何有哉？怎耐一個吃字了得！待看到桌上扁魚，奧馬眉頭一皺：「老師，你有品味，小生學不來！」薄暮來到 1957 年鎖國的驕傲「天下江山第一橋」，只見與湖南岳陽樓、山東蓬萊閣、江西滕王閣並稱中國四大名樓的黃鶴樓臨江聳立蛇山頂上。李白在此寫下「黃鶴樓中吹玉笛，江城五月落梅花」，是以武漢古稱「江城」。它位於中國版圖的中心，擁有「九省通衢」的地利，今日飛機淡化水陸兩運，撲水的扁嘴卻又讓它醬辣頭頸盛名在外。人文地理不敵當前美味，奧馬還想著吃。

三十年改革開放，技術引創爭大爭長，跨過長江黃河的霸橋已無數，鋼筋水泥或鋼鎖斜拉，座座雄偉現代，美輪美奐。雖公路鐵軌依然上下往來，絕響的武漢大橋已然退下紙幣上的輝煌。緩行二馬擦過橋頭門亭，學著湘音低唱：
「茫茫九派流中國，沉沉一線穿南北。
煙雨莽蒼蒼，龜蛇鎖大江。
黃鶴知何去？剩有遊人處。
把酒酹滔滔，心潮逐浪高。」
呼風喚雨的一代人物，徒留千載白雲空悠。此時奧馬想吃的是他喜好的肥厚紅燒肉，來幾塊油而不膩的「東坡肉」更好！呵，今之俗夫，以吃為媒，腹中無墨卻也腸穿古今。

今天路不遠，卻讓二馬趕的緊，有點窘。「我調輪，你修車」彼此拖拉。隱隱感覺，「你念著我，我念著你」的結伴騎行沒有單人自在。一隻倔傲的孤鳥就喜歡單飛。

黃鶴樓

大雨滂沱淋風趕，荊江大堤展平川　湖北仙桃

　　風雨倆說好誰也不停，斜頂的奧馬沿國道向西挺進，兩小時的濕寒分不清汗水雨水。在人進人出的店家吃完熱乾麵後，又意猶未盡地上了湯包。店家見外頭風大雨緊，端來一杯熱茶道：「看你衣服都濕了，坐會兒，等雨小了再走。」老闆說他們的湯包出名，而武漢的熱乾麵本就與山西的刀削麵、兩廣的伊府麵、四川的擔擔麵和北京的炸醬麵齊名，奧馬有口福。

　　路過大橋，綠疇平野上的堤壩遠直沒入灰矇河口，懷疑是長 180 公里荊江大堤的延伸。它堤身高 10 到 12 米，最高達 16 米，直接保護周邊千萬人口和千萬畝耕地。若潰堤，二馬剛經過的武漢及其鐵公路幹線也將受威脅，是以被列為防洪的「重點確保堤」。自古，此地就持續著洪水災難，史誌記載 1560 至 1949 年大堤潰決 36 次，災情都很慘重。沿江黎民遭逢洪水吞噬的呼天不應，必也一地淒然。

　　修建中的三峽大壩離此不遠，它無疑將對此地的長江生態帶來改變。有人說長江洪水被攔在上游的大壩內「是福不是禍」。但又可能是大壩建成後，下行泥沙的減少會導致水流的加快，對河床形成更大的切割。新生泥沙的堆積和推擠，也會進一步加大河流的彎轉和衝擊。在脆弱地形下，後果可能不堪設想，有人擔憂「是禍躲不過」。改變生態的工程，或許，不出幾年就可見到大地的臉色。

　　來到市區人潮雜遝的飲食街，手捧新書的學子三五走來。似乎高十幾公分的疊書急於把初中孩童壓成「棟樑完人」。放眼望去，今代中國權錢掛帥，創黨鎖國的紅二代、掌權大老的官二代、改革新貴的富二代，旗幟鮮明各據山頭。而沒爹拼的，也百折不撓自立自強。神州大地一片汲汲營營的兇猛勢頭，堪稱壯觀。雖然少有宗教薰陶和道德宣揚，不管是不是《阿Q正傳》中的「趙家人」，希望他們在競爭激烈的城市學會追求「成功」的同時，沒有失去享受當下的隨緣能力，沒有模糊愛己及人的普世溫良，也不會若無其事地來上一句：「我的誓言只是一時的失言」。

江漢平原

嘴鹵鷄戲堂客，夜入荆州遇湘農　　湖北荆州

　　小鎮頻現「毛嘴鹵雞」招牌。餐廳窗前大字：「回家做飯太累，哪裡消費才對，毛嘴一絕蠻有味。」奧馬入座吃喝：「毛嘴滷雞一盤，再加一瓶啤酒！」掌櫃解釋，雞僅能來整隻。老闆出來招呼，再好奇一問：「這有嘴毛的雞，是不是很特別？」老闆笑了：「這雞沒特別的嘴毛，是我們毛嘴的特色做法，用砂鍋和祖傳配料滷煮，遠近聞名。」原來，「毛嘴」是這裡的地名，而店名叫「一絕」。嘴上有毛的雞就像長鬚男人，滿地都是，下次找三腿蛤蟆去。

　　不很精確的中文確比英文有趣。想起湘貴川三省的怕不辣、辣不怕和不怕辣，層疊反復，分不清誰強誰弱，各自回家吃去也辣的皆大歡喜。而中國隊大「勝」或大「敗」美國隊，無論勝敗，反正都是我贏。不知是文字培養智慧，還是智慧創造文字，反正就是高。在中國不說外國人掰不贏中國人；單就「道地」與「地道」，海島人也「確實」掰不過大陸人。

　　奧馬扯下圍脖（百變頭巾）擦汗，想起在上海一次用它包頭時，被女兒對著照片戲說：「you look just like a little old lady（你看起來就像個小老太）。」今天道上踩著1111公里路標拍照，奧馬刻意取下頭巾，不料又引來她的笑批：「Dad, you look like a rascal！」好傢伙，不管妳說的是流氓還是壞蛋，即使我老大當了土匪，也還是妳爹！

　　傍晚，滿路的「正宗才魚」餐廳又勾起肚中饞蟲的納悶。進了餐廳方知才魚是黑魚，而毛菜是米西。就奧馬一「桌」客人，樂天喜聊的店東好奇問著：「你一天要多少開銷？」「一百多吧，不會超過兩百。」接著又來一句：「包不包括打炮的錢？」尷尬的奧馬抬頭看櫃上，突然想起十幾年前酒廊小姐的考問。回臉鬼笑道：「老兄，談到女人，我先考你，女人與你那臺上的熱水瓶有什麼相同，又有什麼不同？」這下難倒了對方。奧馬傾身輕拍店東的臂膀，低聲說道：「你菜打對折，我告訴你答案。」一頓，才又說道：「兩個都可以裝水，不同的是你的熱水瓶是先進水後出水，女人正好相反，先出水再進水。」一整條魚、一大盤菜、一碗米飯再加兩瓶啤酒，又吃一肚。

　　在金戈鐵馬的古道上，吳家子民於亥時摸黑攻入荆州。厚重的古城霓燈環繞，漆黑的城牆下一根甘蔗啃出了兩輪的自在。古代帝王的野心、英雄豪傑的更替都成了吃喝小民口中的胡鬧。街角搭上湖南三位農民。他們揣著拮据盤纏前來一睹古城面貌，為省錢，今晚還不知落宿何方。追夢者和築夢者相談一小時，奧馬發現，好發奇想的農民真勇於實踐！

輝煌古城牆

仗義哥兒樂開道，古蹟帝王同悲涼　湖北宜昌

荊州城門

　　華夏歷史悠久，一城一鎮多有遺跡典故，又名江陵城的荊州尤是。楚莊王、伍子胥、張居正...先賢華彩不斷跑馬上場。荊州作為戰國時期的楚都長達 400 年，而 120 回的《三國演義》有 72 回寫到荊州。十公里的城牆巍立千年，由於保存完好，被譽為「中國南方不可多得的完璧」。奧馬頭戴彩盔，衣著騎服，腳踩鐵藍駿馬，身臨斯境，也不禁山河歲月，風起雲湧。

　　一輛滿載啤酒的三輪貨車超前而過。苦於逆風的二馬奮力尾追。坐於箱上的夥伴告知掌舵老大後頭新鮮的跟騎，就見車子速度慢了下來，笑臉駕駛揮臂彎指後斗邀請上車。二馬趨前喘氣一句：「麻煩你以 25 公里的勻速行進替我擋風，我就省力不少。」仗義哥兒就這樣控制速度為二馬開道。直至卸貨的村口，彼此一個微笑道別。有道是：「會心少言語，各自一點通」。

　　轉山下到猇亭，要上盆大的蛋湯補水，奧馬看起歷史：
夷陵乃三國時入吳門戶，蜀東屏障，兵家必爭。西元 222 年，蜀國夷陵戰敗失荊州。因最後決戰於此故稱「猇亭之戰」。陸遜火燒劉備「連營七百里」，逼他逃歸奉節白帝城。此地一首民謠，還唱著皇叔雙手及膝的植樹成林、歎影鞭鐘的神話：
「善溪窯下九條衝，九條衝前九棵松；
　明月橋下花石板，清風觀內撞石鐘。」

　　夷陵，今之宜昌。為見識剛開放的大陸，奧馬 20 年前也曾有一個月的火車環走。由香港飛福州落地，一路上海、南京、北京再行西安，南下成都後遊三峽，那次就是在宜昌下的船。上岸後，大巴在顛簸山路走走停停，車主隨意改道拉客。入夜來到岔路，駕駛停車喊道：「車子不進去了，要進村的在此下車！」很是強勢。幾位前座的鄉民無奈嘟噥起身。突然後頭走出一青年蹦出悍話：「天這麼黑，要我扛這多的行李再走那長的路，你不進去，我砸你車！」憤然下車掄起石頭，怒目圓睜，歷歷在目，那是自求多福的草莽時代。

　　次日來到武漢機場，奧馬以錢開道，弄得當日飛香港機票。與等機的德國人聊談時，問起在中國工作有什麼感受。老外華語學舌，幽默回答：「有關係就沒關係，沒關係就有關係。」奧馬也學到第一句內地處世的順口溜，它也為奧馬幾週的經歷下了總結。飛機迎上藍天，上小二的女兒冒出戲語：「爸，我們終於離開匪區，但還沒離開匪機。」那是軍事對立的國共年代。而一路廣袤大地、複雜鄉音和多樣民俗，也讓奧馬「中國人是誰？」的大哉問持續了好一陣子。

　　今之古蹟與前之帝王同樣悲涼。文人武將退下舞臺，你方唱罷我登場。每個人的生命旅程，上天自有安排，生活的追求也早已明確。20 年前的探索是為奧馬此行鋪墊，過去 15 年的大陸工作也只為它準備。二馬有著前生的約定，他們正單騎赴會。

老漢賣餅讀古文，秭歸遙看長江壩　湖北秭歸

老漢讀文　　　　　　　　　　　　西陵峽口三遊洞

　　江面的渡輪告訴二馬已進入三峽景區。轉坡來到稀落菜場，近午尾市幾無人蹤。僅見一大傘下，推車上的冷鍋落寞地躺著三根油條和兩個炸餅。車後，一如佛老漢獨坐橫倒的椅沿埋首讀文，糊口的營生似已飛到了九霄雲外。奧馬輕喚一聲：「大叔，我來幾個油餅好嗎？」老花鏡後映出諸子百家。呵，中國還是古老的中國，嘩鬧騎走的現代浮躁，抹不去族老的深邃安祥。老漢緩緩抬頭後，禮貌扶直股下坐椅，慈祥一句：「來，坐！」經不起四書五經的文化重量，手足無措的奧馬只想一鍋端了殘餘，讓他接著會古神遊。

　　三遊洞的石壁下，一艘遊艇在深綠江面快速滑出曲折水紋，大畫山水永遠不缺弄潮的玩人。來到「三峽猴溪」，汗淋奧馬鼻噴口張有如長奔的猩猩。江邊看臺觀望，駕車遊客不敢置信地探問：「你騎上來的？」異於大別山的大鵬，環江下坡更像海鷗滑翔。飄過西陵畫廊渡江來到黃帝陵廟，再一陣迴繞，修造中的三峽大壩以方正的水泥石牆在遠處偉岸出現，條條格格兩邊延伸，直到完全堵住江面。

　　奧馬踩上陡坡，進入浪漫詩人屈原的故鄉，也是美女王昭君的出生地──秭歸。地處大巴山、巫山餘脈和八面山的交合地帶，長江由巴東入境構成獨特的三峽地貌。境內山巒起伏宛如臉盆。東境扇子山海拔 1920 米，南境雲台荒 2057 米，而茅坪河口僅 40 米。如此大的落差，二馬今天的折騰其來有自。

　　山城霪雨霏霏，微風薰柔，高樓旅店視野開闊，二馬享受著勞頓後的悠閒。入夜，窗下長街蜿蜒曲折，人車稀少；不遠處，長江大壩若隱若現，隨著兩線黃亮燈火筆直遠去，又拘泥羞澀地沒入江面。一聲門響，迎來渝東的嫩香肉粥和悍辣滷味，奧馬又是一夜好吃。

　　明天，要在行江大船再遊三峽。追憶 20 年前的輪跡，也看曠世工程引起的山水變化。張飛廟、屈原祠，夫復何在？古老遺留，是否已被現代豐功偉業的膜拜淹沒，高壁壩水是否將它沖洗乾淨？古城沉江山路依舊，眼下海拔 2500 米的千里巴山方才開啟。叢山峻嶺，請君入甕，自投羅網的二馬願打願挨，但是，逐漸逼近的川藏高原又是何等模樣？

巫山峽谷   巴東碼頭

冷夜獨扛百米階，愧對三棒加一掮　重慶奉節

　　除住宿條件不允許，二馬皆是同室共眠，奧馬臥床藍馬頂門立睡。常常，藍馬光奧馬也光地一起淋浴，奧馬先洗兄弟，再沖自己。二馬擦淨後，再來個袒誠對看兩不厭。雖然騎行眼中無美女，藍馬鋼骨不娘們，可奧馬對牠比侍候女人還周到。

　　晨風濕冷，二馬纜車下放河口上了江船。慢速大輪搖晃十一個小時後由秭歸來到奉節。下船已是深夜，藍馬負重奧馬空腹，只有一同船的青年黑暗中消失。停擺的纜車，孤零地守著橫割五段約百米的階梯。冷空下，直通頂上橋樓的泛光稜沿，有如利劍般兌瑟。奧馬還沒回過神來，赫然發現四個男人圍立身旁。三個各拿一棍一繩，第四個空手。

　　棍繩開口：「看你東西這麼重，幫你抬上去只要 80 元。」空手接著：「上去就有住宿了。」原來是扛物的「棒棒」和旅店老板正等著遲到的船客。一下清楚處境，奧馬緩緩回答：「不是錢的問題，這兄弟和我一路走來不讓別人碰它，我自己來，謝謝你們。」或許不相信來真的，認為只是殺價前的做作。奧馬也是心裏沒底，隨意上口。既然鴨子上了架，二話不說，左手握把右手拉桿，開始上抬藍馬。四人看著好戲上場，或許，也想知道「這廝能扛多遠？」

　　上了 20 米階梯來到第一個平臺，已是滿頭大汗，氣喘吁吁，現在才知道兄弟負荷有多重。有這多近身觀眾奧馬沒停留。一階一身力，一步一腳印，在尾隨四人的目視下再上兩個平臺。完成五分之三，耗盡力氣的奧馬不得不佯作擦汗喘息。黑暗中，彼此餘光掃瞄，誰也沒說話，就像賭徒看著輪盤即將停止，輸贏立見分曉。

　　開盤前奧馬上路了，上第四段階梯時已是虛身搖擺，幾次幾乎摔倒。臨上第四個平臺，一個踉蹌，脫手藍馬摔地瞬間他們快手欲扶，似乎想到奧馬「不讓碰」又猶豫頓住。二馬掙扎上平臺。渾身乏力低頭咬了頰下衣領，奧馬開始相信無法獨力完成最後的 20 米階梯。

不曉得是同情奧馬還是敬佩他的堅持，一小棒棒不忍心地開口：「讓我們扛吧！就5元。」說要5元，或許只是不想傷對方自尊，真正想說的是「不要你錢。」當他們在二馬摔倒要幫忙時，奧馬已心存感激。不知哪來的拗勁損上了自己，或許也想看最後如何倒下。奧馬還是有氣無力回答：「謝謝！」一個攂頭，繼續上爬。怎麼上去的，現在也不清楚，只知在四人近身的護航下，二馬上了最後一階。奧馬扒著欄柱就想攤地，待緩過勁來一看碼表，23點。

再一段漆黑陡坡，二馬騎入旅店，藍馬裝備未卸，奧馬已和衣而睡。夢中，一個吆喝的半瘋刀客雙手劈砍著水車，路過的農人搖頭歎息：「他還活在自己的世界裏！」

巫山夜景

指撥誤當變速器，親切堅持老師傅　重慶公平鎮

清晨臨窗一望山城奉節，方知昨夜江邊上坡為何如此費力。只見街上代步工具，除了汽車就是摩托車，不見二輪鐵馬，藍馬確是稀客。甫出城區，一貼山老磚房的二樓有著無欄陽臺，狹長走道僅容二人抱閃，卻見老嫗於矮凳上穩坐縫補。寓特技於生活，奧馬開了眼界。問路時，修車老闆提出善意警告：「往雲陽，開車也要5、6小時，一路爬山環繞，彎彎曲曲。你騎車難度很大，還是多考慮考慮！」奧馬微笑，大別山都熬過來了，要的，就是「環繞彎曲，難度很大」，二馬進入巴蜀。

剛要入山，為藍馬上油，倒轉時突地一聲掉鏈了。上海拉練的三個月沒發生過，心知不難，搬弄半天卻無法入位。加油站老冉挺身解難也毫無頭緒。拿起手機求助上海，幾次撥拉還是依然。聊談一陣再問再試，恍然大悟。哈，無知的奧馬把上海說的後輪「變速器」當成龍頭「指撥」，當然「馬屁」不通。一個名詞隔空學習了近一小時。這是對會踩車不會修車的奧馬少有的插曲。往後騎走，順手又順腳。

江邊高崖上，賣臍橙的農弟對奧馬的相機頗感新鮮，卻也篤定一句：「你騎車一定比我種地還累！」滿臉慶幸知足。轉山轉水，二馬下坡來到小鎮。一個「卜師傅理髮店3元」的木牌，讓奧馬想剃髮去鬚。兩指比出半釐米的小縫道：「就推這短的光頭，簡單清爽。」

師傅看著騎人，慢條斯理微笑道：「人出門，要講究光鮮精神，你慢慢坐著。」他拿出剪刀梳子，循序漸進，使出全套把式。剪髮、淘耳、刮臉、剃鬚、修鼻毛一應俱全。奧馬一向不喜這套，現在卻乖順地享受著。師傅最後兩手輕拍：「好了！」多給酬勞還堅決拒絕，真大師風範。

古時木工「接榫」，用一兩個月做一扇雕花門窗，一間寺廟的手活可以耗費二三十年功夫。陰陽咬合不用一根鉚釘，卻又歷經百年永不鬆脫。手藝人專注投入地丈量分寸，手上作品即使僅能維持一兩個月，使著剪刀、剃刀和刮勺都是畢生的事業。

晚上在山區昏暗的食店內，老農角落近貼電視看著聯播新聞。文盲的他說：「很喜歡這個節目，每天看」。不關黑白是非、紅綠取捨，一言堂的央視，還是此地山民探看外頭世界的全部寄託。

大巴山水

一路標語長佩服，夜奔山路貴人助　重慶巴陽

土牆上的海報高大光鮮，開懷丈夫懷擁臨盆的愛人，一旁胖嘟男嬰說著：「送子觀音在這裡不是神話」。重男輕女在農村仍是最高指導原則。危牆上的斑駁大字「一個毒種全家遭殃」，訴說著本宅的殘敗。回頭一瞧，原來奧馬把「種毒」誤看成「毒種」。哈，兩字之倒，竟也千里。

連環壁畫佔滿排牆，小人書似的對照出少生的好處。闃無人煙的農舍窗臺，曬著五雙布鞋，小的色彩鮮豔，大的灰黑耐汙，可以斷出此家人丁數量。再看到台下的「違法生育子女，入戶照樣處理」，奧馬莞爾。前頭醒目紅布又拉著「從嚴、從重、從快處理違法生育戶」，奧馬斂起笑臉。心想，設若開放二胎從新來過，文字肯定更加精彩。曲轉繞山，載重大卡喘著黑團濁氣，憋著長氣的奧馬也緩慢吃力。駕駛微笑鼓勁：「這坡陡啊！」兩人底下任勞任怨的滾輪，慶幸有著忽視標語的自由。

傍晚進入雲陽新城。不喜大城過夜讓二馬低估接下來的山路崎陡，又回到爬坡時速的5、6公里。摸黑推進近八點，突然出現的無燈隧道溫度驟降，鬼魅陰冷，如入地府，奧馬出得洞口餘悸猶存。

山路漆黑，一摩托車鼓噪從後趕上，青年騎著滿載鋪蓋的老車正趕夜路往萬州上工。幽暗中，兩人說著山道驚險。摸著藍馬，他用濃厚鄉音替奧馬心急：
「天暗危險，山路又遠，即使你趕到萬州，恐怕也要熬到十二點以後。不如你扒著我的車，我們兩個一起，我就騎慢點，你也會早到多了。」
「自行車跟摩托車怎麼扒？恐怕不行，剛剛鄉人說前頭有小村，或許有住宿，應該不遠了。」
「那小村是不遠，這地方我熟，就山裏一條短街，沒聽說，我也沒看到有旅店。」
黑暗中，他兩顆焦慮眼睛，就像跟父親商量大事般閃著亮光。想到什麼，突然大叫一聲：
「有了！我帶有麻繩，綁在車上，我拉著你走，這下沒問題了。」

　　急人之難如此盡心，只是前車擋風可以，要讓機動車拉上二馬可不行。奧馬又聽他說村莊已不遠，心想好歹也要敲出個床鋪，誠心說道：
「很謝謝你，既然就快到了，你先走，我還是到街上問一下，應該有辦法找到住處。」
「真的，不要緊的，我們可以一起走，萬一你找不到住宿，很麻煩，你不要考慮了！」
謝了幾次，對方仍不放棄，只好解釋二馬的自力原則。善良可愛的年輕人終於頂著昏暗車燈前去，後輪嘎嘎的叫聲似乎跟它的主人一樣，無法理解這騎車野走的瘋子。

　　半小時後岔入燈光微弱的小街，問了三家上著門板的小店都說本地沒旅店。躊躇間，一輛摩托車停靠過來，劈頭一句：「來，我知道那邊山腳下有給人吃飯和睡覺的地方，我帶你去，不然你找不到，跟著我。」緩緩彎向奧馬騎來的山路，身後緊摟的二個三、五歲小孩滿臉倦容。原來鄉人聽得騎人找不到住宿追了上來。山路漆黑，不見五指，二馬尾隨回至村前，他端詳後，指著地上斜靠的「修車補胎」黑隱木板，輕言一句：「就是這裡，趕快進去。」奧馬還來不及說謝，一家三口已黑暗中消失。

　　屋內小燈暗黃，正要休息的阿姨見著來人，開啟大燈打量二馬。立即體貼說著：「你這麼晚，肯定餓壞了，我就煮東西給你吃。」轉身再起爐灶。隔壁鄰居還有自家小孩也聞聲圍看二馬新鮮。小店做著往來大車的微薄生意，有著一間四人通鋪以備不時之需。黝黑大山，暈出似有若無的樹影，奧馬怎看都像舒坦的自家小院。

無燈的陰森隧道

深夜落戶

那老祖傳的熱情，這搶不贏的帳單　重慶福祿

二馬翻山賣命踩踏。剛要搖過道旁背簍的老嫗，她憐惜一句：「你好磊（累）哦！」奧馬露齒回笑的同時，又有了奶後的力量。山路彎轉，沒行多遠，又遇上農夫笑著一句：「你好腳法！」陡山岔路，車頭全毀的貨車司機坡上熱心指路，苦難中不忘助人。要不是爬坡如人走路慢行，奧馬體會不到巴山民風的淳樸、鄉親的體貼。

梯田圍繞，山坳裏的農家安詳富足，古代的臥野諸葛必也變成今日的小康當家。一騎勇猛的男孩奮力踩著鐵馬，越過二馬後好奇地停於道旁。見他欲言又止，多有覷覤，趨前搭訕後引出一句童問：「你為什麼不去世界比賽？」奧馬笑了。看著他堅毅的眼神，輕拍未來希望的肩膀，語重心長一句鼓勵：「我老了，但是你將來可以走出大山和外國人比比誰厲害！」這山養的健腿小孩，騎著沒變速的兩輪，爬坡竟比二馬還快！

傍晚穿入山鎮福祿。一條短小街面賣著飲食雜貨。再三詢問，得知前方路頭有餐廳提供住宿。奧馬樓下一人上菜喝酒。不多時，身後又來一桌，似乎是探勘地質礦藏的外地人，三人用普通話交談。就像往常，奧馬又喝到隔桌。入桌前聲明：「今天這桌我來，不然作罷！」「這好說，喝！喝！先喝再說！」寧叫胃腸破個洞，也不讓情誼有裂縫，於是把酒言歡，出拳猜碼數瓶方休。買單好戲上場，為首者搶單，奧馬也搶；奧馬掏錢，他也掏；他堅持，奧馬也堅持。奧馬是生客，而他們似乎是常客，老闆微妙一偏，大局明顯決定。拉扯半天，奧馬能說的、會說的都說了，眼看大勢已去，老闆就要收錢。

當客人含蓄收斂，當主人邀酒勸飲，豪氣萬千。而現在事先說好做東，很是盡興。在這偏遠小村，一個城市資深白領，豈能讓山區打拚的年輕酒伴付帳？帶著酒勁的奧馬翻臉盯著老弟道：「我工作了二、三十年現在退下享受，錢不多但絕對夠花。小孩大了也沒啥牽掛；你年輕要養家，怎能付這錢？」奧馬論理。對方又篤定地說：「你是客，我們是主，絕對沒有理由讓你付這個賬。」老弟還是堅持談情。

耐不住了，奧馬刺出挑釁：「今天不付這個賬，你會覺得沒面子是不是？」他又幽默回答：「就是要讓你欠我們一頓，哈哈！」奧馬咄咄逼人，老弟從容以對，奧馬輸得灰頭土臉。他們要幫抬藍馬上二樓，原來說放樓下絕對安全的老闆開口：「讓我來，你們還走遠路，先回吧！」老闆沒叫夥計，自己幫著把車弄上樓。上到房間，就像有個執迷不悟的兒子，奧馬狠狠在買單兄弟臉上抽了一掌。奧馬知道是打在自己臉上，打在老祖宗臉上，這個傳承就在每一個人骨髓裏流淌。

「我是主人，你是來客，即使天塌下來，我都必須為你當家，讓你吃好喝好！」

山中猜碼

谷轉嶺繞氣息盡，九五人壽嚼荸薺　四川袁驛

處處跨山高速公路

　　一早，樓下鞭炮跳響現人唱樂，車隊正在迎娶，新人要在此餐廳辦酒席。鑼敲把昨晚沒搶贏帳單的鬱卒轟得無影無蹤，但是，迎來的喜氣也在入山後被倒得一乾二淨。在巴蜀走了三天，山區多大，落腳何地都毫不在意。如今看著之字上行的長坡，還是皺起了眉頭，「我的媽啊！有一套，大巴和大別真是兄弟。」

　　山川美麗，高低田埂滑出莊稼油綠。蜿蜒山道有如大蛇昂首欲咬雲間蟠桃，一路竄高。遠方嶺線連綿透空，一峰高過一峰。烈日照耀下，對面嶺叢中幾點隱約反光，示著山路來去。爬就爬唄，大哥都踩過了，還怕你這小弟。卻還心虛到底誰兄誰弟？來到嶺頭下望，出發的山坳就在腳下，呵，堅持總有自豪！腿腳酸楚，汗滴如雨來到陡坡的彎道，癱瘓前奧馬落地腿夾藍馬，臉趴龍頭費力喘氣。突然看到坐於山屋門口的兩老笑臉相迎，已是無力張口，只能微舉小臂回應。陸續爬了近六小時陡坡的奧馬，上海出發以來難得如此不堪。

　　緩過勁來，拿下頭盔解鬆鞋帶，拉下圍脖脫去手套。一抬頭，原來，這瓦屋位於三岔路旁，就立在下坡的小路口上。奧馬靠牆坐地聊起二老，隨手拿出去皮荸薺分享。奧馬一再堅持，阿婆為了不讓來人失望，勉力拿上一枚，謹慎咀嚼。旁邊心急的老漢發話了：「我自己70歲，我媽也95了，牙齒咬不動，這麼硬的東西她是吃不來的。」眼拙的奧馬愕然，望著解人貼心的人壽，久久。

　　山裏轉進86公里，深夜九點進入四川袁驛。精疲力盡的奧馬不思水飯，旅店廳角孤坐，香煙連吹不停。奶奶的慘！

山中多人瑞

山陡情濃學爬坡，吳下阿蒙開眼界　四川大竹

車裏這多學童

　　店東看著山天，祝福臨出門的奧馬「有雨天戴帽，無雨頂上光，今日你有一個好天！」水果攤老闆，提起較深的山區還有「見蜜不要命」的黑娃子出沒。好吃板栗的狗熊會上樹築起如大鳥窩般的「板梢」，隱秘吃著應時的山果。大飽時，還會從十米高的樹上撲地，來回上爬下跳「絆臕」鍛練。真在山區碰上了，因生性溫馴，只要不招惹牠，也人獸兩安。奧馬聽得一陣冀盼，真希望能與黑熊打個照面。鄉親卻來了最後斷念的一句：「你放心，這裡偏南，國道上車又多，碰不上的。而且現在是四月底的春天，牠們可能還在洞裏冬眠。」

　　入山區，一輛三輪摩托板車改裝的「校車」在小路前旁停，簾縫下來一孩，奧馬拿起相機。一米半見方的後廂，突然湧出七、八個帶書包的學童。呵，這小空間如何塞入這多人馬？大小鬧著二馬新鮮。七嘴八舌後奧馬一句：「我老了騎不快，你們先走吧！」又引來沙丁魚兒的喜嘴呼喊：「叔叔我沒老！」「叔叔我還小！」「叔叔我五歲！」奧馬就想進車共擠同樂，逐一來個家訪。又是修建中的土路，苦熬中後頭追上的轎車遞出一張名片，笑臉丟下一句：「進城後，過來坐坐！」又溜煙而去。

　　晚上，大竹環球單車俱樂部引出兩桌騎友歡飲。身旁玩人見奧馬煙不離手，哈啦一句：「和我一樣，你一路煙肯定沒少抽，比你滾過的公里數還多，對不對？」奧馬朗笑：「沒錯！除了單車，煙酒是我最好的伙伴，你我是一夥的，喝！」這煙酒所畢業的是真想解渴。知道奧馬仍有入藏的難題，他們說起成都的騎友「黑鬼」或有門路，也盛邀奧馬道：「明天五一別走，一定要參加我們的扶貧活動，也見識見識大竹的山坡。」儘量說得輕巧，誰知，竟然是奧馬一次難得的溫馨災難。

　　第二天，五顏六色的眾騎吆喝出發。輾過泥塵飛揚的修路段後看著騎友對著沙塵皺眉，奧馬開心分享頸上圍脖的功能：「防寒、防曬、擦拭還可充當口罩防塵，是騎遊不可或缺的良伴」，一陣老鳥得意。剛入山，奧馬衝上一土坡，大聲叫問：「還有比這更陡的嗎？」眾人笑而不語。

　　新修水泥路面好的無話可說，穿過幾排老舊屋舍後景觀豁然開朗。悠閒的田園綠意盎然，圈豬趴嚼，躺狗望日，雞鴨散走。再進，山坡變陡，很多路段都超過3、40度。原來幾道大菜還等著。懷疑「四輪轎車真能上去？」不示弱的二馬迎上。來到一段陡坡，踩不動，被逼下馬。下馬後很難再上，騎友提醒：「橫向上車，再曲折蟹爬。」

轉一個彎，奧馬又下來了。這次上去後，1-1檔硬是沉重，前輪一蹬一抬頭。心想，只要奧馬踩得動，藍馬就爬得動，蠻力使勁，車身一歪，奧馬先摔下來，有難同當，藍馬跟著學樣。奧馬負重爬過無數大坡，現在才知道，比賽的輕車爬坡需要很高技巧。經驗總有不足，入行自有門道。小曾一路陪同鼓勁，終於上馬下馬熬上山頭。最後，二馬步入小村，灰頭土臉一陣對笑：「慘啊！」事後得知，四輪大車果是盤繞後山而上，呵！

山清水秀的華山村是一脫貧奔富的新農村，庫湖翠綠，游魚自在。破敗空蕩的土牆和門窗還說著往日艱難，嶄新樓房已遠近迎笑。老小笑吃滿桌的野雞土菜，端盤的和吃盤的同樣盡興。老外在中國教英文已普遍，山谷深處，碰上訪遊的兩個外教還是新鮮。農村的現代化撞上城市的鄉土化，隨著時光流轉，大家同化。

返程不走原路，一段坑洞下坡土路，讓跳吼的藍馬似要散架。幾天後，二馬山區再次「蹦迪」，貨架鬆脫，馱包搖晃，奧馬又才學會不時上緊藍馬螺絲。今天，二馬爬了騎車以來最陡的坡。雖是休整，卻比跑路還累，出門遇友咋都高興！

天下騎友是一家　　　　　　舊農村變新農村

群坡連爬愉果農，黑街閒談好鄉人　四川花橋

　　入山見農婦在攤前的綠枝上撿著鮮黃圓果。奧馬小凳一拉：「咋賣？來，我買，也幫你賣！」卻是枇杷橙橘又剝又吃。她說：「你們城裏人有錢」，奧馬說：「你們鄉里人較富」，二人都笑了。於是幹活的幹活，吃果的吃果，兩人嘮著家常。來到道旁小學，逆光剪影下，長黑廊道映出盡頭明亮的綠樹庭院。一排低矮老舊的教室，小窗楚楚，油黑厚重的門板，斑駁泛白地說著誨童不倦的堅持。適逢五一節日，門可羅雀。白色粉筆在水泥黑板上寫著：「高舉中國特色，國家免費提供教科書是一項重大的惠民政策...」奧馬看著新鮮。

　　翻山下到道旁的村落，道路兩旁每三五戶就有著一綠黃亮麗的泥砌垃圾池，有稜有簷，寬大體面。還正納悶「看得見」的門面是否反客為主，穀場戲耍群童早被相機吸引跑來，一陣蜂擁爭搶鏡頭。就見領頭大孩吆喝，十人的陣仗立馬井然，此起彼落的Ｖ指，晃動著突遇客人的歡樂。奧馬笑得和他們一樣開心，因為他想到年少時的女兒。那時他倆稱兄道弟，總是叫對方「Hai, pal（嗨，夥計）！」

　　記得後來一次回紐西蘭，唸高中的女兒來接機，幾個月不見，對著就是一句：「Dad, You look older（你看起來更老），wiser（更聰明）and ...」「and what（還什麼）？」她接下了：「balder（更禿頂）」。哭笑不得的老爸僅能認輸。今天她若在，或許會像帶小朋友來家玩時，笑著警告他們：「我爸爸喜歡小孩，你們可以爬到他身上，但是，他頭上的幾根毛要小心，千萬不能碰掉。」她知道老爸眼中的帥氣少了，可是「率氣」卻多了，肯定也不會忘記捉弄還在掉髮的老爸。

　　一路農村見到的就是留守的老人和婦孺，年輕力壯的都到外地打工，難得看見他們的勞作身影。夜裏來到花橋，坐於漆黑打烊店家的凳上，奧馬聽著年輕夫婦聊起幾年廣東的經歷，最後說道：「左想右想還是家鄉好，隨便開著一家小店，實在！」突然又一句提醒：「啊，你要趕快，那麵店要關門了，再晚，你找不到東西吃了！」他又幫二馬打點了住宿。

　　拿鋤頭的農民出外僅能賣力氣，土地加知識，將來就有很多選擇，今天的農孩真快樂！

左- 快樂農孩　　　　　右上- 一椅一盆的剃頭師傅　　　右下- 今晚去哪？

塵揚道旁忙生計，數問無答聲暗啞　　四川南充

　　汽車廣場迎來趕早人氣，二馬來到塵土飛揚的市集。肩挑背扛，熙熙攘攘，一簍大蒜、一堆白菜都是幾日生計。花橋是成達鐵路、318國道及川鄂公路的交點，有人戲稱這裏「晴天像沙漠，下雨像黃河」，鄉民對漫天塵灰，滿目瘡痍的路面似乎已習以為常。路邊安然踩著裁縫車的補繡婦女和一椅一盆的剃頭師傅，心靜氣定，就地捏拿著手藝。看到這隱於濁世的隨緣鄉民，老與塵世較勁糾纏的奧馬，頓感臉紅。

　　修路延伸，新綠筆直的楊樹勁拔張揚。一輛車飛快駛過，美景又變成沙場，有如唐僧的悠閒奧馬頓時變成「煩躁」的八戒。一戴笠老翁，小心翼翼地踩著左斜鐵馬，輪右掛著沉重的大籃說著臺詞：「生也容易，活也容易，生活不容易。」

　　一團黑物擺於路邊，原來是頭戴破籃的坐歇漢子。細杆穿起一串五顏六色的暗渾行囊，包、籃、袋、桶，還有一紮黑混的鼓圓綁物。奧馬問道：「你要到哪裡去？」無語；提高嗓門：「你要去那兒？」還是茫然看著騎人。奧馬盡掏零用紙幣，他猶豫一陣後方才緩緩接了。再問：「今晚要去哪裡？」長髮污穢的臉龐微張口齒，卻聽不到聲音。只見他從零亂的行囊中，舉起僅有的瓶水欲與來人分享。看著脫線袖口內搖晃的無力手腕，一個激靈，奧馬也啞了。他原來就是啞巴？還是長時沉默因而變啞？來自何方？要往何處？家人尋找？腹饑何食？奧馬滿臉疑問，而他和二馬一樣，有著太多的不知，大地也同樣茫然了。

　　山區陰雨連綿，下坡尾隨卡車不捨拉刹。出現的街區又讓它突然減速，泥濘路面二馬已無法刹車，奧馬往右一跳，順勢滾了一圈，脫手的藍馬順勢臥滑，分離近三米，後怕！到了興旺鎮，道旁坐吃西瓜，路人提議洗洗身上污泥。泥沙好洗，可是路上乞人雙肩的負荷咋洗？再吃起東觀的美味鱔魚米線，旁桌得知奧馬的折騰，建議插上「五星紅旗」也一旁鼓搗店家免費招待。望著旁停的奧迪，心知一部堪推的鐵馬就是乞人的豪車。吃喝世界有如盤中鱔段，無法理清，奧馬塞入一口，吞了！

　　來到南充。傍著現代建築坐於環繞大樹的石椅，點起香煙問著自己：「今天還走不？想吃啥？找誰玩？要睡哪？」奧馬有太多的選擇，何其幸福。

　　晨起，想起昨天一入城區，兩位阿姨停下菜車對著奧馬微笑說道：「我們南充很美麗，人也很好，歡迎你多待幾天。」二馬決定休整一天。此地有著2200多年的歷史，唐堯虞舜之前已是「果氏之國」，也是辭賦大家司馬相如的家鄉。四季分明，雋秀的嘉陵江和悠悠西河蜿蜒而至，是一個山水交融、人文和諧的美麗城市。解放碑公園的林樹下，成片茶椅閒人悠飲。廣場那頭，三五成堆擺起龍門，小孩玩鬧戲跑。還見四人圍著石欄扶手的一端，倚、立、跨、坐，身姿各異，高高矮矮鬥著「地主」撲克。未出遊已神遊，這就是生活。

　　電視放著電影《聞香識女人》，艾爾帕西諾扮演鄙世孤獨又峻詞威嚴的盲人老上校。一句吶喊：「我就是要個女人抱著睡覺，早上醒來，她還在我身邊！」或許，沒有生活咬文嚼字的羈絆才是生物愛情的真諦。或許，剝掉生活，世間多是男人笑弄的情慾，少有女人持久的情愛。或許，放下事業，男人追逐的僅是一頓晚餐，一席談心，一夜溫存，一眼回眸和一段偶爾想起的記憶。所以，茨威格的小說《一位陌生女子的來信》才會那麼感人，人們口中的艷遇才會那麼撩人。或許，年輕到年老，人生總有著太多想要的或許。

大竹爬坡遇知友，花橋趕路山水秀；
成都天府妹招手，南充臥遊解千愁。
心暖花開，樂「必」思蜀，沐浴春風的二馬喜歡四川。

宜居南充

沙石陷輪寸步難，飯後推倒一把胡　四川遂寧安居

　　左右車道同時鋪路，來往的車輛在厚厚的石料上抖跳前進。路邊婦人一句：「這修路很長，都是這樣。」人為土路比雨天的污水泥濘更加難踩。小石蹦跳直搗龍頭，或合力抓輪拉人下車；大石顛簸逼輪躍過，或橫路阻攔要馬繞行。騎也不是，不騎也不是。這段約20公里的乖張路面，卻讓奧馬日後行在川藏土路更加勇邁。塵飛的林下，母親逗弄著幼兒，坡旁小孩靦腆說著滿掛的被褥不是他們尿床的傑作，是送走冬日的曝曬。奧馬又有了嬉鬧。

　　下坡來到龍蟠小鎮。一條短街幾家店面。空寂市場繞完一圈，看上唯一的滿座食店。跨將進去，突然爆出的掌聲逼得奧馬尷尬回笑。偏山小村少有外人，二馬外頭溜轉，早已引起鄉人注意，大夥佩服騎人不懼顛撲翻嶺來到家鄉。飯後，鄉親邀請牌戲，原來一路看到的悠閒麻將茶室，多是餐廳飯後的延伸。省去繁複花樣，奧馬回到童年，玩起十三張推倒胡，有碰沒吃倒也得心應手。

　　長熬 12 個小時只走了 133 公里，摸黑抵達遂寧安居。像福建寧化的地鼠乾，上了餐廳菜譜變成「爆炒地猴」，奧馬一張「蜜汁香瓜天鵝肉」的照片引來綠色環保女兒的抗議。老爸刻意點食的天鵝，就是為戲弄她的地鵝。知女者，父也，請女入甕，其樂無窮！

砂石陷輪　　　　山區方正格局鎮政府　　　　　飯後上麻將

趕趟種豬如馬行，遠鄉偏村賭博彩　　四川童家溝

離成都 200 公里，二馬兩天後將與騎友會合，挑戰川藏行。濕漫的樹林，鳥語悅耳。一隊番鴨頭尾相隨，井然有序，左右扭動的高聳屁股，婀娜多姿。由於數量眾多隊伍幾達百米，煞是可愛。見著山民進村採購用品，一家三代，老小六人有背有扛。此地離最近的集市有十幾公里，她們卻一臉快活地對奧馬說：「我們逛街很開心，你騎車辛苦，路上要小心！」

林蔭道上，老漢細枝驅趕種豬赴約。看牠擺著憨實穩健的步伐，呵，似乎和逍遙二馬一樣，對未來的生命有著期望。決定進入大城之前落腳偏村，再享一夜孤獨，傍晚岔入山路來到離陳毅故里 17 公里的童家溝。三五私語的鄉人或坐或立，研究著牆上一幅龍服人像大圖。鬧不清是何方神聖，但見頭頂躍馬，魚鳥蛇象遍佈全身。四周標出方位和數字，而清雲、太平、安士、元吉等古詞充斥，有如土味黃曆，奧馬墜入五里雲霧。原來是鄉下博彩，奧馬來對了地方。

老人在小學操場的角落掃著落葉，二馬趨前問道：「人家說這邊有住宿，請問找誰？」蒼脆一聲：「來，就是我。」單間 15 元，通鋪 5 元是本村最好的宿所。矮長老桌傍著古舊沙發，竟也有著電視。眉頭深鎖，望著從未見過的臺胞證，老花雙眼費力找尋字號填寫，又不知如何發問。宛如三十年前的臺灣榮民(退役的大陸老兵)，聽天由命又克盡職守。今天海峽對岸因內戰被犧牲的一代，大半生舔念著對親情的思念，最後卻也只能無聲消失或為遲歸落淚。少小離家不能回的煎熬，一將功成萬骨枯的悲哀，對屋外歡耍的孩童，似乎已變成過時的電影場景。

龍泉湖

羊湯香濃飄簡陽，騎友圍爐會成都　　成都

街面整排屋舍已拆平，一幢有著五間門面的三層樓房孤立，看著買賣的老鄉揮下二馬，原來獨樓正與官家談判。他說：「這房住了幾代，農具生意也做了幾十年。政府有的是動遷資金，給那麼一點就叫搬，說不過去！」「你堅持管用嗎？」「當然，現在誰都要講法理，講公平。」稀落的農具擺設讓奧馬憶起重慶的釘子戶，好奇說道：「有點老百姓當家的味道了，是不是？」「來來，說說你們那邊...」抓來一把長凳，兩個屁股就擺在了一起。

端上羊湯的老闆說：「過了簡陽，你就喝不到這地道的羊湯了！」此地土生「火疙瘩羊」個頭矮小，生命力旺盛，與美國引進的努比羊雜交成了現在的大耳朵羊。有戲稱牠們

「吃的是中草藥，喝的是礦泉水」，這水指的是奧馬張望的龍泉湖和三岔湖。客人來時，羊肉入鍋爆炒前先放入兩條鯽魚油炸，魚羊一鍋，就是個「鮮」字，主人也「倍兒有面子」。當地人有著「冬至喝羊湯，一冬不生凍瘡」的說法。當一年後由新疆騎海南，由北向南再經過此地時竟沒發覺故地重遊，最後還是這膻味提醒了奧馬。

　　近成都的龍泉山有十幾公里的長坡。鄉親皺眉：「這重的單車怎爬上去？」他們不知藍馬變速能耐，汽車能爬牠就能滾。山頂的小店前，一輛滿載卡車的司機也是單人搬工，正將一袋袋 80 斤的綠豆奮力扛進店內。送上香煙的奧馬笑著愧心一句：「這活，我幹不來！」

　　晚上十點，最後一刻搶上鍋底。望著久候的騎友一陣「巴適」。一嘴對眾口，除了喝就是說。「悠悠 318」群主賢子大姐提醒：「你還沒動筷子！」她不知，獨騎一個月的意氣風發，可以讓液體麵包飽奧馬一夜。一桌八人，除了薩拉和劉隊都是新面孔。蓉城也是榮城，世界名列前茅的宜居城市，有的盡是美女、美食和人文，二馬要休整幾天。

成都武侯祠

上海至成都後記

　　成都 YHA 青年旅館是一個海內外背包客群聚的會堂。男女老少，有驢行為走山探高的，騎遊以追逐叢林的，還有車跑來尋幽訪古，或民俗採風的。各路人馬在此歇腳交流，企盼地整備，或懷念地結束一段旅程。所談遊資多是川藏、滇藏，奧馬又看到了心中的西藏。

　　曾經是護士的大姐，準備了全隊的醫藥補給。為抵抗可能的高原反應，叮嚀必需戒煙再每天飲茶般的喝紅景天。堅持一天，奧馬二者都放棄了。中毒久深，又回到往日的一天兩包。劉隊戲語：「你老吳煙抽的多，需氧量比常人低，真不怕高反！」奧馬嘴硬一句：「哈，誰怕誰，碰到再說。」內心卻也擔憂著。人人一身輕鬆也滿腔壯語，出發的興奮溢於言表。

　　休息是為了走更長遠的路。過去一個月的騎行只是上場前的暖身，奧馬沒有忘記為何上路。「一路向西走拉薩」，好戲才要上場，有著騎人夢想的一狗二馬還在路上。

卷二　　川藏山水

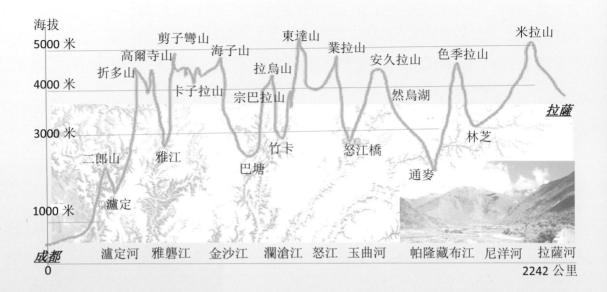

海拔

5000 米			剪子彎山		東達山			米拉山
高爾寺山		海子山		業拉山		色季拉山	
折多山			拉烏山		安久拉山		
4000 米							
卡子拉山	宗巴拉山			然烏湖			拉薩
3000 米						林芝	
二郎山	雅江		竹卡	怒江橋			
		巴塘			通麥		
1000 米	瀘定						

成都　瀘定河　雅礱江　金沙江　瀾滄江　怒江　玉曲河　帕隆藏布江　尼洋河　拉薩河

0　　　　　　　　　　　　　　　　　　　　　　　　2242 公里

「阿嬤，千山萬水妳要去哪？」

川藏山水—幽凜的梵音　　*行前小語*

　　川藏（康藏）公路，風吹石跑，人稱是「世界上最危險，最美麗的公路」。

　　東起四川成都，西至西藏拉薩，越過十多座超過 4,000 米的險峻高山，全長 2144 公里。橫跨大渡河、金沙江、瀾滄江、怒江、帕隆藏布江、巴河、尼洋河等洶湧河川。山高水深，雪崩泥流綿綿不絕，橋樑涵洞不可勝數。川藏高原除大江大河外，更是處處草原林海、冰川峽谷，一路綠秀江南與冰雪大地交替紛呈。

　　中國西南邊陲的藏區，冬天溫度可達零下 40 度，夏天「六月飛雪，一天四季」也讓冬衣常裹。高寒缺氧是真正的挑戰。

　　經幡迎風搖，白雲腳下飄；

　　人在藍天中，車滾犛牛笑。

天馬行空是真正的誘惑。碧綠的高山湖泊、乳濺的溫泉飛瀑、佛沐的莊嚴寺院、空靈的轉經梵音、靜謐的碉樓藏寨、純樸的糌粑藏情，更令騎人神往！

　　為憧憬和考驗，為與自己靈魂對話，二馬要奔向世界屋脊的青藏高原。林崇嶽《單車帶我去西藏》的舒暢樂音將一路相陪：

「從來沒想過單車能跑多遠，曾以為她只屬於城市的中央
喧嘩的城市，灰色的天空，我不甘心就這樣平淡如常
從來沒想過單車帶我去西藏，頭頂的藍天，身邊的群羊
潔白的雪山，遼闊的原野，我知道這是夢中的天堂

是那單車帶我去西藏，讓我追尋我的夢想
一路上雄鷹展翅飛翔
是那單車帶我去西藏，帶我去到那遠方
讓我見到迷人的景象

一輩子有太多的故事，哪件事最讓你難忘
單車帶我去西藏..」

藏區國道

川藏山水 ─ 成都至拉薩　　2010/5/11 ─ 6/14

歡欣鼓舞走川藏，酒糟香醇漫邛崍　　　　　　5-11　四川邛崍

　　　　一地泥漿猛踩踏，雅雨雅魚又雅女　　5-12　四川天全

伶仃婆孫留山飯，人間苦難無盡頭　　　　　　5-13　四川瀘定

　　　　落石飛坍入康定，西藏江南習藏俗　　5-14/15 四川康定

談聊無心上折多，山高坡長有虛驚　　　　　　5-16　四川新都橋

　　　　黃教古刹天葬台，盛裝藏翁笑點碗　　5-17/18 新都橋休整

二馬拖逕三十里，老外長車輕上坡　　　　　　5-19　四川雅江

　　　　一根枝椏當腳撐，道班酷寒憶當年　　5-20　四川卡子拉山

世界高城是理塘，日暮犛牛要回家　　　　　　5-21　四川理塘

　　　　難忘崩潰海子山，向晚經幡天上村　　5-22　四川措拉村

耀眼藏童抵巴塘，奧馬喜得入藏函　　　　　　5-23　四川巴塘

過金沙江入西藏

騎友編隊來護航，二馬過江入西藏　　　　　　5-24/25 西藏芒康溫泉地

　　　　盛裝藏妹推藍馬，謙恭轉經維色寺　　5-26/27 西藏芒康

瀾滄江旁泥水美，驚歎前人行路難　　　　　　5-28　西藏如美

　　　　臨淵滾輪心膽寒，利在千秋築路人　　5-29　西藏榮許

饑熬風土五千米，苦戰天王爬東達　　　　　　5-30　西藏左貢

　　　　喇嘛談鬧現真情，最是可愛窗上童　　5-31　西藏邦達

冰雹雪霧天乍晴，怒江蟠龍人憔悴　　　　　　6-1　西藏八宿

　　　　攬嫵覷腆恐日短，五體投地跪聖城　　6-2　西藏然烏

雪原謐湖映霞光，然烏美景尋俠侶　　　　　　6-3　然烏湖休整

藍天聖潔山水柔，雪瀑籬欄走今生　　　　　　6-4　西藏波密

　　　　雨中滑車笑馬憨，世外桃源沐佛恩　　6-5　波密仁青藏居

山水旖旎伴雨行，幡飄浪滾啃乾糧　　　　　　6-6　西藏通麥

　　　　天遣神將撫藍馬，二嚐墨脫石鍋雞　　6-7　通麥休整

雅魯藏布大峽谷，人間徒步天上行　　　　　　6-8　西藏魯朗

　　　　林海草甸繞魯朗，吃粥孤影蹭八一　　6-9/10 西藏林芝

巴族野果戲秤桿，穿雲金光撫綠水　　　　　　6-11　西藏八宿

　　　　中流砥柱尼洋河，只羨鴛鴦不羨仙　　6-12　工布金達鎮

徒步行程十萬里，備戰松多有溫泉　　　　　　6-13　西藏松多

　　　　五零一三米拉山，拉薩夜深馬蹄揚　　6-14　西藏拉薩

青藏高原喚千古，陽光笑馬穿藏服　　　　　　6-17　拉薩

　　　　你藏香夠用就好，我人生夠美就好　　6-19　拉薩

天真獨立小孤兒，倉央嘉措曠世情　　　　　　6-22　拉薩

歡欣鼓舞走川藏，酒糟香醇漫邛崃　　四川邛崃（75公里）

有人同行，奧馬興奮。薩拉、劉隊在上海拉練同騎過，而大姐和切是到了成都才見面。新識的率性「糊塗」聽得興起，心血來潮在成都買車加入行列。騎裝上身鞍具上馬，又是一聲「走—— 嘞」，六人浩蕩往拉薩。單騎有單騎的隨意，同騎有同騎的樂趣。現在奧馬再也不能想停就停，想走就走。

首日停宿西漢才女卓文君的故鄉— 邛崃。「文君當壚，相如滌器」的愛情故事就發生於此。它築城置縣二千三百餘年，與成都益州、重慶巴郡和郫縣鵑城并稱巴蜀四大古城。以前工商興盛是南方絲綢之路的首站，「舟船爭行，車馬塞道」有天府南來第一州的美譽。更是白酒之鄉，以水質、工藝和氣候在中國酒壇璀璨千年，今天諸多現代酒廠亦久享盛名。路旁的「鐵牛」加油站似乎也氤氳著酒氣，隨處堆積如山的酒糟竟是餵豬飼料。本地的豬仔命好，天天甘醇。以前說日本的神戶牛排是用音樂和雞蛋等上好食料餵得，不知邛崃的豬肉是否也做著文章？

晚上餐廳圍坐，穿著短褲的奧馬將腿折蹲椅上，有如下田暮歸的老農與鄉鄰輕鬆聊談。騎友的拍照冒出後桌少女的快聲厲問：「你幹嘛拍我照片？」辣妹子的可愛氣勢眾人笑領。

一地泥漿猛踩踏，雅雨雅魚又雅女　　四川天全 （113公里）

國道上一俊秀大樹路中挺立，指天橫展唯我獨尊，黃線引出來去車道。好樹當道萬車讓路。蜀人漢唐遺風愛屋及烏，好一個「彩」！

迎來一段被高速路擠壓的泥漿便道，帶上的軟泥塞滿輪板縫隙，騎友下馬推行。來到硬地又是刮泥戳土，哭笑不得。藍馬上海走來早已沒了擋板，奮力猛衝卻也博得一陣笑歡。

過午，進入四川盆地與青藏高原交接處的山城雅安。江流穿過密集民居，兩岸綠樹水茫生姿。望著窗外杜甫「隨風潛入夜，潤物細無聲」的柔飄雅雨，吃起頭骨如劍的冷水雅魚，也尋起川藏揉合的勤實標緻雅女。擁有三雅的「雅安」魚水有情，頗富詩意。

「糊塗」傍晚一住店就兩眼空茫悶聲趴床。負重兩天近 200 公里，對初騎者實在太難。奧馬想起上海空車跟騎的第二次，騎完 100 公里回家路上，煎熬的屁股再也坐不住椅墊，後頭追上的小伙打氣說道：「哈，屁股痛對不對？沒事，我第一天也是幾乎崩潰。你把屁股分成前後左右四塊，踩一下換一塊就到家了！」說完含笑而去。就是那「幾乎崩潰」讓奧馬對馬腚一句：「你就磨爛算了，反正也不是第一個！」說也奇怪，老兄噤聲服貼，毫無怨言地陪著奧馬又滾了 30 公里到家。

入藏公路

峽谷江流

伶仃婆孫留山飯，人間苦難無盡頭　四川瀘定

參考波爾路書及奧馬實際里程（後同）：

天全（海拔 650m）－二朗山隧道(2170)－瀘定(1330)：里程 108km，海拔（上）+1520m/（下）-840m

　　雅安騎往瀘定，一路層巒疊嶂，雨林縹緲。奧馬有如年輕時踟躇於臺灣的中橫公路，山、林、水、霧，一疊又一疊。綠蔥的群樹傳來陣陣鳥鳴，滔滾的江水漩出朵朵浪花。經過水壩、寨堡、隧道和靜濕的山街吊橋。「二郎山茶馬古道」旋入壁崖，二馬也第一次遇上解放軍近百部的綿長車隊，川藏景觀上場。

　　幾小時後出現幾處採賣蜂蜜的山家，門口桌臺上每擺著漂亮的蜜罐。小路岔上的孤立老舊山屋前，粗糙木板寫著斗大「藥蜜」。二馬推行而上。靠門長矮凳上坐一可愛女娃，細花棉襖鮮麗燦紅，純稚的笑容花般綻放，正企盼地歡迎上坡二馬。

　　門口走出阿婆，奧馬問道：「你們賣蜂蜜？」「自家採的早賣完了，每年都是附近熟人事先訂好的，沒得剩。」提到路上擺放的蜂蜜，說也曾有人問她擺不擺。知道是加糖罐裝，拒絕了。阿婆轉身進屋，突然回頭問說：「我正弄飯，你是不是一起來？我們隨便吃吃！」上海一路走來，奧馬專找小店，更喜農家便飯感受家常。受邀用餐正中下懷，習慣地問道：「那我該如何謝你，怎麼付錢？」「不用，我們就隨便吃吃。」「我不能白吃，總要謝謝你們。」一再堅持，她笑著「好吧，五元十元隨你給。」奧馬開心！

　　坐於板凳上的女娃笑得更開心，這時奧馬才發現，她是殘疾。不笑時臉部歪斜。仔細一看，下垂的雙手無法自如活動，想她走路應該也吃力。奧馬指著屋旁小片菜地：「這是你們的菜園？」她開心站起，吃力地踻靠奧馬。原來她也無法說話。

　　奧馬為自己、娃兒和藍馬拍照，押出機中相片，她費勁手舞足蹈，顯然這是第一次在奇妙的玩意發現自己。老小並肩貼牆坐上矮凳，奧馬雙手夾在兩腿間，看看屋前草木遠處山景，也不時低頭微笑看她。她看藍馬，看門前小路，也總是抬頭開心看奧馬。她沒有講話是因為她講不了話，奧馬沒有講話是因為她無法回答。奧馬回到從前，彷彿三歲女兒依偎身邊，快樂興奮地對不遠的小鳥叫著：「飛！飛！你飛嘛！」奧馬真希望那聲音在娃兒口中響起。

幾束亮光斜射郁蔥林木，阿婆擺就暗小堂屋的小桌小凳，祖孫仁圍坐。桌上兩碗有著臘肉、魚乾、香菇和野菜的葷素菜肴，奧馬知道這是她們最隆重的待客盛餐。左手捧著鋁碗，女娃用僵硬貼胸的右手使著彆扭的湯匙，歪斜臉上笑容蕩漾，旁侍的阿婆也樂得合不攏嘴。打上海走來就喜歡大聲談笑，或許她們也感染奧馬的舒心開懷。她們難得有奧馬這樣的遠客。

原來在一次生病發燒中，幼小嬰兒山區送醫誤時落下殘疾。放手不歸的父親加上相繼死亡的母親讓阿婆只能獨力照顧女娃，婆孫二人山中養蜂相依為命，娃兒負擔沉重的舅舅偶來探望。轉頭看著女娃費力挖起一匙米飯送入嘴中，胸前圍兜已是飯菜沾黏。從臉上專注的眼神和扭曲的身體，奧馬發現她需要很大決心和力氣才能完成一口吃食。阿婆疼惜地說：「她一直堅持自己吃飯。」

看著婆孫，酸鼻勉力吞完碗內剩下的米飯，最後一口，奧馬嚥下的是苦鹹。倉惶站起直奔屋外，奧馬不願人前露出眼中的脆弱。適逢隊友看到屋外藍馬因而向上呼叫。正值語咽，奧馬揮手示意先行。臨行，望著慈祥阿婆和歡喜拿著巧克力的女娃，奧馬知道微薄的幫助和甜美充滿真誠，但分擔不了她們要面對的人生坎坷。

接著一路艱難的長途爬坡，在能見度僅 10 米的雨霧中來到海拔 2,182 米的二郎山隧道。出山洞卻是晴空萬里，迤邐壯美。五公里內景觀隨著溫差跳躍，後來加入的騎友特猛如是說：「二郎山前溫度 17 度，濕度 70%，4 公里隧道內 7 度，出了隧道大太陽 27 度。」觀景台前下望谷底蜿蜒的河水，奧馬竟恐高心惶，對往後的深山峽谷也有了擔憂。再一段 20 多公里的瘋狂下坡，二馬來到紅軍的驕傲瀘定。

江上吊橋輕晃著背簍往來的山民，平和安祥。奧馬擰不清瀘定戰役的始末，也不知當年誰打了誰？誰勝了誰？國共藍紅兩軍的對抗或許今天僅成了宣傳的演習。漆黑中躺臥，窗外星辰滿佈，伴著瀘定河的洶湧濤聲，婆孫笑容又浮上床頭。人生有著數不清的戰場，奧馬想著往日做事做人的比拼真是容易。她們不流血卻永無終止的掙扎，才是一場打不贏的戰爭，也是一輩子的苦難！

瀘定吊橋

婆孫留飯

藏马藏服

落石飛坍入康定，西藏江南習藏俗
四川康定(53 公里)

道旁一路藏文彩畫，旖旎山水逐漸壯闊，突然一陣巨響，50 米前崖壁冒起白煙，塌落的山石轟上路面，好險！進城前，又遇上近百輛的解放軍車隊。頭尾插旗中間依序編號，浩浩蕩蕩又井然有序。大卡車中，純稚無邪的年輕駕駛，個個笑臉可親。吉普小車前後督導，屬軍親民，不動聲色，一片和祥，有著二戰美國巴頓將軍「Kill enemy softly」的溫柔霸氣。

「一山有四季，十里不同天」的康定三山相峙，兩水交匯。最高點為天府第一峰的貢嘎山主峰，海拔 7,556 米，最低點為大渡河，1,390 米，縣城所在的爐城鎮海拔 2,560 米，落差帶來的山險水急可以想像。境內牛羊遍野寺塔林立，她「中華西塞天外天」的仙境浪漫是藏區風情的典型代表。

為紀念釋迦牟尼佛誕辰，每年「浴佛節」時在跑馬山舉行轉山會。白天賽馬晚上通宵歌舞，異常熱鬧。為紀念格魯巴（黃教）創始人宗喀巴大師圓寂的「燃燈會」，萬盞的酥油燈徹夜通明也是盛況空前。

獻「哈達」是藏族待客的最高禮儀。所用紗巾或綢巾以白色為主，五彩哈達僅用於最隆重的佛事。迎接客人時手蘸酒彈三下，又抓五穀斗裏的青稞向空中拋撒三次。入席後，主人端起頭杯酒先飲口，再飲盡後大家才開始自由飲用。為表示吉祥，將羊脊骨上帶一絡白毛的尾巴肉獻給最尊敬的客人。除了食不滿口、嚼不出聲、喝不作響、揀不越盤外，為不失禮，客人必須待茶捧到面前才能伸手接飲。

藏人多穿白緞襯衫，外套厚實的呢子藏袍。那寬大、長袖、寬腰、右衽，無需體裁的「通用布袍」除保暖外，更耐高原風雨侵襲。袖長過指袍長及踝。沒有口袋也無需鈕扣，繫上一條腰帶，前胸隆凸如囊。裏面可以裝木碗、糌粑袋、酥油盒等隨身用品，甚至嬰兒也能繫包入懷。體面豪族更是講究，常鑲上貴重的毛皮和絲綢。高原夏日晝夜溫差極大，白天可將一隻或兩隻袖子挽下，圍繫腰間輕便招涼，傍晚轉冷再行穿回。遠離家門外宿，拿它又鋪又蓋很是方便，騎上矮小藏馬更是一身藏味。

有說元代將西藏納入版圖，開闢內地進藏的交通，歷經明清的擴展，驛站遂成規模，康定也成為沉澱歷史的民族走廊。無論是藏族的高僧大德，還是漢族的文人墨客，很多都在康定留下了足跡和傳說。近代的國畫大師張大千、文碩吳作人也曾到康定採風。而一首廣為流傳的《康定情歌》唱濃了藏味，也抹上了漢文化的影子。

聊談無心上折多，山高坡長有虛驚　四川新都橋

康定(海拔 2395)－折多山(4298)－新都橋(3630)：里程 71km，海拔+1903m/-668m

青藏高原　　　　　　　　　　　　高原牧場

　　「康巴第一山」的折多山海拔 4298 米，是川藏線上超過 4000 米高山的第一座。位處青藏高原的東部，也是可能高原反應的首座山頭。由此進入高海拔山區後，幾乎天天要翻山。藏語「折多」意指彎曲，在成都談得最多的就是它，誰都不知道自己會不會有高反症狀，志忑的奧馬也不例外。劉隊決定要在有溫泉的折多塘養精蓄銳，第二天再行攻山。

　　出康定縣城又被綿長軍車攔阻，心急的奧馬，鑽空拉馬先行。海拔逐漸上升，黃灰色的砂石向上鋪展。群山顯得青灰嶙峋。藍天白雲下，遠處山頂積雪罩頭。路漸遠，坡漸陡，二馬快樂踩滾。趕上正費力緩慢上行的幾騎，一番聊談，原來是河南鄭州老年泳壇車友，年齡都在 60 上下，還有女騎，令人佩服。奧馬首次追過一撥人馬，一陣得意。

　　陡坡「之」字接連，這個厲害！再幾段緩坡後，久無路牌，奧馬開始懷疑岔路應該沒這麼遠？難得攔住一部反向來車問道：「這裡離折多山口還有多遠？」藏民笑答：「你現在爬的就是折多山。」回想陡坡前好像有個岔路，急開手機，果然那頭一陣搶白，二馬真的錯過宿地。心想爬了半天，奧馬抱歉一聲：「已爬一堆，不回頭了，明天新都橋見。」

　　藏屋迎風獨立，摩托車散立的山腳卻無人蹤。原來藏人都入山採冬蟲夏草。隨著高度上了 4000 米，犛牛和藏蓬散落出現。頂著驕陽騎騎停停，九個小時吃了一根士力架(SNICKER花生巧克力棒)，碰到路旁補食的騎友，才驚覺僅帶的瓶水即將告罄。幸好不久，正上方就看到可愛的埡口。進入藏屋，稀疏的架上還真有啤酒。事後隊友笑道：「路書早說一路無補給。」奧馬不看書，今天一陣虛驚。稀里糊塗上了折多山，再下坡 40 公里來到號稱攝

影天堂的新都橋。上海騎來，
腿力確是增進不少。

後來，路上騎友談起折多山，
奧馬竟也俏皮一句：「那小山，
一不小心就翻了過來！」

攝影天堂新都橋

黃教古剎天葬台，盛裝藏翁笑點碗　新都橋休整

天葬台

黃教居里寺

　　昨天下山碰上從吉普車下來的攝影遊客，個個拿著長槍短炮。看準帶隊的導遊老大，上前拉扯問起入藏難題。奧馬自報門號：「我是臺灣人，單車走川藏，聽說我們要申請...」話音未落，老大斬斷一句：「不要老說你是臺灣人，我們這裡手拿的相機人民幣五萬十萬多的是！」奧馬陪笑：「臺灣人麻煩，想請教沒入藏函，有沒有什麼變通辦法進入西藏？」記得前年奧馬火車出差，對鋪的江蘇老闆說起每天疲於應酬，最後淡然一句：「現在沒有上千萬，誰敢說自己有錢。」奧馬瞭然，騎車上路介紹自己是「上海出發，老家福建。」說明騎程的起點和三百年前的祖籍，不引好奇。

　　交手過後，老大親切告知：「走四川竹巴籠過金沙江入西藏，橋頭有解放軍的檢查站，你肯定是過不了的。或許，順江南下試著擺渡入藏，只是山區難行又得繞好大一段路。」行家高見，好歹有了入藏的第一方案。

　　今天順著「黃教古剎居里寺，神奇天葬第一台」看板岔入山路，沒看到藏經閣中世上僅有的三本大藏真經中的一本，卻來到了天葬台。天葬是藏地獨特的風俗。清晨喇嘛對死者誦經超度，天葬師肢解屍體，剝離肉骨後，響哨呼餵兀鷲。死者的靈魂也隨著兀鷲升上天堂，等候轉世。

　　街上的食店內，一對藏人老夫婦頭戴呢帽，胸前掛珠，各自一襲盛裝。緩慢點上牛肉麵後，不停對著奧馬露齒微笑。開食前還用筷子點著麵碗，似乎問著：「一起來？」山羊頸鈴叮噹作響，晚風輕拂著人間天堂。沉睡的彩繪木楞房悠揚響起達坡瑪吉的《可愛的家鄉》：
「雄偉的雪山腳下有一個村莊，那是我可愛的家鄉
　古老的土帳房酥油飄香，那是我生長的地方
　天上飄著五彩經幡，阿媽拉伴我度過了美好的時光...」

　　晚上，同宿驛站的驢友笑著說事：「以前遇到一個『義工』，生性懶散店家頭疼，雖是年輕女流卻也威脅著『若被請走，將在網上惡搞』。有些東家投鼠忌器，每待其自走，聽說她搭著便車，少花食宿遊遍川藏。」請神容易送神難，深諳箇中三味的漢人才能如此較勁。天地恆美的川藏，人是越來越雜。哈，也是，連鳥人奧馬都加入了行列。

藏翁慈笑　　　　　　石屋驛站　　　　　　　　　　　　　雅礱江

二馬拖遷三十里，老外長車輕上坡　四川雅江（阿志瑪藏居）

新都橋(海拔 3630)－高爾寺山(4412)－雅江（2530)－阿志瑪旅舍(3300)：112km，
海拔+782m/-1882m/+770m

　　剛上陡坡彎道，突然有人叫道：「看，就是那老外，上來了！」轉頭一瞧，高長小伙正
快速躡行，單車後拉著滿載的行李拖車，長車上坡卻如履平地！透空崖道突來的陣風讓奧
馬驚出一身冷汗，看著遠處連綿巍峨的大山，開始感覺川藏險難。環繞的山路蜿蜒蛇行，
二馬翻過 4,412 米的高爾寺山埡口。

　　路書說：「過了埡口後路邊出現很多藏族村落，生活也由放牧轉為農耕。再來 47 公里
海拔降 1700 米，下山前 20 公里坡很陡，一路懸崖十分刺激，要靠內側下行，安全第一！」
下到雅礱江邊，人人精疲力盡。坡上的河口鎮，房舍插崖而立，牧原田野比江南水鄉更加
蕭穆靜謐。劉隊經不住阿志瑪藏居誘惑，也想縮短明日路程，決定再趕一程，那意味著又
上升近 800 米的海拔。

　　被顛簸路面阻攔的拖車老外後頭趕上，奧馬邀其今晚藏居同宿。告訴他前頭有四騎，
不要超越最前者。事後特猛笑說：「老外走走停停就是不超前，我放慢了，轉個彎，他還
是前頭等著，害我記得的英文都講了幾遍還是沒到宿地。」老外聽話，我們的領頭羊特猛
也沒丟中國人的臉。

　　這是慘烈的 17 公里。一路爬坡又讓奧馬無神地盯著輪前一米。猛然驚覺道旁停住的
卡車，急剎落地，後斗鐵板就在鼻前，熱汗頓成冷汗。撒下的黑幕逐漸收緊，轉個彎，出
現的還是上不完的坡。終於看見散落的溫暖山屋，裊裊炊煙就像身上無力的汗氣，對牧人
親切招呼只能費力咧嘴回應。艱難中，奧馬又想起奉節的百米長階，慶幸藍馬現在可以滾
輪，奧馬還可以踩踏。第二天，停留雅安的人馬好奇問道：「昨天你們是怎麼連夜上來的？」

　　阿志瑪家是正宗的藏人貴族民居，石砌木造樓房，擺飾傳統有味，尤其廁所也是天下
一絕。特猛說：「三樓北面石牆上開了一扇門，門外用木板搭了一個懸空廁所，你可以清
晰的控制投彈軌跡並開始感覺自己是一隻鳥。」早上，奧馬進去一蹲卻是影響發揮，一手
拉褲，一手扒著門板，就想跑腿。

雪山冷魚鍋中燴，道班酷寒憶當年　　四川卡子拉山

阿志瑪藏居(海拔 3300)－剪子彎山(4659)－卡子拉山（4718）-158 道班(4260)：79km，海拔+2129m/-399m

天際盤旋

　　今天沒有補給點，路書說很多車友會搭車，是開始以來最困難的一天。全程將在 4000 米的天際雲遊，隨時會遇上大風。一路艱難前進，二馬追著隊友爬過剪子彎山和卡子拉山。在幾乎崩潰的起伏中推進 80 公里後，路旁久等的劉隊體諒一句：「不趕紅龍鄉了，今晚住前頭 158 道班。」哪知南北東西，奧馬就知啥都比紅龍鮮豔溫暖！冷風吹進脖頸，一陣寒顫，癱坐閉眼滿腦盡是自己不變的喘氣畫面。炙陽下的高遠群峰，風中抖動的經幡，石砌的土牆碉樓都被汗水浸褥得晃悠模糊。

　　晚上蠟燭、頭燈齊照，四人圍吃燉山菜的雪山魚，入口鮮甜柔爽。高山寒魚成長緩慢，也就十公分上下。小游物離開高原溪水就死亡，因原生態無污染，吃時多不洗。適逢高山融冰匯成溪流，正是捕捉時節，大夥就有了福氣。聽得特猛提起飯前到河邊尼姑廟尋買，裏頭住著 46 個尼姑，一個看廟，一個管小賣部，其餘 44 個都挖蟲草去了。呵，就地取材，我有雪魚妳有蟲草，日子都美滋滋的。道班四川老鄉提壺招呼熱水洗腳，奧馬緩過勁來。屋外幾聲犬吠，四人漆黑窩著溫暖棉被回憶昔日年少。奧馬回到臺灣坪林露營的年輕夜晚。

　　大大咧咧的劉隊，手上迷彩的牛仔帽掩不住口中的朗笑。他談著遇上阿志瑪的深刻印象，和多年後又找到藏村小女孩送上照片的溫馨記憶。提起絕妙美味的魯朗石鍋雞時，奧馬口中也有了口水。兩個月前拉練同往南京的晚上，他拉起被角靠著床頭說：「剛學校出來，窮鄉僻壤不知幹什麼。一次村裏招工，來人指著我說：『這個可以，黑壯。』於是就到上海搬起釉烤前的馬桶土坯，擁在懷裏半軟半硬，半彎身子挪移一天下來，腰都直不起來。一次回老家，深夜一人拉著箱包走山路，山壁黑影幢幢，熟悉的家鄉突然變得陌生。伴著嘰叫的輪子，心裏發毛。老哥，我懷念去過的西藏，決定用單車再走一次。」

　　臨睡前，也是到成都才買車騎川藏線的特慢猶豫問道：「你認為我可以騎到拉薩嗎？」奧馬斬釘截鐵一句：「絕對可以！」他意志一流不容懷疑。上海一路過來，鴨子見多了知道何時要嘴硬。其實經過連日的翻爬，奧馬當時對自己也沒底。慶幸有這樣的牛人同行。他確一路沒搭車，堅決地騎入拉薩。乾瘦的特慢，山西人，曾在北大旁聽四年，對文化傳播的美好理想讓他完騎後在老家開了書店。繁瑣刁纏的行政審批讓他吐出一句：
「辦證的過程，比騎行去拉薩還難。」

後來諸多有關單位沒完沒了的檢查和稅費，逼他不到兩年就心力交瘁地關了門。為了維權，他對「文化執法隊員的追問」卻也上升到了「總理之問」，中央跟著下來調研組。北京中國青年報《沒有書香點綴的城樓》的後續報導說他：「書生氣，文弱，憨笑，還有一絲不易察覺的羞澀。很難想像，面對著城管和文化執法隊，他的詰問那樣鏗鏘有力。」雙手難敵體制，但是他勇敢孤站，堅持為簡政放權發出百姓呼聲。這是後話。

　　勇壯的特猛來自新疆，年少就曾單騎漫遊西域大漠，當時除睡袋帳篷還有形影不離的六本書。性情文采可見一斑。他說：「碰上的狼不可怕，而是人，較擔心！」特猛和特慢兩人是成都出發兩天後同行。25 歲上下，總在奧馬前頭的青年讓人感到除了經濟的騰飛，中國還有著另一種希望。

158 道班 4260 米　　　　　　　　　　　　　　　世界高城理塘

世界高城是理塘，日暮犛牛要回家　　四川理塘
158 道班－紅龍鄉－理塘(海拔 3968)：57km，海拔：+458m/-750m

　　路書說今天要翻越與昨天幾乎等高的山峰三座，並且全是陡坡。由於是川藏路上平均海拔最高的一段，山口冷風刺骨還能遇到下雪。特別提醒「爬升 1230 米在 2000 米以下不算什麼，但在海拔 4000 米以上就十分吃力。

　　晨曦冰冷蕭瑟，牆腳藏狗守著沉睡中的高寒大地，欲近還羞。半坡上幾幢藏屋幡旗垂掛，一彎河流遠遠地伸進灰綠高嶺，四粒騎人踩弄出發。一陣飛飄下到紅龍鄉，藏人老阿爸帶著小孫在長凳上曬著嬌陽，兩小兒明亮清澈的雙眸，正如冰封三尺的雪地高原，覥腆地想從騎人身上探索天外的花綠世界。高空下，起伏的岩山黃渾漫延。路標說走了 40 天的二馬離上海 3000 公里，此刻正在天際高原挺進。

爺孫曬日

逼近理塘，遲遲的陽光照著遠方巍立的城門，一進城，就見等待的劉隊在小店旁吼來一句：「老吳，先來一瓶啤酒解渴，再找房！」哈，騎友越來越像，都把酒當水喝了。此地海拔 4014 米，空氣稀薄，素有「世界高城」之稱。這裡是七世和十世達賴的故鄉，也是蒙古國師三世哲布尊丹巴高僧大師的出生地。一千多年前，藏王松贊干布征服木氏王朝後所建的白塔是一大景觀。街上藏袍來去，簍內蟲草笑躺，此起彼落的藏語，輕拂著黝黑泛亮的臉龐。

日暮，遠山遊食歸來的犛牛成隊回家，岔口無人招呼竟也三倆各歸欄門。藏人生活貼近大地，依時輪轉也隨性自然。街上遊蕩的牲畜更是躺臥自在，對著往來人車視若無睹。特猛描述：「狗們都在街上遊蕩，一刻鐘一條狗會往來三數回。聚則打鬧嬉戲追咬其中弱者，散則散矣！有些狗四處梭巡探頭探腦，有得狗蹲著不衝任何人、物，只是不停叫，搖頭晃腦；睡覺的狗都完全攤在地上，你扔給吃的，牠都懶得站起來，蹭著挪挪，夠著就得。名副其實的世界狗城。藏人不殺狗不栓狗，藏區真是狗的天堂。牛羊豬馬驢也都散佈城鄉，山坡河邊路旁到處遊蕩。藏區──自在輪迴的生命場！」

霞落幡飄天上村，難忘崩潰海子山　　四川措拉村

理塘（海拔 3968）－海子山（4685）－措拉（3370）：123km　　海拔：+717m/-1315m

夏日殘雪　　　　　　　　　　　　　　　　　　　　天地接連

雪山遠近相伴，偶爾牛羊谷地漫步。經過 80 公里的小起伏後，陡坡開始。兩旁殘雪默默，偶爾一根路椿緩緩揮別。奧馬開始回憶這輩子的喜怒哀樂，思考下輩子的生活規劃。反覆來回，兩旁的灰白還是綿延不絕。漫漫長坡，以 4、5 公里的時速挺進，苦啊！要不是爬坡，高原八小時的騎行或將使嗜睡更加明顯。所幸是水泥國道，路況甚好。身坐藍馬背，心置雲霄外，頭看一尺地，腳踩兩踏板，兩輪竟也滾出了六歲女兒的昔日笑靨。

「爸爸，我今天考得很好，你答應我一個要求，我才告訴你分數。」「不先說？好，我答應妳，但是麥當勞除外。」「哼，你都這樣！」哈，道高一尺魔高一丈，知根知底的小崽，妳還早著呢！可是幾天後，還沒開口就已經被打敗了。聽得車庫的遙控門捲起，歡快的女

兒跳著下樓，玄關迎著一句：「吳老頭你回來了！」笑臉頓時拉得老長。小崽拿起拖鞋立馬又一句：「吳老爺別生氣，請穿鞋！」老爸一時不知作何反應，苦憋「笑氣」，幾乎內傷。現在，努力上踩的奧馬也在憋氣，但是絕不會有內傷之虞。

　　路書說爬坡 8 公里到埡口，都 10 公里了還望不到盡頭。繼續嶺線龜爬，幾近崩潰。山巍巍兮，我望；路漫漫兮，我騎；道彎彎兮，我繞；坡陡陡兮，我爬；日炎炎兮，我遮；臉汗汗兮，我擦；口乾乾兮，我抿；腳沉沉兮，我踩。奧馬終於癱地了。白雲藍天如海無邊，一輪刺眼斜陽撩得心頭暖癢。兩旁雪坡，護著一條無盡的天路。在溫燙的馬路中央，藍馬兩輪貼地，閉氣養神；奧馬汗濕衣襟，五體貼地。睬眼微眸，頭上的穹頂似乎觸手可及，二馬的體氣吸息也一下融入了永恆大地。只見一芥遊塵在宇宙的光閃中遠飄，幻化，繼而消失的無影無蹤。

　　不久，孤單、疲憊、饑寒同時襲來。一句：「老弟，跟你握手來了！」長手由胸口伸入連體騎服。誰知小弟也累成縮頭小蟲，尋抓半天方才拉著。上到殘雪未化的埡口一看碼表，此段爬坡 12 公里多，不是 8 公里。這是二馬印象最深的磨難，關鍵可能是此前低氧的 80 公里。大別和大巴山區的爬坡已了無記憶。

　　翻過埡口後景觀大變。揮別姐妹湖，下坡直入依山傍水的古樸民落。暮色蒼茫，牛羊悠閒，炊煙的欄屋旁孩童嬉戲張望，微飄的幡旗說著天上人間的千古神話。前頭劉隊終於接通手機，呼著再行 20 公里夜宿山谷中的措拉村。當奧馬和劉隊、特猛三人晚餐將畢，特慢摸黑出現，恍如隔世老友相見，激動！大夥對這段煎熬不勝唏噓，三言兩語又是午夜。

　　奧馬不知以前理塘到巴塘是傳說中的治安盲區，有漢人說它「悍匪攔車打劫，槍支卡車裝備精良。」事有湊巧，藏人曠野開會被一早搭車路過的騎友誤認聚眾打劫。於是手機漫山傳竄，數個騎隊都搭車通過。感謝這個不知道，它讓隊友的幾次建議都沒動搖一路的堅持。

　　此前奧馬在埡口與跟上的一 50 多歲河南騎友聊起「人越老越是堅持」，兩人會心微笑，而老兄黑夜直奔巴塘。今天騎翻海子山的都是鐵板釘釘的好漢。有趣的是，年輕的就特猛和特慢二人。似乎，騎行所決定的是毅力不是體力。痛苦的汗水伴著喜悅的淚水，騎行的美妙盡顯於此。

高原牧家　　　　　　　　　　　　　　　　　　　　　　　　轉經藏塔

眼藏童抵巴塘，奧馬喜得入藏函　　四川巴塘（57 公里）

　　有說措拉村是個「強盜窩」，可是從入村到過夜離開卻也沒覺任何異樣，村民「扎西德勒」如常，邀茶同樣熱情。木楞藏房散落山道旁，留居的臥室彷彿就架在湍急的巴曲河上。晨起，窗下流水潺潺，濤聲隱隱湧動著詩意。奧馬墊後緩行，流連張望間，一只吠追的藏獒將二馬送上了美麗的山水國道。今天將愉快地下坡 60 公里到巴塘。

　　所過村落都有精雕細琢的莊嚴佛塔。精美佛圖配上黃紅大色，在岩山綠樹襯托下顯得富麗輝煌也佛穆安祥。太陽高照，簷下圍繞的銅黃經筒閃閃泛光。塔座方正，層層不同，逐步上升又逐漸縮小。來到上頭，迴旋續轉的疊加環球將世間的菱角磕碰化作圓滑柔順。最頂上的一根日月神尖直指蒼天，將一切嗔癡善惡引至極樂世界。

　　接連穿過數個隧道，其中無燈光的拉納山隧道長達 3,451 米，一陣驚嚇。奧馬知道，要是沒有這些隧道，那坡肯定還有得爬！巴塘是中國鏇子舞之鄉，每逢節日全鎮群聚起舞。由數名領舞拉著胡琴，尾隨的盛裝男女邊走邊唱，繞行、圓集、散開再聚攏，很是優雅。手機響起，是騎友要告知宿地了。未料大姐一句：「告訴你一個好消息，你進藏的問題解決了。」一陣錯愕，「解決了！咋解決的？管用嗎？」經過連日爬坡的煎熬和忘我的痛快，該來的還是來了。

　　飄過小學，盛裝藏童正快樂歸家。端莊，華麗又輕快的藏服卻讓奧馬想起穿吊帶褲的女兒。那天，老爸帶剛上小學的短髮女兒回新竹參加大學校慶。兩人牛仔褲都拉著吊帶，踢腿打鬧逛著攤擺，也引來學弟學妹的眼球和笑語：「說你們是兄弟，大的又太老，小的說話又像女生。學長，他是你兒子還是女兒？」「哈，都是，她也是我上輩子的情人！」後來在臺北市的東區逛街，老爸一時興起作弄女兒，對著高樓林立的馬路抬頭大吼：「無為，無為...」不甘示弱的默契女兒跟著吼了起來：「吳老爸，吳老爸...」引得如流的人群也好奇仰頭遠看，父女倆卻相視一笑拉手走人。唉，女兒思想保守卻作風大膽的個性，這忠厚而不老實的老爸難辭其咎。慶幸，她比老爸知足、陽光也幽默。現在，奧馬看到似往日女兒的純稚笑容，又忘形了，進藏的煩憂也被拋到了九霄雲外。

盛裝藏童

　　晚上，薩拉借旅店廚房大顯廚藝，在大夥翻過海子山的興奮下，一桌狼藉。貪飲的奧馬竟沒想起入藏就在眼前。大姐離席前引著微醺的奧馬上樓見貴人，水到渠成，丁點沒耽擱。莫非一路擔憂的難題，答案早就隱在今天經過的佛塔中。酒醒，握著手中似可一用的身份證，奧馬謝著地上這姐，也謝著天上那神。

入藏

川藏界河金沙江

騎友編隊來護航，二馬過江入西藏　　西藏芒康溫泉地

巴塘(海拔 2425)－金沙江大橋(2500)－巴拉山(4170)－芒康溫泉地(3875)：48km，海拔+1670m/-295m

　　今天要過有著解放軍檢查哨的川藏界河金沙江。繼續向西走西藏，或是轉南往雲南，立見分曉。收起風衣，一身如老農的樸拙穿戴，鬍鬚拉雜的奧馬背著證件資料。大江蜿蜒遼闊，河谷點點泛光。灰濛岩山壓不住心中的志忑。竹巴籠的橋頭邊停著一輛中巴，似乎讓旅客準備著檢查，深恐留下闖關記錄的奧馬又添了幾分擔憂。薩拉鼓勁說：「在中國，這是正常，又不是幹壞事，都到這裡了，你總要試試。」

　　居中過江來到解放軍哨。輪到奧馬遞上身份證，槍頭一句：「你幾歲？」突然大夥同時七嘴八舌逗趣：「我 70 歲，她 18 歲...」裝老的奧馬黯啞一句：「63 歲」，解放戰士笑了。二馬倉惶過了金沙江。當騎友在涵洞下歡呼：「西藏，我來了！」未緩過神來的奧馬，還想著證件上的十八位數字和地址。後來走青藏，騎友阿榮提到一同行港人被禁止進入，內地同胞為他說情，最後得來厲聲一句：「再說，你們也都回去，不准進入。」雖然還擔心著後頭的檢查哨。奧馬衷心感謝騎友的刻意安排和臨機護航。

　　對著溫泉山莊的蛋炒飯，特慢冒出一句：「蛋在哪裡？」他總結了大夥的無奈。運輸不便使物資稀貴，人為垃圾又傳統入江，商氣沆瀣自是必然。回頭一想，日漸增多的遊人才是根本原因，我們的無覺和忽視正合力踐踏著神秘的山水幽境。

二牛挖田　　　　　　走山盛裝藏女

芒康縣城

盛裝藏妹推藍馬，謙恭轉經維色寺　西藏芒康（66 公里）

維色寺　　　　　　　　　　　　　　　　　　　土磚民居

　　坡不陡，風寧靜，隊友談笑穿行峽谷。魁武的劉隊又折損了第二根 700C 公路車鋼絲，能解決的大城是十天顛簸土路後的八一鎮，大夥替他捏汗。山前紅土上，並排的兩隻黑牛拉著犁扒挖耕硬土，不知費勁操控的藏農期待多少收成？山路盤繞，黃岩綠叢中出現幾點移動的鮮麗。年輕藏女沿著陡峭坡緣正輕巧躍下馬路。一聲「扎西德勒！」激起熱情回應，奧馬順勢停車。一女黃藍髮帶盤出亮淨的笑臉。身着帶花藏青棉襖和拖地裙擺，有如荒山走出的古典少女。旁邊，另女綠綢衫套著紅色馬甲，胸前的珍珠項鍊圓渾欲現，頭上一頂帥氣乳白圓帽洋溢著浪漫瀟灑。遠處一位含蓄笑望。她仨看似奔赴相親歡聚或盛大市集。

　　隨著一聲再見，爽朗的二人健步而上，奮力助推藍馬。兩輪快轉有如電動車般的搖擺竄行，一陣腳亂，奧馬慌叫「好了！好了！」　她們不捨放棄的雙手，伴著歡快爽朗的笑聲，讓二馬枯燥的爬坡有了一陣上升的快感。晚上進入鎮區，劉隊在市場找到白族師傅，他巧手搞定連日擔心的輪圈鋼絲。山中多能人，我們多貴人。

　　芒康是進藏的東南大門，古時「茶馬古道」的第一站，今天 318（川藏公路）和 214 國道（滇藏公路）在此交匯。街上不時可見髮盤紅絲細穗，膚如古銅的青壯闊步而行，粗獷帥勁盡顯康巴漢子的偉岸風采。維色寺是芒康黃教寺廟中較大的一座，下轄 20 座子寺。也是藏區十八呼圖克圖（化身）之一，活佛轉世已十五世。呼圖克圖活佛的地位低於達賴和班禪，但可出任攝政。在各自的封地集政教首領於一身，有著至高無上的權力。寺外赭簷白牆，入內，黃黑正色莊嚴肅然。山坡的天葬場經幡垂掛，有如人龍的虔誠信徒繞著寺牆轉經。悠哉隨坐，二馬偷得半日佛氣輕閒。

　　來到邊區的生活民居，一條土路撐起兩旁剝落的土房，聞得幽暗屋內傳來窸窣響聲。伸頸一探，半掩的木門後銅壺水氣氤氳，一阿嬤正撥弄著爐口灰燼。抬頭望見來人，露齒含笑揮手招呼喝茶。入得屋來，漢藏手口交融，她似乎說著兒孫外出放牛。奧馬想起昨天那七八歲小童在路旁高地單手甩著牛皮彈弓，石頭快準地擊到百米山坳下的牛隻。紐西蘭牧民以口呼聲，指揮牧犬放養幾個山頭的上千羊群。在這裡，藏人也有獨到的伎倆與牲畜共存。

想起高爾夫球手說「愛恨著一個小白球，被玩的卻是揮杆的自己。」突然發現，騎車和打高爾夫球都是一個人的遊戲，面對的只有自己和上帝。即使慢了一拍，多揮兩桿，同樣達到了目的。奧馬開始相信，只要不放棄，就可以騎到「不遠」的拉薩。

瀾滄江旁泥水美，驚歎前人行路難　西藏如美

芒康(海拔 3875)－拉烏山(4338)－竹卡大橋（2640）－如美：50km，海拔+453m/-1668m

瀾滄江

今天行進在洶湧的瀾滄江峽谷，全是碎石土路。四人決定推進 50 公里進住竹卡大橋旁的如美，一個十幾戶人家的小村，有點美麗，也有吃有住。

一路民舍散佈，鮮彩亮麗的木楞房說著人天交融的恬淡樸實。一條泥江流出山谷，去遠來近，寬流狹奔，唯一不變的是濁黃水流的舒展和怒吼。

臨近如美，蒼勁的岩山下孤叢輕晃；窄細的梯田且聚且散。一個轉彎，瀾滄江上的竹卡大橋圓弧跨過雄渾江面。狂瀉而下的泥水被峽谷攔擋，轉折中露出些許溫和。鄰鄰泛白的波紋有如游蛇翻潛，若隱若現。兩旁切斬的山壁，長矛插刺再以鋸齒開拉。驚歎此地游物的適應能力，濁水照樣存活，大夥尋吃怒水江魚。炙陽高熱，微風怡人，四人樹下酣暢午飲。對坡下奧馬剛光顧的茅廁，特猛妙語有加：「廁所和豬圈一木板之隔，且上下相通；蒼蠅成團，臭氣熏天，哼聲不斷。每個坑位中斜插一木棍，必須對準，沿木棍緩緩滑入，否則水深浪高屁股難保。」

一位老藏人說：「以前這條 318 和現在不能比，不說路面小又坑窪，大石泥沙一路，單就那個懸崖山壁，大車一次是彎不過去的，再倒回，一不小心就下了河谷！」滔滔江水攪著臨崖喪膽的萬丈峽谷，奧馬敬佩起騎行川藏的前輩們。對他們而言，我們今天就像郊外野遊。

竹卡大橋

如美午飲

臨淵滾輪心膽寒，利在千秋築路人　西藏榮許

如美（海拔 2540）－覺巴山（3930）－登巴（3440）－榮許兵站（4100）：52km，海拔+1560m

高山峽谷

艱難造路

今天繼續穿行瀾滄江峽谷向榮許進發，幾乎全是修路段。路書說「...一直陷在橫斷山脈中，國道在山間不斷盤旋。有時走了幾十公里，老在原地轉來轉去，座標卻沒怎麼動，動的只是海拔。此段 318 國道，一邊是怪石嶙峋的危崖，一邊是萬丈深淵。整條道路是從直上直下的岩壁摳出來的。」

後來在左貢，與住宿同一旅店的陝西老騎談起這段路。他坦然說：「那段路我搭車，在車上伸頸外望都看不到路面，只有對面岩山。一到窄路，山壁逼過來，就有車輪隨時要滾下山谷的恐懼。」得知奧馬騎行過來，好奇問道：「騎車是不是也有這種感覺？」奧馬故作輕鬆笑答：「騎車很好，靠著山邊走，舒服的很。」開他玩笑，幾次峽谷的窄路有石堆或車輛，不得不靠崖繞行時就覺有股力量要拉二馬下墜深淵，一陣手腳發軟。

工程車和拖拉機往來，崩塌易發處，每有大片竹棍隔架。綁緊的繩索替代螺絲，用作腳手架的長板懸空出崖。震撼！高崖邊上的棚屋女人忙著燒煮，後勤同樣克難。在這天邊一隅，他們正與大地搏鬥。峭壁上忙活的四川老鄉見著二馬，微笑提醒：「這山大的很，坡很陡，彎來彎去土石多，路面不好，卡車來來回回你要小心。」奧馬不捨一句：「那你呢？」

一天幾乎全是起伏的精彩土路，先上 1300 米海拔，再下 500 米，然後再上 600 米。上坡下坡間，大江總是不遠。上山如抹汗的烤翅，下山如跳森巴學步地推進 52 公里。劉隊補了三次胎，最後四公里上坡他放棄了，一路推進客棧。

高原水鄉

饑熬風土五千米，苦戰天王爬東達　西藏左貢

榮許（海拔 4100）－東達山(5008)－左貢(3877)：64km，海拔+908m/-1131m

山道如溝

5008 米 東達山

今天要爬海拔 5008 米的東達山，它每年只有一個月不下雪。一路多為改造中的上坡土路，坑窪泥濘，只有臨近左貢是近 10 公里柏油路。

將出村落，奧馬為藍馬上油時發現後輪有些扁胎。是呀，對藍馬的信心已數日沒檢查胎壓，想到連日來不斷抖跳的山路讓騎友頻繁扎胎，更加懷疑藍馬也有了狀況，頓時心中疙瘩一片。一段路後追不上騎友，手機又不通。備用小氣筒一插上氣嘴輪胎更軟，幸好，路過工人見奧馬手忙腳亂，熱心接手打氣，折騰半天似無改善。上坡的土路常是石砂當道，有時還需繞行土堆和便道。隨著 5000 米高度的逼近，雨雪來去，山風忽強忽弱。而昨夜的腹瀉又未敢進食，饑餓接踵而至，老天把所有的考驗都擺在了一起。特慢路邊一覺後涼腳等候，或許知道今天路途多艱而奧馬狀況奇差有意作陪。只是奧馬已經「有氣呼雞，無力吹火」，任由雙腳機械地踩著 25 公里的上坡路段。

前幾年奧馬迷於打網球時，恰值瑞士快車費德勒的巔峰期。除紅土球場上的納達爾外，誰要贏他一場是意外中的意外，他連拿四大滿貫。完美的全方位球技加上儒雅的風度不愧天王風采。奧馬此時看到他在球場飛奔。

年輕出道，屢敗屢戰，不棄不餒的提升高度。有一天終於來到大滿貫的決賽場，全場觀眾考驗心理素質，老練對手挑戰臨場發揮，自己內心要求創造奇蹟。面對渴望跨越的里程碑，他知道必須竭盡所能，否則毫無機會。一場惡戰，贏了。剎那間，全場觀眾為他起立致敬，如雷掌聲響徹雲霄，他兩腿跪地，流淚了。他打贏自己上了另一個生涯高度。只有少數人可以登上大滿貫的舞臺，但是每一個人都可以進入心中的競技場。奧馬正在生命的球場，乏力拿著球拍注視難纏的對手，已經歷五、六小時的纏鬥。鼻酸一句：「我要贏！」

知道離山頭不遠了，歪斜的 3、4 公里時速，熬！看到埡口一陣興奮，誰知山路一轉，竟是崩山泥水讓卡車壓出深達半米的土溝，長達數百米無可滾輪。看著轎車駕駛搖頭歎息，突然醒悟，原來是來到最糾纏的決勝局，正在搶七。堅持最後一口氣，奧馬登上了東達山。風中一片掌聲，這是奧馬的第一個大滿貫，他翻過心中的一座山。騎友說，芒康至左貢是川藏線上最具挑戰的路段，信然！

喇嘛談鬧現真情，最是可愛窗上童　　西藏邦達

左貢（海拔 3877）－田妥鄉－阿四村－邦達（4120）：110km，　成都出發總里程：：1238km

藏童入畫　　　　　　　　　　　　　　　　　　田妥藏村

　　左貢平均海拔 3750 米，主要山脈除昨天翻爬的東達山外，與雲南交界的「神山」－梅里雪山尤其知名，海拔超過 6000 米的雪峰連綿，人稱「太子十三峰」。怒江流經境內 175 公里，瀾滄江 120 公里，玉曲河 240 公里，還有著 7、80 個大小湖泊。東依芒康，南靠德欽，自古也是茶馬古道進出西藏的必經之地。從左貢到邦達的 110 公里是沿著清麗的玉曲河一路向北，短坡上下外多為平路。路書說是「休閒級別」，難得！

　　窗外響起悅耳的銅鈴聲，十來匹馬身上駝綁形狀各異的桶袋裹包，三五漢子走路前導。清晨見到馬幫，好一個彩頭。來到田妥村，飾以棕黃雕梁的白牆古廟宏偉肅穆。小鋪前的年輕喇嘛正與特慢嬉鬧，一人調皮地將紙盒折成的僧帽戴於頭上，煞是逗趣。尋食進入藏屋卻迎來四川老鄉。燒著鍋爐，他提起來此落腳時的一段漢藏磨合。

　　舉頭外望，只見方正的窗戶框起圖畫，藍天白雲下的遠山近寺是隨手天成的藏地美景，只歎不能取了回家。數童由窗下露出腦瓜，一張張焦烤黝黑的臉龐抹著茶紅太陽，接著爬上窗臺用著笑口白牙打起招呼。抱著乳兒的年輕村婦也靠了上來，開心逗弄懷中幼兒的小手致意，靦腆又熱情。看著藏婦與藏童，奧馬思緒又模糊了。

　　女兒進書房，老爸作弄她說：「我只有妳一個女兒，我很喜歡小孩，妳將來長大報答我時，別的不要，只要送我一個妳生的的小孩，還有一部這車。」隨手拿起桌上圖片，那英國傳統造型的經典 Jaguar（積架）汽車，她似懂非懂地認真點頭。幾天後再問：「爸爸老了以後，妳要送什麼？」她很明確地回答：「一個小孩，還有一輛上頭有豹的汽車。」幾週後整理書桌要扔圖片再問，還是不含糊。很好，女兒記住了，老爸也就忘了。似乎直到上了小三，她還與同學爭辨：「真的有聖誕老人，我每年都收到她送來的禮物，妳別不信？」回到家，卻也提出疑問：「車子可以送人，可是我生的小孩怎麼能送人？爸爸是不是糊塗了？」是的，女兒，妳會長大，而老爸有時也會糊塗！

蕎麥谷地

　　到了邦達，川藏行程已過半。

怒江盤龍 72 拐

冰雹雪霧天乍晴，怒江蟠龍人憔悴　西藏八宿

邦達(海拔 4120)－業拉山(4658)－怒江(2740)－八宿(3280)：96km，海拔+1078m/-1910m

　　晨雨冷寒，爬坡上路後雪霧交加，突然打下一陣冰雹。轉個彎，雪停霧散，欲露還羞的太陽偷偷露笑。再轉個彎，風雨又來。上了業拉山，經幡濕淋淋滿地殘白。風急雪凍不敢停留，二馬快速逃離。一塊路牌說著接下來路段歸屬武警支隊養護，只有艱難地區才歸他們看管，猜想前頭肯定精彩。

　　一個彎轉，後面趕上的吉普車隊崖邊停靠，所有人馬臨空看著熱鬧。呵，原來下頭有如曲折小腸的拐坡就是昨夜騎友提起的「怒江魔鬼 72 拐」。它惡名昭彰，15 公里全是碎石灰塵，急彎連連還顛簸不斷。有說 10 人中有 2 人會放坡摔車，也曾發生騎友掉入怒江峽谷的悲劇。

　　近一點半，四人盤旋急降海拔二千米，馬不停蹄殺至怒江邊。指著黃灰谷中洶湧奔流，特瘦一句：「我喜歡這種蒼涼悲壯的感覺」道出了奧馬此時心境，因為前頭又是解放軍的崗哨。來到唯一遮陽的廢墟吃著乾糧，興致頗高的劉隊不時以「餐廳」逗趣。看著 500 米前方「怒江天塹」的險要關卡，一夫當關萬夫莫敵，奧馬憂慮有加。為上傳照片一夜未眠，加上憂心和下坡的折騰，宛如放光精血的奧馬食不知味。

忐忑臨近橋岩崗哨，幾乎貼身的籠內軍犬突然咆哮，站崗直視的帶槍衛兵，對路過的騎人卻視若無睹。心虛又強作冷靜，緩緩穿過岩洞上到怒江二流交口。隊友三人對著壯觀河道雀躍拍照，奧馬謹小慎微地問劉隊：「兵哨過了？」「是啊！就是剛剛那個。」老天！一路折騰奧馬的就是「剛剛那個」？過了關卡後，長時緊繃的神經激發出宣洩的慾望，奧馬用力吼著爹娘為自己鼓勁，對著騎友的不解，無法說出身心俱疲的轉折。

曬日犛牛

怒江峽谷

　　在這人煙稀少的山區，不到八宿不得住宿，奧馬第一次對帳篷有了渴望。兩輛載重的大卡呼嘯而過，帶起的土塵掩沒了前行的隊友，奧馬沒選擇只有跟上。屋漏偏逢連夜雨，來到僅有二、三十戶的拉根鄉喝了高原未沸的熱水又拉起肚子。騎行 96 公里來到八宿，心力交瘁的奧馬只想儘快躺平。

　　深夜食店與店家研究食方後上了一碗「拉條子」，老板說：「不擀不壓直接拉出的拌麵筋道經飽...」正說着，門口突然湧進灰頭土臉的四男一女，有如狂沙中跋涉了遠路。原來他們剛為卡車下完袋裝水泥。約莫 50 歲的頭兒艱難分配著手上的幾張小鈔，如畫猴臉顯出當家的擔當，卻也有除減計算的茫然，周到的老闆拿出計算器幫忙。夜深人靜，分完工錢的老藏人為大夥要了啤酒，握著都市人眼中的零頭，個個欣喜知足。也是，「一身灰泥再加一瓶啤酒，人生沒有過不去的坎！」

　　西藏天國上下起伏，轉山轉水轉得奧馬衰竭，也轉出奧馬活力。二馬離拉薩又近了。

深夜完活的藏民

攕嫗覒腆恐日短，五體投地跪聖城　　西藏然烏

八宿(海拔 3280)－安久拉山(4325)－然烏（3960）：95 公里，海拔+1045m/-365m

朝聖路上

假如，不假外求，知足常樂是生活的全部態度；
那麼，順勢隨緣，活在當下是生命的最高境界；
達人也！但是，
與世無爭，就怕安天樂命，無所作為。

假如，謀事在人，成事在天，適可而止；
那麼，不偏不倚，能屈能伸，
凡人也！但是，
何事何適？無所捏拿，夜半夢回。

假如，好與天鬥，好與地鬥，決不服輸；
那麼，好與人鬥，一生琢磨；
強人也！但是，
慾望無窮，暮然回首，燈火闌珊。

想該想的，做該做的，要該要的，活該活的，
人常想不透哪些「應該」。
藏人，奉獻今生擁有了永恆；
神在心中，他們是幸福之人！

　　臨行食堂用餐，一位著藏服母親慈笑領進幼小女兒，無微不至地問著吃食選擇，隨後兩人開心合吃一碗拉麵。母親舉筷捧碗呵護備至，兩張泛笑的臉龐幾乎貼連，最後你一口我一口喝下碗裏的湯汁。鎮「衙門」前，一女孩牽著婆婆亦步亦趨惟恐留不住龍鍾的腳步。乳稚未去卻又小心翼翼，專心致力為老人選避坑石，還不忘好奇回看二馬。

　　千年如一的人間摯情，如何在這曠野帳篷和黑老石屋相濡以沫？日暮時分，是否也伴著裊裊炊煙，倚門等待遲歸的年少？慈祥的皺紋，是否散發著兒孫噓寒問暖的知足？飲酒

作樂的青壯，是否讓喧囂的豪情在山谷迴蕩？牛前馬後，婦女孩童的談笑嬉鬧是否充滿庭院？古老的宗教，偏遠的民族讓奧馬有太多溫馨的猜想。

連綿峰頂，白雪泛光，如火的岩脈隨意起伏；綠絨植被灑上散落的石礫，乾黃裸露的植株費力搖晃；長途奔襲的水流，曲軟前進，綠田逐漸在河谷消失。偶爾飄過一朵雲彩，信手抹上山河陰影，長短高低快走慢行，幾隻禿鷲張望著屬於牠們的蒼茫大地。

上坡，突然出現「山民」圍聚開會。近瞧原來是千里迢迢的朝聖信徒。近百人的陣仗，車道護欄裏外或坐或靠，散休於路旁的空地。近旁老婦頭戴盤帽，紅藍白編織的佛條緊緊纏繞腦後粗長的馬尾。胸前暗紅的佛珠將虔誠串成一圈，粗耐的白棉手套拿著掌板，身掛及踝的牛皮護兜有如勞作的鐵匠。看著她緊抿嘴唇的棕黑臉龐和發亮眼神，奧馬茫然墜入深淵，敞開的五體隨風飄落。他想知道，眼前年老媽媽那不成雙的袖套劃破了幾隻？腳下粗重的鞋子磨破了幾雙？這是奧馬第一次看到長跪藏民，肅然起敬！

他們來自四川黃龍，男女老少加上孩童正長跪往拉薩。以每天撲臥 5 到 10 公里推進，已經走了五個月。前頭還有著近 900 公里的山水起伏，大昭寺的神柱再五個月後才能迎進遠道而來的子民。婉拒她們拿出的隨身乾糧，卻拒絕不了兩女童臨走又捧來的糖果。

山坡早已沒了綠色，崩落的石流有如山神灑下的褶皺布條。山腳下找到前頭補給車隊，插著彩旗的四輛拖拉機正有序地卸載。二馬一停，不遠的雙手即揮起了邀請。本來找的就是你們！一番拉談，離去時又被塞上油餅。以前奧馬入觀寺廟，再大再旺也不上香許願，僅是合掌頂禮當家大神。現在，以前省下的火香化成謙卑的 16 張幣紙，為奧馬點上一盞長燈。泥塑或木刻、金鑄或玉雕的神明們失禮了，眼前的才是真正的菩薩！

長跪朝聖是生命的謙卑。騎行累嗎？住有屋吃有酒，下坡每小時可輪滾 5、60 公里，考驗的只是貌似的毅力和得意的汗水。就如駕車或搭車的旅人，都是佛國大地的過客。不管走了百步還是千里，外來遊人都未踏入藏人心靈的聖殿。門外徘徊所帶來的新奇和敬佩，徒讓得意的無知沾沾自喜。

景觀逐漸改變。綠色開始顯現，山脈開始高大，而水流的濤聲也益發空靈。傍晚上到 4475 米的安久拉山，帳蓬前車水馬龍，鑽動的人頭蹲地圍談，沒想到高寒埡口還有熱鬧的蟲草市場。狂奔數十公里，下坡穿過黑夜峽谷，二馬下到美麗的然烏湖。

安久拉山蟲草市場

幻山疊色

雪原謐湖映霞光，然烏美景尋俠侶　　然烏湖休整

　　然烏湖位於喜馬拉雅山和念青唐古拉山脈的對撞處，是山體滑坡形成的堰塞湖。海拔3850 米，面積約 22 平方公里為藏東第一大湖。遠處群峰白雪皚皚，細雨中的湖面，山嵐朦朧。遊走湖中木屋的四周廊道，不禁懷疑自己是「然烏上湖圖」中不經意的一筆，奧馬尋起飄逸劍客和柔情俠女。

　　想起昨天又追上四個長跪的藏民。道旁板車藏旗飄掛，男女舉手頂禮，前撲點地，再支撐立起。每磕八十一個頭後回去拉車，來回重複，吃的喝的住的全在車上。他們是磕拜了一程，回頭步行了一程，拉車又走了一程。一路磕來，比三千公里的雅魯藏布江來回還長。酸腰繭皮，不言可喻。我們以為難能的，對他們卻是理所當然。奧馬相信，他們內心一定清如白雪，靜如峽谷，美如然烏。

然烏湖

藍天聖潔山水柔，雪瀑籬欄走今生　西藏波密

然烏(海拔 3330)－松宗－波密(2725)：35km 土路、柏油路：132km，

绿水如脂

白浪呼啸

　　空靈山道，獨見年老二騎談笑，夫駄婦隨有如公園漫步。「執子之手，共赴西藏」的偕老情趣，人間獨美。然烏湖是帕隆藏布江的源頭，湖水往下一路匯流，終成大河。天靛水柔，倒映的鮮藍旅店撩起湖波笑臉。曲折繞湖，二馬正迎向西藏的林區— 林芝。

　　靜白的雪嶺遠近環伺，下掛的雪川翩翩起舞。山道群羊，披著長毛頂著黑角，正歡快邁出一天的自在。籬欄圍繞，經幡飄揚，屋前的兩個稚嫩孩童呼出世代溫暖的雪原人氣。清澈的湖江綠中透藍，一個彎轉，靜展的綠水頓成滔滔白浪。崎嶇的山道散發靈氣，陡峭的岩壁貼身壓擠河道。做勢欲撲的巨岩被水流切出車道，遠看壯麗，底下搶行卻驚濤駭浪。突然，出現奮力奔蹄的牛群平添幽凜大地一陣騷動，原來後頭摩托車上的藏帽藏袍牧人正催趕牠們轉場。遠看牛頭馬面的龐然大物，近身卻是溫實可親。

　　岔路口，牌樓默默說著米堆冰川的冰寒秀麗。山路靜漫遠方，壁幡迎風飄展。虔默的牛羊彷彿草木搖曳，呢喃佛音的走跪人子，活在今世更像來生。天際隱約飄起《天上西藏》的讚頌：
「朝聖的路上總有阿媽放飛祈禱的經幡，仰望高原總有聖地千年不化的雪山，
　珠穆朗瑪是那古海的巨浪，我為你神奇的傳說歌唱，
　天上的西藏，噢，阿媽的胸膛，養育生命的天堂…」

　　父親手握車把，肩拷背帶駝著高堆板車，家人兩旁肩帶共力幫隨。無邪的幼女坐於梵旗掛飄的車頂張望佛國山水，舉臂搖轉經筒的阿嬤虔誠尾隨。和衷共濟的一家離拉薩還有800 公里，朝聖之路遙遠，而載負沉重，難啊！看著他們的臉上有如大地般的祥和，酸鼻的奧馬觸動了對女兒的叮囑：
「我們父女歡樂一場，但願將來也沒有愛的折磨。妳對老爸的溺寵不該變成妳生命的負擔和老爸垂死的掙扎。不要救心丸，不要 24 小時看護，更不要心肺復蘇和電擊。老爸希望

有上帝或魔鬼的祝福，在好友歡聚下酩酊大醉後長眠不醒，或者一個意外，瞬間離開人世。相信有妳最後的祝福，老爸一定可以上天堂如幼女般張望山水，也微笑看妳。」

奧馬相信，上帝應該也常造訪這梵音天地，而將為律師的女兒也會執行的很到位，希望她還能「富創意」。到底，她是這調皮老爸生出的女兒和最親暱的兄弟。

　　遇上走了兩個月的北京獨騎說：「我要去拉薩旅店打工，換取食宿，迎接世足杯即將到來的狂歡。」奧馬自問：「我年輕的日子都忙啥去了？」他真想不起來了。晚上進入波密，大夥圍著一鍋香沸的川味菜肉葷豆花。腸胃還抗議的奧馬，卻只能穿上刀郎的羊皮，桌旁哼著：「我是一隻流著口水的狼」。

然烏山道　　　　　　　　　　　　　　　　水流車走

三代同走拉薩

雨中滑車笑馬憨，世外桃源沐佛恩　　西藏波密仁青藏居休整（30公里）

　　雨中拿取送修的駝包，對著階前連接車道的三角鋼架加速衝上。於是，二馬連人帶車平滑出去，摔得一陣窩囊臉紅。窩囊的是，轉山轉水騎了數千公里，怎就被這縣城「助輪」上道的設施給摔了？臉紅的是，全城人都知道雨天時要正向緩行或推車而上。奧馬苦笑，憐憫的路人卻不好意思笑。

　　穿過密麻經幡的吊橋，一段泥漿土路將二馬送進叢林中的世外桃源。窗口外望，灰亮的蒼穹下，山嵐游走，寧靜的湖面翠山環繞。騎友說起外來喇嘛正在寺廟舉行說經法會，丟下騎盔戴上小帽，奧馬歡快前往。廟前廣場長竿高立，五顏六色的風馬繩旗由天而下，有如大傘拉著綠地。正值小休，村人和善迎視來客，三兩小孩，節制地嬉鬧。廟內熏煙，成排喇嘛端坐蒲團看經，環坐牆角的鄉親緘默噤聲。後進小堂，油燈晃動如光海澎湃，虔誠的佛民正默默獻上更多燭火。肅穆凝重的大殿，燭光幽搖。摘下小帽入座牆角，垂吊的巨大銅鐘，悠悠響起心中深沉的空靈，高聳的廟頂讓奧馬融入了佛境。

　　入探火房，盤腿的高僧招手邀來人上坐用茶，心虛的奧馬只敢敬謝。步出屋外，眾牲泰然自若，繫上紅繩的牛、馬、羊、狗，還有更多的生靈都是放生的動物。一隻雄昂的公雞轉身臨去，突然，冷不防地對著奧馬小腿一啄，還得意洋洋地咕咕說著：「你我同族，你我同族…」旁邊鄉人含笑送上祝福。在這謐湖野林，人、畜、僧、神處處合鳴，比之唯美的紐西蘭山水更像放歸浪人的淨土。回到宿處，特猛笑說：「聽了半天說經，沒懂半句。」看來，在這梵音佛語的仙境，我等匹夫僅能騎車。摸著雞啄的血點，奧馬知道，他也需要眾牲的點撥。

放生山林　　　　　　　　　　　　　　　　　　　　　　　　世外桃源

流水斷路   帕隆藏布江河谷

山水旆旎伴雨行，幡飄浪滾啃乾糧   西藏通麥

波密（海拔 2750）－古鄉－通麥（2030）：65km

    享受地道藏家早食時，藏婦永青笑對奧馬說：「人，不能欺負自己，說自己老。」爾後，對騎友切的一聲「吳哥」感覺特別悅耳。雨林庭前，老翁乳兒望著天外歲月，善良的眼神就如橫躺路中的牛群，安之若素。倒是四隻小藏豬急閃道旁，又回頭看著來車唧叫：「自家天地樂在身旁，何苦遠行這般折騰？」

    依著帕隆藏布江前進，不時出現石塊枝條提醒河沿坍塌。幡旗沿岸插掛，密密的經文迎風喃誦。奧馬坐望江濤啃著乾糧，身後突來一問：「有問題嗎？需不需要幫忙？」一笑：「沒事，吃著玩兒。」看著頭戴斗笠、車掛竹筐離去的背影，奧馬納悶，深山野林怎有悠閒走販？後來得知是走滇藏過來的黃蜂，真是八方來騎各顯神通。麗江用 20 元買的兩個竹筐，寬大堅實的可以載人，到拉薩後他真裝著賢子大姐遊街。家距 3000 公里卻同騎到了西藏，遠騎的快樂實非短途可比。

    向大姐家驛站佇立在帕隆藏布江的峭壁上，山崖深處林木蒼翠，谷底江流蜿蜒咆哮。堪稱世間獨步的廁所氣勢磅礴，也是不經意造就的「蹲哼天堂」。特猛笑描：「下可觀江水逝者如斯，洶湧澎湃中可感青山霧氣繚繞，莫測神奇；上可望藍天雲捲雲舒，自在散漫。由於景色太美，有位仁兄拎著啤酒進去，久久，酒酒沒有出來，我只好一直憋著，不敢去打擾他的雅興。」

73 川藏山水

「菜販」走川藏　　　　　　　　　　　　　川藏騎友

天遣神將撫藍馬，二嚐墨脫石鍋雞　　通麥休整

　　三週前與來自北京的年輕騎友在新都橋遇上，個個體力充沛，玩車經驗豐富。第二天當奧馬筋疲力盡踏進阿志瑪家時，四人已安頓良久。一週後在芒康溫泉地休整才發現他們是以輕便的塑料編織袋當駝包，說它「質輕容大，防水實用」。第二天他們在寒冷的山頭等待一個多小時，加入護航奧馬通過芒康檢查哨的隊伍。由於他們推進神速，大夥又分道揚鑣。

　　昨天藍馬前輪入一檔後鏈條摩擦有著聲響，後輪也無法打入一檔。抵達驛站求問多人皆無對策，看來只有熬到150公里外的林芝縣城，奧馬替兄弟憂心。窗外山谷美景如畫，流水濤聲如樂，不知不覺又回到了一路的藍天白雲青山綠水，臨著觸手可及的深山峽谷，奧馬又入夢了。突然，門外一聲歡叫：「老吳，北京一毛他們到了。」回過神來一笑，上帝為藍馬遣來的使者降臨了！原來，一隊友高原反應慢下了進程；現在三人又適時出現。

　　盛名的「墨脫石鍋雞」是以掌參和土雞為原料，用含鎂鐵等多種微量元素的墨脫皂石製成的石鍋，慢火燉煮。雞肉鮮嫩富彈性，湯味有一股淡淡的藥材清香。墨脫是中國迄今唯一未通公路的縣，雅魯藏布江由那進入印度。高原上的「孤島」被佛教徒們稱為「白隅白馬崗」，意為「隱秘的蓮花聖地」。傳說的皂石更是傳奇，在墨脫可削它如泥，一離開，石頭卻堅如鋼鐵。為著明天可能變成的泥流雞，大夥晚上圍爐吃了第二鍋石雞。

泥路旁的青山怒水

雅魯藏布大峽谷，人間徒步天上行　　西藏魯朗

通麥(海拔 2030)－排龍－東久－魯朗(3285)：　72km

通麥鐵橋

過通麥鐵橋，就是易貢地質博物館的災害展示區。崎嶇坡路處處淹蓋石流，坡度很大，有些地方只能推行。洶湧的帕隆藏布江一路呼嘯前行。鐵橋跨過急湍，我趴你越，頗有捨我其誰的氣勢。這是2000年扎木弄溝山體滑坡造成易貢湖潰壩後修建的便橋。霧騰的森林加上飄落的水絲讓它有如愛麗絲夢遊的仙境。

過橋迎來上坡土路，幾撥人馬已泥漿彩掛，個個兀自倉惶。山道泥濘，偶爾遇上落難的騎友也同聲哀歎：「藏路難啊！」臉上更多的是自己的得意和對別人的讚許。一向快行先到的二特也正為抖落的駝包雨中加捆，聽得背後一句：「就是要像奧馬那樣，由下頭起繩，緊實拉綁。」奧馬一陣偷樂。

綠樹蔥蔥，流水淙淙，雨林瀰漫著原始迷人的氣息。濕衣裹身，兩手僵凍，顛簸來到「雅魯藏布江大拐彎」岔口，飄搖的經幡慰勉著瞎弄山水的來客。路旁一板說著「世界第一大峽谷」的神秘，誘惑來人進入吊橋探索幽徑，在地球最後的秘境聖殿感悟生命的轉身。

慈祥微僂老嫗安步向前。右手細長竹竿，左手燒水鋁壺，背上疊著飽滿的物袋，幾條彩繩隨著腰間一串佛珠來回擺晃。奧馬好奇，她小腿捲起的褲管是不經意的疏忽，還是在這雨林佛界，已心靈平靜的物我兩忘，行走天界？

行於深山幽谷，下方時遠時近的流水轟隆喧囂。或白浪湍急，或急奔順暢，總不歇息。雪域高原流下的冰寒融水如此豐沛，它們穿斬千谷萬壁，恢宏的氣勢是緩地平川所未見。上了柏油路，一輛小折車安靠門板，二次進藏的車主用菜油潤滑鏈條，他要不假人手奔入拉薩。天外有天，人外有人，這兄弟，行！後頭小年輕卻哀歎著：「前頭還有 4、50 公里，怎就一路沒有便車，實在不想騎了。」聽其語氣似也看過路書，現在還不到兩點，日落也在九點之後，前頭正是騎行者的飛快享受，何來放棄？也是，玩各有性。

今生行走於來世

魯朗號稱「中國瑞士」，暮靄山水喚起二十多年前的歐遊記憶。青山前，小橋流水，綠樹綽約。圍欄裏，牛馬散立，農舍炊煙縷縷。木楞石屋在落日餘暉中呼喚著旅人停歇。岔路一塊「魯朗民俗村」的木牌熱情歡迎著遠道來客。二馬駐足良久不捨離去。唉，隊友還在前頭等著吶！

林海草甸繞魯朗，吃粥孤影蹭八一　　西藏林芝

魯朗（海拔 3285）－色季拉山（4385）－八一（2930）：78km，

迎著寒冽晨氣來到林海觀景台，只見南迦巴瓦峰與加拉白壘峰的雪嶺下，遠近林木，鬱鬱蒼蒼。高原草甸向山谷延伸，籬笆、木屋和勞作的牧民交錯散落。雪山、林海、綠野和牛羊一起勾勒出濃郁的藏地風情。

一落單的犛牛被騎人逼上道旁的陡斜石壁，驚悸的牛眼說牠蓄勢待發卻又無處下腳。難得如此三米貼近，奧馬逼近拍照，劉隊慌急一句：「老吳，不要靠近，逼急了牠會衝過來的！」狗急跳牆，再溫和的犛牛走投無路時也會反撲，難為牠了！

頂著透空強風，搖擺來到 4385 米的色季拉山埡口，進入賣著幡旗的帳篷，身魂渙散僅能頹坐吐息。藏小伙逗說著下面八一鎮的精彩，歌舞、美食還有姑娘，游絲僅存的奧馬已是萬念俱灰。待回過神來卻也大聲一句：「你剛說下面有啥？」

...又是驚天動地奔過的近百犛牛平添了下坡歡快。蔥綠的林葉道旁搖曳，美麗林芝傍著尼洋河出現。谷下草原空曠，一帶溫柔江水流出山家農田，油黃翠綠的莊稼欲語還羞。白廟之上的一宇金頂，肅穆祥和。難怪有人慨歎：「世界最好的風景在中國，中國最好的風景在西藏。」奧馬想起家鄉寶島，卻也隨口一批：「哈，就留給政客和名嘴吧，愛咋整就咋整，百姓看著吶！」此時此地，他已入夢。

西藏江南-林芝

林芝藏語為「太陽的寶座」，這太陽幾乎每天升起的地方，自來就是門巴族、珞巴族、僜人和其他少數民族的聚居地，宗教信仰及生活習慣仍保留著原始色彩。由於地理環境優越，有著「西藏江南」的美名。位於尼洋河畔的八一鎮是縣城，藏味的傳統純樸，逐漸抹上東來漢人現代繁華的各種花樣，應有盡有。

　　傍晚進城時看到一廣東粥館。一路不舒服的腸胃讓奧馬最想的就是這汁白又帶點葷味的南方米食。打然烏前一路腹瀉，已經想它幾天，現在是得來全不費功夫！久旱逢甘霖，連吃瘦肉和魚片兩碗熱乎美味，直到額頭冒汗方才解饞。師傅看來人吃得滋滋有味，趨近聊問。奧馬逗趣一句：「老闆，你這粥比我奶奶上個月煮的還好吃！」

　　次日休整回到旅館，店家提起廣場跳著「鍋莊」。只見四周小兒戲鬧，鄰里友人問聊很是悠閒。和著歡快的音樂，在領舞的帶領下後人有序地跟著前人扭腰踩步，繞圈曼舞，隨意進出。人少一圈，人多兩圈甚或三圈，較之漢人城市的舞秧歌或廣場舞更加優雅自然。席慕容曾在此留下美麗的詩篇：

　　　　「讓我與你握別，再輕輕抽出我的手
　　　　　　知道思念從此生根
　　　　　浮雲白日，山川莊嚴溫柔
　　　　　讓我與你握別，再輕輕抽出我的手
　　　　　年華從此停頓⋯」

八一縣城

　　過了四個，拉薩前已沒檢查哨，於是揮別快行的騎友，不帶走一片雲彩，二馬又有了獨騎的自在。

神山嶙峋，河水流淌；
崇山峻嶺間，迎來送往的溫溫柔水、淊淊大水或憤憤怒水
都述說著人生逝者如斯⋯

跪行梵音天地　　　　　　　　藍天山水

巴族野果戲秤桿，穿雲金光撫綠水　　西藏巴河

八一（林芝地區海拔 2930）－巴河（3440）：柏油路：89km

門巴族屋　　　　　　　　　　　　　　　　　賣果戲秤

　　遠山含笑，江水歡流，門巴族人亮麗的斗拱豪宅，一路錯落。村口的小女孩跳著地線方格，宛如童時光腳的女兒踩著草皮上學，無拘無束也純真快樂。西藏和紐西蘭孕育出的山水兒女，確是上天對人類的恩賜。林陰樹下婦老圍坐。見著桌上新鮮草莓，二馬靠停。
城裏人道：「這是野生的嗎？甜嗎？」
山裏人答：「早上採的，很甜，你吃。」
「賣嗎？」
「嗯...也可以賣你！」
「怎麼洗？」山裏人眉頭微緊，有點不知所以。突然開心展顏，手指綠江道：
「我們不洗，你可以用那個...」城裏人笑起自己的心虛，順口自語：
「那我也不洗。」老婦和小孩似懂非懂地笑了。
奧馬心想如何擦拭鮮嫩草莓，最後，裝「摸」嚐吃，開心地遺笑天上人間。

　　抽屜一番搜尋，年輕藏婦彎扭拎起小如玩具的桿秤。大夥饒有興味看她如何撥弄。這兼玩的生意僅是她快樂的遊戲，奧馬又有了獨行的嬉鬧。一句：「我也玩玩！」又逗起身旁小孩，也加入了婦女的圍坐。幾塊錢帶走的是遙遠老家的祝福和對夏日榕樹的懷念。

　　烏雲湧掩落日，耀眼霞光射出七彩燦爛，有如佛光普照佛民。道旁帳篷挺立，開展的桌前散躺布褥坐蓆，捲袍光膀的褚服喇嘛正忙弄炊食。驚見樹叢靠著一輛似藍馬的單車，哈，它本就是綠色一族，此地用處大矣！岔入幡旗扯揚的巴河橋頭，河口勁風吹人下馬。深夜，隔房入宿藏侶的窸窣樂趣響起神山聖湖的斷續讚詞：
　　「房屋上層由人居住，房屋下層飼養牲畜
　　　在上層希望多生男人，在下層希望多生母畜...
　　　人的頭髮像雪山一樣潔白，人的生命像山岩一樣堅固
　　　人的世代像水流一樣不斷，人的子孫像星空一樣繁盛…」
小鎮距拉薩 326 公里，願他們世代無憂地在高原雪域綿延生息。

巴河風谷

中流砥柱尼洋河，只羨鴛鴦不羨仙　　西藏工布金達鎮（95公里）

進入工布吃起新疆拌麵，挑著桌上蟲草的老闆談起何時尋採以，及如何辨識。原來，佛國大地除了漢人外，還有更早移入的回民。他們勤於經營也常被遊客誤認是安命隨天的原住藏人。

瑪尼石是藏人對天地和山神敬畏的傳統藝術，上頭刻著六字真言、吉祥圖案或各種神像以祛邪求福。祈禱後，再一塊一塊疊加，瑪尼石就成了瑪尼堆。路邊、湖旁、河畔和山間常可以看到，是人與神對話所在。藍天白雲清風送爽，奧馬尋著彩麗瑪尼堆，卻尋到了尼洋河「中流砥柱」的大石。它相傳是工布地區守護神「貢色德姆」坐禪之處，藏曆四月十五，藏民結隊頂禮膜拜。

西藏藥材「藏茵陳」，細小如髮夾的一隻梗，茶飲甘醇。放多了其苦無比難以入喉。似乎文化交流也是溫和的相濡以沫，不是立竿見影的強加塗抹。奧馬還想著「林芝美麗，八一唐突...」突然，上蒼拋下一語：「吃地溝油的懸蜉命，還操千年的菩薩心，你上路玩兒吧！」哈，說的也是。

傍晚，來到金達鎮吃起秦都手工麵條。陝西年輕夫婦守著僻靜小店，不時流露出問語恩愛。有道是：「天上人間，只羨鴛鴦不羨仙。」隔壁四川阿姨騰出在外地上學小孩的房間做客房，跟著下到廚房洗漱。無知的奧馬隨口問道：「廁所在哪？」阿姨微笑後轉角拿出白潔有蓋的油漆塑桶說：「你晚上出門不方便，大小便就用這個，明天我來清理。」說完為奧馬提上二樓。看著她親切解難，一路喜歡捉狹的奧馬決定把尿憋到早上。

傍晚的金達鎮

徒步行程十萬里，備戰松多有溫泉　　松多 （61 公里）

桃花映小樓

方岩疊壩

　　離拉薩就 250 公里，其間雖有座 5013 米的米拉山，也僅是兩天的路程，二馬悠哉。依著綠柔山谷，捧著白浪的藍水蜿蜒而至，幾道金黃的彩田怒放著油菜花的亮麗。陽光下，一年輕藏女在陽臺嬌理著滴水長髮。竊喜古人元稹未來過西藏，奧馬塗起了他的《離思》：「綠泉散漫繞山流，幾樹桃花映小樓，未識梵音入佛國，紫粉簷下看梳頭。」入夏的高原，依舊春風蕩漾。

　　村前，紅圈框住「30」的車速，哈，二馬是飛動的生靈，速度不在此限。江寬水綠的灘邊，數排方正石塊，有如刀切的豆腐，穩實地築起了攔水小壩。涉水過江的憨態犛牛，野中藏力。路旁停著一輛改裝的長盒三輪板車，探「室內」，炊具被褥一應俱全，疲累的大爺正曲腿臥睡。外頭圖文很是熱鬧，有撇刀關公和束腰猛漢。四周紅色大字「徒步行程十萬里 衝刺世界吉尼斯。毛澤東思想永放光芒，玄藏中國人的脊樑，余純順精神我們繼續發揚。在世界上為中國人樹立一個良好的形象，讓中華民族未來經濟繁榮興旺，民富國強...」。大乎哉，真今代中國人物。這職業走家是網上知名的行者，小鳥又碰上大鵬。

　　松多小鎮塵土飛揚，幾匹遊馬街上尋吃垃圾。年輕店主提到前頭溫泉，於是換上人字拖鞋尋至山谷，水霧伴著松香，奧馬沒入人高的熱湯獨享仙氣，嘴裏卻還歎著：「人可以吃喝玩樂，還能與女人談情說愛。唉，做仙，是沒有做人快活！」

職業走家

山野牧家

五零一三米拉山，拉薩夜深馬蹄揚　西藏拉薩　成都至此總里程：2154km

松多(海拔 4170)－米拉山(5013)－日多－墨竹工卡－拉薩(3658)：柏油路：191km, 海拔+843m/-1183m

夜淌的拉薩河

　　松多距拉薩近 200 公里，路書建議天未亮出發。於是，摸黑起錨有如薩拉筆下的豪雅：
「冷月無聲掛夜空，寒星幾顆，山影幢幢；
星光隱約大山中，告別好夢，啟程匆匆。」
不到拉薩不停休，二馬要為兩個月的行程畫上句號。

　　上到米拉山，薩拉又說著：「登高望遠，一覽眾山小，國道如繩，河流如溝，犛牛如蟻，高山如丘。」二馬還有 130 公里的朝聖路要趕。進入日多鎮「扎西牛肉藏餐館」，牛肉湯加酥油茶，奧馬吃得津津有味。吉普車司機帶入一家三代遊客，原來這是本地最負盛名的藏餐館。他們去時在此用餐，回程再吃一回。家居的藏味和主人的親切，甜茶盡喝盡要，確是自在。

　　兩小伙從後追上，排頭兵都有為隊友擋風的能力和雅量，於是請其勻速以供尾隨直到文成公主夫君的故鄉墨竹工卡。藏人眼裏，松贊干布是帝王也是菩薩。在他的景區門口，一碗藏麵聊出身旁藏民的無奈。由於電力開發，建成的水壩截流水源後生態改變，他們已無地可種。帝王大寺的金碧輝煌改變不了族人的生活煩憂。

　　西風殘照，暮色圍攏下拉薩河逶迤前進。天際散出的光芒有如引路佛光。天黑之後，藍馬開始助力。奧馬輕鬆一踩，它就奮身前衝。不知是奧馬踩著藍馬，還是藍馬推著奧馬。二馬有如天馬行空，奔過村莊奔過水邊，雀躍的虔誠隨著兩輪滾入黑巍大地。身軀不再疲憊，神志益加清明。來到拉薩河大橋，兩旁亮黃的街燈瀰漫佛氣，無須等到旭日東昇，奧馬已感到陽光之城的神聖佛恩。

　　上海出發時心中只有一個信念「絕不搭車，一路向西走拉薩。」只知沿途多艱，不知能走多遠。成都與騎友會合後，更不知能否進西藏。川藏線上有體能的考驗和心志的堅持，對奧馬，更多的是入藏的盤查擔憂。成都出發第 34 天，二馬頂風翻過 5,013 米的米拉山，奔襲 190 公里於子夜進入拉薩。所有汗水和淚水都化成澎湃的激動。二馬能夠來到這裡，感謝諸神、騎友，還有那一路相助的鄉親。他倆早已說好，今夜將靜坐布達拉宮階前，直到天亮，兩個月的坎坷和喜樂要獨自細說。拉薩，二馬到了！

子夜入拉薩

神，你的子民到了！

身、心和行李齊跪歇

青藏高原喚千古，陽光笑馬穿藏服　　拉薩

一位驢友在日記這樣寫著西藏：
「如果說一生必遊之地，就全世界來說，西藏也是名列前茅的，
　不去西藏怎知山外有山，天外有天！
　蒼天如果是一位畫家，
　他一定把自己最得意的畫卷，
　潑灑在了青藏高原；

　蒼天如果是一位織女，
　她一定把自己最美的繡錦，
　鋪展到了青藏高原；

　蒼天如果是一位歌者，
　一定把最美的音符，
　迴響在青藏高原！」

大昭寺撲拜

　　神，不分彼此，祂們是人類的主宰。不管是在佛教起源的印度，基督教的耶路撒冷，回教的麥加，還是現在的聖城拉薩，渺小的人們膜拜殿堂揣摩上天的旨意。青藏有峻秀的山水和深邃的宗教，是心靈嚮往的旅途。就像半途圓寂的軀體埋在長跪的路上，一顆同伴攜行的牙齒終於被丟進大昭寺的石縫；在柔和的聖城，穿起藏服的奧馬有了升天的虔誠。

　　如同 60 年代嬉皮，「不管走到哪，你就在哪。」奧馬現在不問既往未來地活在當下。穿梭於安祥的八廓街看著藏人跪拜遊人閒散，一條長凳一杯甜茶，一桌漫不經心的圍談，只知就在梵音的拉薩。以前不見磚的西藏，可以用天然花崗岩和嘎土建起宏偉的布達拉宮，天下之大，人這塵土哪不能放？人生的掙扎已是多餘。

八廓街

你藏香夠用就好，我人生夠美就好 拉薩

網上看到一個藏人朝聖者被採訪的最後幾句話：

「你們漢人信佛只為自己，升官、發財、健康、兒女...反正世間所有俗事都要求佛，都要許願還願。你們漢人信佛多是看破紅塵，覺得活著沒意思了，於是想解脫，出家躲起來，人在寺廟裏，心還在外面，一幅想不開的樣子。你們把佛信得很痛苦。這是對佛大大不敬。因為西方是極樂世界，痛苦的人是永遠進不去的。

...我們藏人信佛很快樂，從阿媽肚子裏一出世，我們就是佛的人，佛國無邊，哪有紅塵？我們把金銀珠寶都獻給寺廟，把最聰明最有出息的孩子送去侍奉佛。我們一路磕長頭來拉薩朝聖，高興啦，心裏一直唱著歌啦！頭磕破了會長疤，只要身體還活著，血也沒流完的時候。餓了渴了病了都會過去，神佛保佑。你們漢人看不出我們心裏有多快樂，來去都一絲不掛，可你們漢人想在世上留下的東西太多，佛是幫不了忙的。你們吃的、穿的、住的都比我們好，也比我們講衛生，可你們痛苦，因為你們的心在地獄裏。」

大山大水孕育的宗教人牛，讓世代的高原子民跪地彎腰又無我地快樂。

端午節夜晚，奧馬前往「鳥窩」驛站，四方驢友和本地舊識會聚一堂。燒烤啤酒一屋談笑。年輕喧鬧的夜空下認識藏人德哲，在相對安靜一角，奧馬入神聽完他半生的故事。兒時入山驚險野尋，父債子還後經歷俗雜人生坎坷，幾度拜師學藝終成今日布達拉宮的藏香傳人。他說真正藏香的製作除有賴藥材、工藝、環境及溫度的調和外，更蘊含藥理、心靈和哲理的境界提升。它藏著傳統智慧，也提示未來的無限奧秘。裊裊雲繞中，神秘的藏香摒棄病毒、提振精神更喚醒虔誠。地道的藏香抗風，聚而不散也長時不退。它是人氣凝聚的質量，不是商氣生產的數量，僅能每日選時而作，於是婉拒他廟要求。

從某些藏藥材仍用「象雄」語詞，或可看出原生苯教與藏傳佛教在藏史的對抗中，有著彼此的影響，一介蜉蝣窮畢生之力也難以參透。人一輩子只要做會一件事，讀懂一本書，夠了！精一，讓自己一生受用不盡；鑽研，對人類有所貢獻。要會到什麼境界，懂到什麼程度？這智慧卻需要窮盡一生來探索。人生到底要多美多長？或許就是執著的一程長跪，甚或入定的一柱藏香。藏香夠用就好，人生夠美就好。

上坡下坡，順風逆風，必有一座

天真獨立小孤兒，倉央嘉措曠世情　　拉薩

大地放養的兒女

與新識驢友尋至村緣。山前民屋零落，院門不顯。進到裏頭，藏式的建築圍繞著寬大的中庭廣場有如一座小學，這才發現大白水塔寫著不張揚的「德吉孤兒院」。老師說，儘量讓小孩接近山水自然，少與干涉，而生活上，他們也幾乎什麼都自己來。

　　一個站於水槽邊矮凳的3、4歲女孩，手摸髮上白色泡沫微笑。似麻棕衣如佛前神童，紅潤雙頰散發知足喜悅。一勺清水淋下，享受著洗頭的最後清爽。雙手搓揉短髮也用著烏黑兩眼俏皮地迎接來客。她的獨立自信和寧靜無求啟人心扉直通天宮。「母儀天下」或有拯救蒼生的溫雅佛性，但是現在，這對成熟女人的至高評價該讓位給「洗髮水童」，她不僅有崇高的虔誠修渡，還有最原始的人性本真。

　　離布達拉宮不遠的「德吉甜茶店」是孤兒院的主要收入之一。享受安靜的午茶後來到大昭寺旁的「瑪吉阿米」晚餐。餐廳坐落於八廓街東南角，供應尼泊爾、印度、西藏風味菜。樓頂的平臺可以俯瞰東街及南街川流不息的步跪市集。滿室洋溢濃郁的佛藏風情，茶几散置的留言本寫滿旅遊者的感言，還有遊客把對情人的告白寫在餐巾紙上夾於其間。

　　瑪吉阿米(makye ame)是藏語「未嫁娘」之意，出自六世達賴喇嘛倉央嘉措的情詩，相傳是他情人的名字。而當年兩人幽會的地方正是餐廳所在的土黃小樓。倉央嘉措熱愛山村生活和世俗自然，他不僅沒有以教規來約束言行，反而根據自己情感寫下許多纏綿情歌。有人認為他是一位離經叛道的情僧，但有高僧對其評價：
「六世達賴以世間法讓俗人看到出世法中廣大的精神世界，他的詩歌和歌曲淨化了一代又一代人的心靈。他用最真誠的慈悲讓俗人感受到佛法並不是高不可及，他的特立獨行讓我們領受到了真正的教義。」

瑪吉阿米餐廳

　　住進布達拉宮，我是雪域最大的王
　　流浪在拉薩街頭，我是世間最美的情郎
　　與瑪吉阿米的更傳神
　　自恐多情損梵行，入山又怕誤傾城
　　世間安得雙全法，不負如來不負卿
　　　　　　　　　　　　　　　　　—倉央嘉措

　　用餐邂逅了遠來喇嘛，溫文儒雅佛風大度。兩人黃紅衣袍卻也分不清你我僧俗。或許，在萬能的佛眼裏，每個人都用著自己的方式，有意無意地，磕著長頭進行生死輪迴。天地寬廣行者上路；普世的人情關懷，不就是人生最大的施與受嗎？

拉薩遊跡

夜晚的寺角

藏家

色拉寺

市場廣場

茶飲

大昭寺

辯經

梵音佛

佛恩

成都至拉薩後記

左踩右踏進拉薩，張揚慚愧心流淚；掙扎吶喊仍未服，最終還是得放下。

走進拉薩平措康桑旅館頂層的餐廳，望著窗外的布達拉宮，向親友報平安的郵件感謝的卻是上帝，親情這東西真的很奇妙！女兒回說：「爸爸，佩服你，你這把年紀還能這麼輕易的離開生活的舒適地帶，我會繼續每天為你祈禱。」對女兒說的 comfort zone，奧馬笑了，腦海映入美國電影「班傑明的奇幻旅程」。主人翁一生滄桑又壯闊，他以老癟嬰兒落地，心智如常人成長，生理卻顛倒地返老還童。女兒褓褓時冀望心愛的母女能擁有正常的丈夫和父親，留下家產後毅然消失。自己以 50 歲的心智，30 歲的身軀浪跡遙遠的東方，對女兒成長的寄語有著一句：「假如妳發現自己生活不好，希望妳有勇氣改變它！」

古老中國多苦難，底層百姓有的常是最基本乞求：「蒼天，求你給我活下去的勇氣！」今天，東方走近西方，看著遠桌一對年輕驢友嬉玩電腦，想起家鄉「小確幸」繞著咖啡和陽光打轉。新一代必也開始面臨徬徨與抉擇，他們是否常思索：「自覺生活不好，需要改變嗎？能改變嗎？又怎麼改變？」

藏家傳統讓最聰慧的小孩當喇嘛學佛，族人供養著寺廟。聞得一受高等教育的藏人在北京官場應對得體，思維談吐時尚，不穿藏袍似高級白領。回鄉一入門檻，身上西裝不敵體內血液，合掌五體撲地如閃電。時代腳印無法違背先祖傳承，小孩將長，他面對的是「要他當官，還是要祖宗？」的掙扎。父親的選擇有限，小孩就更少了。成長烙下的心坎一輩子抹不去，跨不過。身病醫生醫，心病只能自己來，奧馬知道，那不是病，是命。

人生沒有對錯，怎麼活都是我，也不是我。人能思考時已是被塑造成型的產物，命運早已有了自己的主張。相信神也罷，相信自己也罷，人人都在走向心中深藏的自我——追求恬適或彌補傷痛。搏或不搏，掙不掙扎，由不得「我」，別人更無法插手。奧馬年輕時認為杯子形狀是上蒼給予，無法改變；但命運操之在我，可以決定要裝瓊漿玉液還是黑汁白水。或許，杯中之物也早已命定，再掙扎，僅是多一點或少一點的差別。也或許，生命的杯子裝什麼，有多少，不重要，撫弄、調和其炫麗的波紋才是真正的快樂。

人說：「你可以對生命詛咒、吶喊，服或不服，最終還是得放下。」瀕臨絕境的生命會自尋出路，來到結束的關口，需要的只是屈服和釋然。在這山水佛國，奧馬不禁自問：「我，放下了嗎？」腦海又浮出騎行前的勉語：
事情沒好壞，只有做與沒做；任何處境也沒好壞，即使是被動的，也要坦然歡愉地面對。對可以一試的機會，也要不管顏面及風險，珍惜主動地去嚐試。奧馬要感恩地去享受每一個瞬間，就像，餘生能經歷的最後機會。

走！繼續探看行色各異的杯子，和它裏頭搖晃的平淡與濃烈，分享他們生活的精彩和美妙。

布達拉宮

藍天白雲，滾輪遠行
偏鄉僻壤，張望尋覓

騎，或不騎
車就在那裏，無怨無悔
走，或不走
路就在那裏，無遠無近
流，或不流
水就在那裏，無日無夜
來，或不來
山就在那裏，無你無我

多一個不多，少一個不少
你我花紅葉綠，
隨風飄落，歡歸塵裏

卷三　青藏雪原

水靛天藍，雲白又黑，晴雨交加，
風刺狂猛，雪寒地凍，山卻不高，
啊，這是神峰高原！

青藏雪原— 豪放的天際 　行前小語

　　二馬費時 44 天，由上海騎行 ,0422 公里來到拉薩。食髓知味，決定再由拉薩走可可西里出青海，經蘭州往北京回上海，續以兩輪丈量內地河山享受騎行。拉緊的弓，將射的箭，欲罷不能。

　　12 多年前修通的青藏線，北起海拔 .0522 米的格爾木，一路蜿蜒起伏，向南爬至拉薩，平均海拔 ,0122 米全程約 -0-12 公里。翻越崑崙山、風火山、大小唐古拉山、申格里貢山、念青唐古拉山等海拔 10222 米的山口時，這邊豔陽高照；轉個彎爬個坡，那邊卻是大雪紛飛，雨水飄落間，突然一陣冰雹。連綿的層峰終年白雪罩頭，高寒缺氧。讚歎它雄渾壯闊的同時，有著「生命禁區」的怯步。

　　前段是寸草不生的茫茫戈壁灘，中段為杳無人煙的野生動物自然保護區，後段則是廣袤無垠的羌塘草原。隨著崑崙河、楚瑪爾河、沱沱河、通天河等河流的穿沿，一路隱約湧動著高原生命。藍天白雲下蒼鷹翱翔、禿鷲攫食、土鼠躲洞、野兔閃跳，還有成群的藏羚羊在無際戈壁草原躍然而去。

　　寒立的石屋欄前，藏臉僕僕風塵，藏服馬上飛揚。瑪尼石刻，仍有六字真言，寺廟佛殿還是梵音縹緲，隆達經幡繼續五彩飄蕩。納木錯、三江源、青海湖333幾日搜談很是興奮，奧馬耳際每每響起韓紅對巍峨雪域的歌頌：

　　「是誰帶來遠古的呼喚，是誰留下千年的祈盼
　　　難道說還有無言的歌，還是那久久不能忘懷的眷戀
　　　是誰日夜遙望著藍天，是誰渴望永久的夢幻
　　　難道說還有讚美的歌，還是那彷彿不能改變的莊嚴
　　　我看見一座座山川相連，那就是青藏高原333」

念青唐古拉山

青藏雪原 ─ 拉薩至蘭州　2010/6/25 ─ 7/23

惜別鳥窩走青藏，白雲蒼狗藍天高　　　4/.1 西藏羊八井
　　一眼藏泉羊八井，千年白頭唐古拉　4/.4 西藏當雄
夕陽餘輝抹輕柔，西藏聖湖納木措　　　4/.6 西藏納木措
　　雹擊車趕爬長坡，五一九零那根拉　4/.5 西藏當雄
羌塘草原創高速，徬徨古露深夜情　　　4/.7 西藏古露
　　鐵皮鳥屋慰寒暑，野地廁所笑無遮　4/82 西藏那曲
刀切羊肉鬧鍋莊，車隊往來樂相助　　　6/- 那曲休整
　　高原凍寒烏雲低，陡山雨雹僵馬腰　6/. 西藏安多
蓄鬚老漢裝年少，天下第一有道班　　　6/8 天下第一道班
　　唐古拉山笑猖狂，回民餐廳酒連瓶　6/, 西藏雁石坪

三江源頭沱沱河，發人深思野藏狗　　　6/1 青海沱沱河
　　雨夜趕宿燈遙遠，高寒孤候暖人心　6/4 青海五道梁
索南達傑保護站，活說死賴一張床　　　6/6 青海不凍泉
　　似幕牆的超級風，如針刺的崑崙雨　6/5 青海納赤台
嶙峋禿山納赤台，黃色死海格爾木　　　6/7 青海格爾木
　　熱風拂吹換夏裝，英姿颯爽女交警　6/-2 格爾木休整
洪水救災難拍照，灰山荒漠有神助　　　6/-- 格爾木郊區帳篷
　　飛沙走石大格勒，夜迷山野回留漢　6/-. 青海巴隆
山羊圍水伊甸園，黃沙戈壁田家綠　　　6/-8 青海香日德
　　都蘭林下樂陶然，補胎閒聊老漢親　6/-, 青海都蘭
夕影相隨伴馬行，毀車高掛儆往來　　　6/-1 青海茶卡
　　狂風阻攔雨潑墨，橡皮山頂宿藏蓬　6/-4 青海橡皮山頂
湟魚鳥島青海湖，飲酒做樂黃花笑　　　6/-6 青海湖
　　古道流芳奔錢忙，山中營生賽神仙　6/-5 青海湟源
環湖騎手會西寧，清真大寺坐東關　　　6/-7 青海西寧
　　騎遊節奏各不同，歡看南京有老騎　6/.2 青海西寧
開心的第四腳撐，難忘的風坡折騰　　　6/.- 青海樂都

回民尊者名阿訇，驢友盛情在金城　　　6/..9.8 甘肅蘭州

惜別鳥窩走青藏，白雲蒼狗藍天高　　西藏羊八井

告別「鳥窩」驛站，二馬沿 109 國道反騎青藏線。來到村前的小肉菜商店，問起河南店東何以落腳此地？說：「先來一個親戚感覺不錯，接著兄弟姐妹陸續前來，近處散開，各自開店謀生。藏人純樸、乾脆也有禮。不問價，不賒帳，就這些日常供應，簡單順手。」也是，靠山吃山靠水吃水，靠著喇嘛學念佛，哪裡都能找活。

地濶天寬，白色藏篷拉開草原。犛牛食躺，母牛舔犢悠閒。太陽低矮斜掛，白塔聳立的坡前碉房散佈，門窗繪著彩麗圖案，房頂經幡送爽。鐵路橋洞下的繞流小溪，引出沙石土徑，藏婦頭帽口罩，擺裙圍兜，綁起背包歡快領著孩童群牛回家。

公路與河流相攜，蜿蜒前進。河岸的岩壁，有著兩尊鮮麗奪目石雕，身黃頂藍，盤腿持缽端坐五彩蓮花中。轉頭回望來路，國道鑿入石壁，馬路上方凸出的橫豎山岩，有如四五帶帽的行僧虔然聽道。大地講堂，二馬穿行而入。薄暮中兩側峽谷漸縮，湍急的河流，開始咆哮。一個彎轉，翻滾浪花終於舒展，前頭稀燈昏亮，隱約有了村莊。

牧歸婦童　　　　　　　　　　　　　　　　　　　　　　　雲湧豪放的青藏高原

眼藏泉羊八井，千年白頭唐古拉　　西藏當雄

知道羊八井是 2005 年《國家地理雜誌》的照片。人在水中，水在石中，石在霧中，霧在山中，山在藍天白雲中。遠處冰峰皚皚，近處漫天飛雪，在煙氣瀰漫的黃岩高坡間，裸人有著仙境浪漫。奧馬嚮往久矣，就想住它一晚。

由國道旁的宿店岔土路，尋溫泉，遠遠看到貌似村辦的廠房。牌樓下，售票視窗寫著：「羊八井地熱溫泉」。再看一遍，沒錯。問來人：「這是羊八井溫泉？」「是的。」「沒有其它溫泉去處？」還是一句：「沒有了，就我們這裡。」不願相信又不得不信。宛如一片綠葉墜入溫水，逐漸軟黃，心藏的夢境已然塌碎。或許經過開發，剩下的僅是不見天日的水流。

國道旁的草原灑著牛羊。幾頂藍白帳前停靠著近二十輛皮卡和休旅車，澄紅的大傘下冒起烤煙。遊人臥躺嬉鬧，奧馬眼中的節日是藏民的平日。人生，不就是地上徜徉，地下安息嗎？藍天還高，白雲還飄，幾乎睜不開眼的陽光，把大地洗得潔白明亮，壯闊！一路平坦開展，來到念青唐古拉山觀景台，它說自己是 4640 米，對面小小的白頭主峰 7162 米，奧馬頓時如停靠的幾輛大巴一陣鳥軟。學著一句「阿橋勞巴格！」真落到心坎上了。高聳的雄峰，我愛你！

夕陽餘輝抹輕柔，西藏聖湖納木措　　西藏納木措

聖湖納木措

納木措是中國第二大鹹水湖，南北 30 公里，東西 70 公里，面積僅次於青海湖。海拔 4,718 米，為世界上最高的大型湖泊，藏人敬為聖湖。「納木措」為藏語，「措」即湖之意，相傳為密宗勝樂金剛的道場，也被評為「中國最美的五大湖泊」之一。

薄暮，來到靜謐的水濱。湖面映著蔚藍天空，忽寶藍，忽深藍，忽又淺藍，藍的層次分明。似有若無的粼粼波紋，輕柔撫岸。千姿百態的白雲時而交疊湧游，時而散飛無蹤。長拉的山巒，隨著游動的光照變換影彩，黃、綠、灰、紫，既隱又現。藏人說：「晚霞和晨曦讓聖湖華麗繽紛，有如夢中幻境。」

遊客幾無，犛牛石縫覓食，水邊徜徉的白馬正靜待仙童點星。踩著夕陽，鵝黃如金的岩石映出二馬身形。曠渺中，清麗的天、地、山、水各展神韻，一片赤裸祥和。一家藏人走山弄水，兩小女快樂奔跑前來，三人天真無邪地耍樂拍照。突然，女孩向奧馬伸手要錢。

記得女兒 3、4 歲時，第一次在商店鬧著要玩具，父母告訴她：「哭，解決不了事情，再哭，妳也要不到，妳可以說服我們，或者自己想辦法。」她突然長大了。後來讀到一篇文章「需要的父母買，想要的自己買」，說著同樣道理。今天似乎又碰上了熟悉的一幕。

人終要站在自己的雙腳上。我們能給下一代最好的東西是責任擔當、謀生能力、獨立意志及追求快樂的認知，這是最無價的氣質。無論精神滿足，還是物質擁有，都必須依賴自己努力去獲得。不勞而獲徒增空洞厭煩，也不會長久。奧馬崇尚善和美，但也不是天真的衛道人士。在不涉及法律道德底線，一個用汗水去賺，用智慧去騙，甚或用拳頭去嚇，用身體去賣，都比伸手去要來得有尊嚴。因為，更像個人。

照顧小孩予之以魚，更重要的是育之以漁，確定他們學到一生可用的技能。但是今天奧馬錯了，或許每個人都以自己獨特的方式與天地共存。正如這可愛女孩在家鄉草原湖畔擁有的幸福與眾不同，她的索求可能是對長者的日常探尋。奧馬無法體會，也沒有智慧理解「魔本非魔，道亦非道，善惡自在人心」的佛緣。或許，女孩是以哪吒的本真來碰觸、啟迪奧馬惡邪的業障。

溫偉佛光普照，奧馬住於臨湖的藏房與藏民同食，兩度夜巡。披著滿天星斗來到萬籟俱寂的沙灘。高亮的暗藍天空，鋪展著浩瀚無際的平和安祥；遊走的白色浮雲，幻化峻偉雪嶺的純潔無瑕；呼之欲出的紅色太陽，閃耀著觀音菩薩的火焰慈悲；遠處的綠色山水，深藏著叢林江河的仁德智慧；黃色大地，包容著萬民皇族的高貴優雅，也承載著黎民百姓的蓄養生息。山頭朦朧，五色經幡風中飛揚，日日夜夜誦詠著經文，時時刻刻飄撒著佛恩。

回到床頭，清靈水岸用著床邊搖曳的燭光，撫得二馬心暖、心靜。

納木措的晨曦　　　　　　　　　　　　　　　　　　　納木措的傍晚

雹擊車趕爬長坡，五一九零那根拉　西藏當雄

返騎回當雄，群山掩映廣闊的水岸草原。突然，宛如賽中比拼，六騎快馬飛奔而來。馬背上，長者呢帽藏服，青年球帽夾克，五顏六色的鞍毯條布馳騁出傳統的壯麗。奧馬拿出相機抓拍。奔停，一青年調轉馬頭，馬肚一夾望直而來，沒出幾步又被長者喚了回去。

彎繞湖山，幾十公里偶爾出現小村。來到一山麓草場，剛按下相機快門，近處的年青牧民立即放下手活奔來索要報酬。奧馬猛然想起一個月前在田妥藏村，四川老鄉的一席話：「偏村藏童向你討拿東西，你們總是不解，討厭。但是冷寒高原的天地人畜、鄰里鄉親互通有無很是自然，他們不知道這有什麼不對。尤其大方的內地遊客總是在朋友面前顯擺，也教會了孩子投巧索要。」
唉！給與不給，同樣不對，是奧馬來到外人不該來的地方！

逆風下的漫漫長坡讓奧馬爬得不亦苦乎，突來的一陣冰雹又敲得二馬哭笑不得。大巴老遠拉起喇叭，聲大吼急，在嫌窄的柏油路上常逼得二馬頓足也斷了節奏氣息。走走停停，哥倆對如己的遊客不禁興起惱怒。待來到 5,190 米的那根拉山埡口，看著經幡迎風招展，倒也累怨全消。尤其接著時速 50 公里的下坡，當超過載重大卡時，一陣美爽。

午後三點回到當雄。食店內要來一瓶啤酒和一大盤手抓羊肉享受起一天的吃食。不趕路或上工，哈,,高原狼馬一餐足矣！

藏北八塔

犛牛過「街」

羌塘草原創高速，徬徨古露深夜情　西藏古露

　　二馬正穿越無垠的羌塘草原，今天要到以冰川聞名，海拔 4673 米的古露。資料說它有個火車站，應該繁華，單騎奧馬很是自信。川藏那邊能上高原，青藏這邊就能下來，不就海拔高點嘛！吃住的預謀早已跑到九霄雲外。

　　藍天抹上白雲，絲絲、朵朵、層層，或捲或舒，或靜或動。有時，烏雲蓋住藍天，片片、陰陰、深深，或灰或黑，或薄或厚。水邊禿鷲駐足張望，空中雄鷹淩風翱翔。青藏鐵路上，如龍快車近處急行，如蛇慢車遠處蜿蜒。青藏公路上，偶爾大群犛牛越過路面，連綿車隊揮手致意。白渾的八塔，正列隊歡迎。

　　「藏北八塔」位於烏瑪鄉。傳說蓮花生大師化身的格薩爾王一生戎馬彰顯佛法，收服 150 個部落一統高原。這藏民史詩英雄的麾下大將夏巴丹瑪香察，戰歿於此，族人紀念他修建的白塔至今完好無損。無際草原必也奔騰，慕古二馬頓足遠眺，入目的卻是前頭平措貢吉藏餐的餃子和甜茶。

　　逼趕夕陽經過國道 3666 公里路標，藍天透空，車道無限延伸，二馬快輪轉出 70.54 公里的最高時速。直到藍馬破風呼嘯共振顫抖，奧馬才意猶未盡地緩了下來，一個爽呼：「好樣的，兄弟！」

高原落日較晚，天黑前進入古露。不起眼的小鎮有著幾戶人家散落道旁，土場前一排老舊房屋有著磚砌大門，心想有道班就可談宿。先上坡用食，問尋這唯一食店不提供住宿。找回道班，壞了，原來它只是個廢棄建築，見一屋透著微光，敲門卻久無回應。黑夜濃稠如墨，走在寒凍高原的起伏土路才想到車站在哪？繁華在哪？奧馬心慌。

　　隱約中，兩人下坡走來。突然一人開口：「找不到住宿吧！來，跟我回去，今晚就住我地，我不是壞人。」旁邊朋友跟著說道：「他是小學副校長，你放心。」　二人的邀請有如沙漠湧泉，不需猶豫。一路藏區，奧馬對藏人有著親切。跟隨跨進廢棄大門進入院內。稍前，他們同事二人就在奧馬側桌吃飯，席間也向奧馬招呼。那時正忙於手機短訊沒有察覺。他倆見奧馬貌似不理，只好用食自聊。二馬的藏緣或許是前生註定，佛不會讓他錯過。

　　這原是個學校，在青藏鐵路修造期間也曾是工程大隊的駐地。廢棄後僅兩戶人家借住，索朗校長就是其一。家在拉薩，本鎮任職。藏煙藏酒加上西瓜，從古代族人的傳說聊到今天的發展，二人對藏區有著相同擔憂。深夜，蓋上毛毯睡在寬長藏椅一身溫暖。

　　白雪皚皚的卓瑪峽谷靜靜望著二馬的到來、尋覓、焦慮和最後的安息。已經沉默了千萬年，她懂，不說。人來人往只是偶然的過客，都將回到歷史的長河，多一個不多，少一個不少。第二天臨走，校長櫃內拿下一盒抗高原反應的藏藥說：
「帶著，備不時之需，絕對有效。」

索朗撿馬夜宿

卓瑪雪峰

鐵皮鳥屋慰寒暑，野地廁所笑無遮　西藏那曲

青藏鐵、公路和護路員

　　群山起伏是安靜的街道，白雲藍天是華麗的屋宇，原野大地是隨躺的臥床，草木土堆就是「開敞的茅廁」。

　　首次野放是在安徽山區小村誤食之後。頭幾次，還是不停四顧張望有點靦腆，怕大地懲罰，也恐身後圓臉會因來人而羞紅。入藏後騎友提到「所拉養料兩天就不見了」，豁然醒悟。對這深山高原的大地法則，佩服之心油然而起。是啊！那是萬物必然，為太陽底下拉屎遮掩，就如脫褲放屁般做作。再說，那渺小的有機物是禁不起豔陽的曝曬，也抵不住雨水的沖刷。它們只是回到原來地方再行輪迴。從此，砂礫曠野中的提褲奧馬，彎腿蹲腳前已先陶醉！

　　由古露小鎮往西藏大城那曲，青藏公鐵兩路平行共進，總是不遠，路過一民聚小村，是幾個小時僅有的生命游動。沿途偶見坐於涵洞上的鐵道護路員，身著軍用大衣遠近揮手致意。曠野突兀默立的鐵皮小屋有著簡單鍋碗鋪蓋，孤人棲息的全部家當。或許，那才是真正的食住豪宅。它擋風擋雨也遮蔽炙陽，更在雪寒高原慰藉著孤寂身影。簡單四片方正，一頂平頭，三米見方卻也充滿人味，白天涼涼的，夜晚暖暖的。

　　低矮草原與黃土戈壁交陳，一望無際。連日來，一成不變的青藏景觀讓奧馬有了審美疲勞。藍天白雲，天灰天亮，隨它千變萬化。單調的寬綠車隊，不知長短；偶爾穿過原野的火車，顏色不同，管它載客還是運貨。看到羅馬鎮路牌，只多心的確認不是「騾」或「瑪」的筆誤。突然，一輛摩托車追上來，一團軍綠指著藍馬橫杆前包，一陣藏語呢喃。懂了！拿出相機，老兄拿出身份證指著姓名地址。有時，溝通不需語言。

一路多肉少蔬果，尤其進川藏後的住宿條件時有艱苦，如廁地點早已由茅房移至大地，時間也由出門前改為全天候。現在行於地平線多時，忽感腸蠕，開始搜索合適地形。再行半小時仍一望無際，兩旁凸起土堆竟也缺如。終於看到鐵軌旁一根玉立的電杆。雖不是禍到臨頭，也是貨在門口。退下「群」褲將就解急。蹲了半晌正欲繞手收兵，突見左方解放軍車隊緩緩而至。光天化日下擦拭光腚似有不雅，稍安勿躁待它離去。借著電杆微調角度再行掩護，這個猶豫，壞了。那車隊有夠長，似乎一公里外的尾巴還長著！

　　鮮亮藍馬停於道旁，曠野孤立，自是顯眼。近百公里幾無人煙，人眼一見，不禁搜尋車主。杆後望著窗邊的年輕副駕駛，個個理解，他們對奧馬似笑非笑打著招呼。大學作業研究「最小化」章節飛快翻一遍，部隊單兵攻擊「隱蔽」課目迅速回憶一遍。無奈，結論都是：「電線杆寬度太窄，單兵也無法轉移陣地！」為避眼球，奧馬輕挪馬步側臉後方。突然，右側一陣「溫柔」轟隆聲由遠而近，一列火車正為前頭路況減速，似乎更近奧馬，定眼一瞧，還是旅遊客車！他奶的，平時不見人影，你這弄人電杆，借拉一把急屎就前後招來這多人馬。

　　前有綿長車隊蛇行，後有旅遊長龍緩進，左右來襲前後夾擊。心知來人眾多，多有斯文；可平地無涯，電杆就這麼一根，再牛的奧馬也慌了手腳。靈光一閃想起腦筋急轉彎：
「問：『一女光身而出，手無一物又無處可躲，突見眾人前來，遮哪？』
既然只有兩手，難掩上下三點。最明智的回答『雙手蒙臉』。」
能看到的都一樣，就是不讓你知道我是誰！奧馬有了決定。

　　再行回轉臉面，膝肘互頂，雙掌撐頰迎送軍車。不是佯作觀望，是不讓左右來客賞臉。人也真怪，虱一多就不癢了，轉眼間，奧馬自在張望，一前一後，一上一下，二臉各自迎人。天地間唯我獨大，誰也不能置喙。前後各距數十米的平整大地，光腚奧馬，蹲靠一根細長電杆與兩隊人馬僵持著。最後火車先行離去，而那捉狹的車隊還在龜爬，一部接一部，似有百部，部部車頭都在微笑。

　　習於馬桶不耐久蹲的雙腿，雖已能日踩五百里，今天，它也不時換腳跪地求饒。上路再行，天地間四下皆無，奧馬裏外皆空。一時吃過的米糧精肉，喝過的酒水墨水，穿著的衣褲鞋襪，盡是累贅。快活的有如去淨羽毛的光鳥，舞得又輕又高。
　　昔日古人「閒坐小窗讀周易，不知春去已多時。」
　　今天奧馬「窘蹲電杆孵太極，始覺吃穿皆多餘。」

　　後來出了青藏高原來到平地郊區，還不時尋找可探頭望藍馬的隱蔽蹲點，發現合適者多有不捨。這可愛後遺，只可獨樂，不足與人道也。

禿鷲環視

刀切羊肉鬧鍋莊，車隊往來樂相助　　那曲休整

帳內手抓羊肉

　　昨天傍晚臨進縣城。青綠草原上有著數頂帳篷。烤架肉香呲油，遊人在散立的桌椅旁自在談笑，一幅藏夏暮遊圖躍入眼簾。一夥青年跳著鍋莊嬉鬧，沒音樂女伴，卻也扭出了韻味。奧馬隨即被邀入帳，拿起切刀吃起手抓羊肉，「來者是客！」盡顯藏族豪邁。告辭時，收著相機問著：「謝謝你們，來日照片送哪裡？」不料，迎來一個微笑：「你們漢人說話不算話，跟我們不一樣，你會送來？」「是的，送哪裡？」又有人說道：「那曲公安局可以找到我們。」奧馬決定入城後休整一天立馬處理。臨走，奧馬送上一句：「阿豆，謝謝！」輕聲的「阿豆」是女兒發明，日語謝謝的省略，兄弟倆彼此用了好一陣子。

　　藏北經濟中心的那曲海拔近 4500 米，全年大風日 100 天左右，年均氣溫零下 2.2℃，空氣的含氧量只有平地一半，是中國唯一沒有樹的城市。不大的縣城，藏味十足也藏漢交融。來到市場，連著幾家肉鋪賣著剛宰殺的犛牛。一牲三分，有劈開的整片身子、帶鬃毛的牛頭和牛尾。血滴下墜，一地腥漬。嗔凸的牛眼有如放光的銅鈴，看得奧馬心裏發毛。

　　晚上，麵館吃著地道的哨子麵。一中年人談起十幾年前就開著解放車入藏，每年夏天一趟，道路危險艱難，拼著性命運貨來到藏區，四周藏人騎著幾天的馬兒趕來，以藏地的山產換著日用補給。回內地轉賣獲利頗豐，臉上有著往日的滋潤。臨行給了一張名片道：「現在青藏路上都有我們的車隊行走，如需幫忙，你一揮手，他們都會停。」

街上犛牛皮毛

高原凍寒烏雲低，陡山雨雹僵馬腰　　西藏安多

　　往安多要翻過海拔近 5,000 米的申格里貢山。行至午後三點，二馬仍在平坦曠闊的灰朦草原爬行，兩旁「低矮」的山脈還在無限延伸。嶺線上，透空出現的犛牛隨著坡轉，時隱時現。

陰霾罩來。倏地，又被幾片趕來的白雲一掃而光，藍天再現，草地回綠。天空表演著川劇變臉，黑灰藍白，深入淺出不斷換轉。明暗間一陣呼響，驟雨又變成雪夾冰雹在寒風中飛跑，分不清誰軟誰硬。突見孤零二人窄板下拉起雨衣蹲避，左支右絀間，顧得了你卻顧不得我。

寒風刺骨，路椿坐沒兩分鐘，濕冷又逼著奧馬上路。推輪上跨，突然後腰猛然刺痛，有如硬脆的木板即將裂斷，剛抬起的右腿又下了地。奧馬想起幾年前熱衷打網球，每次發球，跳躍、扭腰、甩腕一氣呵成。常在冷冬疲累時一個下拍，一針閃刺，如熟蝦的腰扭持續兩日方得恢復。奧馬驚懼，今天在風雨雪雹中奔襲近百公里後，高寒爬坡又讓老友上門找來。

騎行第一次感到恐慌。腹痛可以堅持，路險可以慢行，迷途可以問尋，夜深可以趕路，可是腰僵正如藍馬停擺，二馬只能止步。曠野無遮，只要潮濕的身體一冷，高寒雪冷的考驗將更加嚴峻。奧馬不指望汽車，也已幾小時沒有來車。推了一段後小心翼翼再上馬，竟然無事。好傢伙，老夫不下來了，要直奔旅店！

緩坡不遠，陰霾的天空逐漸開朗，終於見到 4880 米的埡口，好個申格里貢山！兩位騎友突然後頭出現。幾天前，他們從碰上的車騎得知前有一川藏下來往北京的單騎，一路追趕。正與廣東「無劍」、四川「阿榮」聊著，山西「恐龍」又歡快趕到，看他輕鬆談笑有如出門踏青。臺灣奧馬，遜！

翻過山，卻是雪停風靜綠茵鋪展。進到縣城尋得「高檔」旅館想著熱水淋浴，入房內，咖啡桌椅、鏡臺、寬屏電視等檔次擺設一應俱全。浴間有著毛巾、龍頭、洗台和淋浴蓬頭，卻不供水，牆角一桶泛光冷水呲牙迎笑，奧馬的一廂情願頓時隨著廁所蹲坑化作一灘無奈。累得不想下樓問尋，瓶水刷牙擁被躺入，倒也溫然舒適。安多位於唐古拉山腳下，海拔 4700 米，河湖遍佈草原遼闊，是中國最大的安多綿羊產地。天寒地凍的高原，沒有喧鬧遊客的縣城，這是最高享受。

申格里貢山

山前天地狂蠻　　　　　　　　　　　　　　　山後風和日麗

安多晨景　　　　　　　　　　狂風掃雲，天地瞬變

蓄鬚老漢裝年少，天下第一有道班　　西藏天下第一道班

一條街面的縣城，晨寒中顯得忙亂。除旅館、飯店外，兩旁多經營著柴米油鹽和車輛修理。藏民的摩托車彩飾亮麗。坐墊鋪著紅綠毛毯，把手飄著球穗。頭戴呢帽，身著寬大袍服的當家漢子，正為後架滿堆的補給麻包拉打繩結，身旁小兒一邊幫壓結實。兩輪取代四蹄，藏區生活更加方便。

七月是青藏高原宜人時節，湍急的小溪綠茵穿行，輕聲作響。奧馬有如藍天中的一朵孤雲，空蕩遠飄。過了 5170 米的頭二九山埡口，強風掃來漫天烏雲，狂雨欲來的威嚇讓二馬飛快奔馳。下到一片靜謐湖邊，藍天卻又豁然開朗。對著魚鱗波光撥弄相機，一輛車嘎然旁停。來到跟前的二男朗聲一句：「小伙子，我們佩服你，一個人騎車走這麼遠的路，爬這麼高的山，來，合拍一張！」「好啊！」雨帽下摘除風鏡，拉下罩臉圍脖露出沒刮的腮鬍。兩位「青年」尷尬僵臉，奧馬心中一句：「這下，該改口了吧，叫大伯。」

「傍晚」九點，幾抹彩霞天邊斜掛，欲凍的殘水近處凝躺。一排靜候的紅藍大卡蜿蜒出大地起伏。川藏及青藏線上有養路道班，「不怕艱難險阻，保通川藏天塹；不怕流血犧牲，鍛造交通鐵軍」說著工人的奉獻。109 道班挨近唐古拉山埡口，維護著青藏公路上海拔最高的一段，平均海拔 5100 米的 40 公里道路，被稱為「天下第一道班」。嚴冬常是攝氏零下 3、40 度，高寒缺氧，工人辛苦可想而知。自 1954 年公路建成後，道班已經發展到第三代，有夫妻父子檔不足為奇。

外頭「唐古拉氏茶鋪」的白色帳篷撐起有著奶茶、泡麵和啤酒的藏人住家，彩畫木櫃前家人低聲交談。坐於可能是世界海拔最高的「小賣部」，藏語不通，奧馬僅能笑臉吃食。藏婦懷中乳兒的清亮眼珠，溜轉著先祖傳承，無我的母子交流，外人無法介入。

聽得道班已住進三個騎車朋友，原來是趕早出發的無劍一行臨時決定留下。白灰裸露的工房用著塑料薄膜填隙，鐵爐上的煙囪直插屋頂。鏟起牆角乾輕的牛糞燒起壺水，火光劈啪跳躍，五千多米的高寒逐漸溫暖。四張鐵床各據一角擁被聽談。夢中一覺醒來，四周寒瑟死寂，只見近天一輪晨暈鵝黃，樓臺掏出小弟對著灑出一泡熱氣暖流。進得屋來一亮碼表，凌晨兩點，哈！真沒見過這低這明的月亮，迷糊的奧馬把冷月當成了朝陽。

帳篷內的藏家　　　　　　　　　　　　　　　　　高原牛糞暖房

唐古拉山笑猖狂，回民餐廳酒連瓶　　　西藏雁石坪

　　鮮豔四騎在唐古拉山埡口的碑石前，「手」槍比著腳踩高地的猖狂。下坡時竟是狂風怒推，心想「老天，你多此一臂了！」老遠看到逆向騎手咬牙切齒地龜爬，奧馬慶幸自己的反騎青藏。兩藏民騎馬在起伏的草原趕著牛群，忽而快行，忽而拉停，三兩下就把群牛攏堆在山頭消失。少了吉普車和高檔裝備，那個帥勁卻比美美國牛仔。

　　沿著河流走完最後的 50 公里，來到有如廢棄土場的雁石坪。凹凸的泥濘路面停著橫豎熱鬧的卡車，到處垃圾和人畜糞便。路旁簡陋低矮的平房都蒙上了厚重的灰土。一聊，才知以前青藏路上有「吃不在沱沱河，住不在雁石坪」的說法。此處是青藏公路中點，也就成為來往車輛的休息站，是以晝夜吵雜忙亂。以前它三不管，現在明確歸屬安多縣。難怪「無劍」劈頭一句：
「哈哈，這裡還屬西藏，老吳你還沒出界！」害得奧馬把剛伸出的鳥頭又藏進了翼下。

　　夜晚，「四人幫」將啤酒搬進穆斯林餐廳海喝，奧馬也記住恐龍的提醒：
「由於能幹婦女的清潔習慣，回民餐廳一般都很乾淨。但切記兩件事，一是不能談豬，二是外菜莫入。但是現在酒似乎都可以自己帶進去，先問問看。」
這個忠告給好吃回餐又嗜酒的奧馬，日後提供了很大的幫助。回到一人十元的房間，當被拉進第三輛鐵馬後，它變成連轉身都有困難的雞窩。想著外頭嚴寒，陪著不願攤開的汙潮棉被躺直一夜，還是溫暖。

　　蒙、藏稱 5213 米的唐古拉山為「鷹飛不過的高原大山」，二馬又飄過一個高度。

唐古拉山

江源頭沱沱河，發人深思野藏狗　青海沱沱河

小二輪車上大二十輪卡車　　　　　　　　　　高原導熱棒

　　趕家的恐龍將單車捆在一輛加長大卡空空的後臺上。遠看有如烏鴉騎水牛，更像螞蟻趴著大象，帥呆！繼續在杳無人煙的羌塘草原騎行，今天要趕到靠近"三江源"的沱沱河鎮，其間幾無人家。長江發源於唐古拉山東段，黃河於附近的巴顏喀拉山脈，瀾滄江又於唐古拉山北麓，皆源自青藏高原的冰山融水。而沱沱河，正是長江的上游。

　　上坡下坡對二馬已沒分別。道旁兩側，插土並排的導熱杆傳導著泥土與空氣間的熱差。突然，前方路肩冒出一隻奔跑的野藏獒，體型巨大足有百十公斤。前此數次，馬狗相遇都是惺惺相惜，彼此憐望。若遇牧家藏狗追擊，奧馬以吠止吠，以猛制猛，好不得意。現在曠野無人，看牠老遠奔來，一陣心怵。臨近，牠突然減速繞上馬路對面，口吐黏舌端詳二馬。如獅虎般的高壯威猛，奧馬沒碰過。相距不到十米。情急之中相機給牠來上一張。

　　或許它望到奧馬胸前的藏鏈、強打的鎮定，也或許只是望到詭異的相機，一聳鼻尖，轉身奔向另一頭的山腳。牠在找食，在生存，可是又聰點地知道進退。看它糾結翻白的髒亂黑毛，是荒原野狗；炯炯有神的雙眼，是曠野的精靈；矯健有力的奔跑，是獵獸的好手；孔武有力的身軀，是無畏的鬥士。人說獒能與熊纏門，又說馴獒難於虎，牠有真正的威猛野性，今天發現牠也智慧仁慈。對這高寒生靈，人無資格將牠移位。想到悶熱城市玩養藏獒的拽痞，不禁替牠送上一句:「天殺的！」

野藏狗

　　行走於地廣人稀的藏區，天地蘊藏著大慈大悲的永恆，激發萬物無形的自覺。一念一視間，瀰漫善意，沒有強弱對比，也忘記了你爭我奪。今天奧馬是幸！傍晚進抵小鎮，冷水擦身一陣安頓。晚上三人飯後回旅店又是飛沙走石，狂雨直潑。剛進門的騎友無奈嚷道:「就最後5公里，下雨就下雨，還突然起了大風，讓我他媽的騎了一個多小時。我一個同伴遠在後頭，不知要幾點才到得了？」哈，誰都經歷過，只能祈求蒼天不要讓我們老對風撒錢，有去無回白費腳力！

雨夜趕宿燈遙遠，高寒孤候暖人心 青海五道梁

天昏地暗，莫辨時辰　　　　　　　　　　　　　　　　牧家避雨

　　連日天氣詭異，風向說改就變。罩頂烏雲會突然湧上，瞬間潑下微風細雨或狂風暴雨；或許，僅是虛張聲勢，霽時又天高雲淡。高原氣候，讓人捉摸不定也莫辨時辰。...不甘退去的驕陽時隱時現，濕寒乾熱交替，奧馬雨衣穿脫間踩過 5010 米的風火山。午後兩點，一陣特大暴雨迫使二馬在荒野中的牧民家倉惶尋躲，卻迎來了兩碗熱燙的泡麵。待食的奧馬如同一頭晨起乳牛，乖巧地待著主人的木桶巧手。閒聊時，宛如菩薩的溫慈老嫗，不停地為寺廟捏做棉籤似的長夜燈蕊。藏地高原，「活佛」處處，佛恩隨湧。

　　再行，兩隻藏犬從山上牧家快奔而下，邊跑邊叫聲勢兇猛，恰逢前方駛來一輛小車，看著牠們即將越過車道，靈機一閃，偏靠路中逼車直衝對手。二犬沒趣返營，加速的奧馬悻悻一句：「好傢伙，該幹啥幹啥去！」

　　日落多時，透空黑嶺下暗稠如墨。雖聞流水潺潺，燈照的前方，卻又一片厚黑空無。看到遠處亮點隱約，一陣風雨又適時降臨，越吹越猛越下越急。奧馬想冒雨衝刺，趕完最後一程，發現似有若無的燈火愈行愈遠。最後還是濕凍逼得頓馬穿戴雨衣。事後無劍說：「黑夜中的燈火，似近實遠，會讓你產生錯覺。」

　　村前，旅店霓虹跳閃，奧馬告訴冰麻的雙手及僵沉的兩腿：「到家了！」已近 10 點，卻出乎意料地看到，快行早到的阿榮打著雨傘在路旁孤候。手機不通又恐奧馬錯過旅店，他半身濕淋必是待了很久。急到回民餐廳就著火爐喝羊湯暖身，湯再燙，也沒騎友的關懷來得溫暖。

　　五道梁，海拔 4415 米，七月份平均氣溫 5.5℃是全國最低，和唐古拉山口並列為青藏公路高原反應的多發地區。海拔和地勢使得空氣不流暢，土壤含汞量高，植被也少更造成空氣低氧。加上氣候惡劣多變，被認為是青藏線上最難地段。小鎮惡名昭彰，以前，從格爾木過來一路民謠唸著：「納赤台得了病，五道梁要了命」。心悸的是它嚴寒可以凍死狼，就怕「上了五道梁，可能就難見爹和娘。」

　　二馬憨上路，趕行 151 公里又憨抵達。

索南達傑保護站，活說死賴一張床　青海不凍泉

倒影如真　　　　　　　　　　　　　　　朱橋紅水

　　寧靜的藍色湖泊靜靜柔躺，道班亮麗的黃牆與湖中倒影有如兩條伸展的蟒蛇，分不出誰真誰假。帶泥的河流在一望無際的黃山禿野中默默流淌。一路來到沱沱河可可西里保護站，孤立的黃白屋舍佇立山前。藍天白雲下，綠色讓位，大地一片橙黃。

　　昨夜驚險雨奔，早上出門卻是天空蔚藍，白雲飄蕩。當二馬越過了唐古拉山後，已經穿過青藏線南端廣袤無垠的羌塘草原，現正行於杳無人煙的可可西里保護區。而三百公里外，寸草不生的茫茫戈壁灘正静静對著二馬揮手。伴著遠處一線低矮灰脈，平直的柏油路起伏延伸。偶爾，雨後殘水在廣袤的黃土和稀疏的綠草間遊走。發現此地青藏鐵路是修在橋墩上的「懸路」。不時出現的土基孔洞保障著藏羚羊的遷徙往來，也避免大規模的植被破壞，很是自然和諧。

　　路過 109 國道的 3000 公里路標，五道梁的野生動物保護站遠處孤立，二馬已然進入藏羚羊的故鄉。不遠處，青藏鐵路的橋柱還如鋼鐵般的戰士，日夜守護著蒼茫的軌道動脈。突然出現的車禍現場，有車頭半毀的載油加長大卡和遠拋路面的全毀小卡，都默默訴說著高原蒼生的拼搏艱苦。

　　磚紅橋墩映著同色江流，楚瑪爾河大橋的兩岸沙洲羅佈，滾汩交錯的含沙河水，厚重安祥。神智錯亂的奧馬不禁極目找尋《西遊記》中的群魔王寨，想知道他是否正吆喝嘍囉挖著礦砂。

　　二馬來到「索南達傑保護站」。資料說：
「為抓捕持械盜獵團夥的索南達傑十多次深入可可西里。1994 年他率領四名工作人員抓獲近二十個偷獵者，繳獲二千多張藏羚羊皮。偷獵者中有著傷病，基於人道，派助手和司機先把人送往四百多公里外的格爾木。不料，盜獵者路上反撲。晚間六車橫排，待他靠近大燈齊開，十數支自動步槍同時開火...」劊子手屠殺藏羚羊的殘暴讓他在零下 40 度的寒凍下，變成一尊半跪的雕像。那年，他 39 歲。

　　後來民間組建索南達傑自然保護站，直至 1997 年，在五道梁、不凍泉和沱沱河終於又有了三個官方保護站。以前聽過「在中國，要死幾個人才會被當做一回事。」無辜的藏羚羊，必也經過人類鮮血的潑灑才能再度「無憂」馳騁。

無邊的戈壁，一粒游沙默默地滾在炙熱的柏油道上。冥冥之中，一隻萬能的大手主宰著生命。在這蒼茫天地，二馬的滾輪更像原地踩踏。三個小時後，好不容易有了人影，前頭藏民坐地修著機動板車歪出的輪軸，奧馬拿出工具卻也無濟於事。最後還是萬能的藏民用樹枝鐵絲一陣鼓搗解決了問題。

　　在進入不凍泉野生動物救助中心前最後的 5 公里又是大雨忽至，二馬濕凍急於找宿。進出正裝修的空大屋室張望，撞上大廳打尖的聯合騎隊，人人睡袋帳篷齊全。一談，隊中有中國、日本和韓國騎手，由 70 多歲的瑞士老騎帶著專用導遊及隨車補給正走青藏上阿里。奧馬對著施工頭領活說死纏終於要出一張床鋪。

　　天亮一瞧，往下 50 米一家旅店的長排客房迎笑招手，昨夜傻帽奧馬病急投醫，擾人！

可可西裡野生動物保護站

不凍泉

沱沱河

索南達傑

五道梁

似幕牆的超級風，如針刺的崑崙雨　　青海納赤台

　　崑崙山脈西起帕米爾高原東部，橫貫新疆西藏，伸延至青海及四川境內，平均海拔5,500至6,000米。雪線以上為終年不化的冰川，最高峰是位於新疆烏恰縣的公格爾峰，海拔7649米，而4767米的崑崙山埡口是二馬今天要翻越的山頭之一，有著「崑崙六月雪」奇觀。此時奧馬不知，緊鄰吉爾吉斯坦共和國的烏恰，竟也是日後滾輪的邊域。

　　出發不久又見塑膠袋迎風沙響，尖銳哀嚎，飛速竄動似要撕裂。青藏線是「風的考驗」，名符其實，「騎行崑崙山脈，誰不哆嗦？」信然！來到曲麻萊生態基地，見著迎面上拉薩的年輕騎友，個個臉上塗滿順風的燦爛，真是美麗。

　　輾轉爬坡來到埡口時已是風急雨驟，夾雪飄絮。1956年陳毅在此地寫下《崑崙山頌》有言「嶺外有嶺嶺難尋，目極雪線連天際，我車日行三百里，七天馳騁不曾停...」奧馬環視四周，只見一片白茫不辨東西。隨著一陣強風，藍馬應聲倒地。仰視蒼天，飄落風鏡的雪花頓時化成晶瑩水珠，面對狂飆天地，號稱的「古老大族」，有的僅是謙卑！

　　下山路段72公里，是上山三倍多，奧馬一聲：「兄弟，我們滾吧！」除坑洞外，路況大致良好。車行漸快，雪雨加大，山風也開始發力。奧馬壓下帽沿推緊風鏡，拉上夾臉的圍脖試圖不留丁點縫隙。一拉圍脖，嘴鼻呼出的霧氣讓風鏡霧濛，不見前路，急露出臉頰透氣。風速加車速使雨點快飛有如機槍點射，無孔不入，露出的腮鼻，更是針扎般刺痛。手套保護的右手疲於奔命，上掩受擊的眉縫，又不時下放捏剎車躲閃坑洞。狂風暴雨中，急速放坡，幾度前輪抖跳後輪移甩，手忙腳亂間呼要著第三隻手。狼狽衝刺不知多久，方覺路漸平緩，雨水也變得溫柔。

　　下到西大灘尋得一食店，奧馬急閃而入。雙腿貼緊熱乎爐臺，也不停翻轉退下的手套，四手烤出的水汽不斷蔫叫著寒凍。鄉人說右邊就是玉珠峰，山上可能還有狼群，偶爾也能看到藏羚羊出現。屋外迎風淋水的佇立藍馬，挺拔無畏的靜待主人。奧馬身暖出門，拍著任勞任怨的藍馬網語戲弄：「兄弟，你為哥兩肋插刀，我不會為女人插你兩刀！」身首不動的藍馬似乎也應著：「老大，沒事，必要時插我兩刀，我還照樣日行三百里，七天翻過崑崙山。」彼此狂妄地笑了。

　　崑崙山脈常年飛雪，處處冰凍不化，只有熟悉地形和氣候的馬隊，才能穿越河流越過高山。今天，二馬僅是在邊緣國道飛奔就有「刺骨」的深刻感受。萬山之祖的龍脈，它只讓奧馬淺淺見識了亙古永恆的瞬息萬變，厚實深邃的寬廣無涯。

　　再行，就見2002年鋪通的三岔河大橋，似蠍展足拉開天際一條長廊。它如巨龍般跨接兩個山頭，海拔3800米，全長690米，橋面距谷底54米，號稱「青藏鐵路第一高橋」。繞行於橋下公路，驚覺高聳入天的橋柱壓頂而來，一陣惶恐。拿著相機數著近20個橋墩，突然，嶙峋山腰飄下廣播：「趕快通過，不要拍照。」反覆響叫，驚得二馬快逃。回頭張望，卻找不到解放戰士的崗樓。一陣納悶，哪來的天兵？

　　尋不著天兵，奧馬卻陶醉了，因為想起往紐西蘭飛機上的天女，那是女兒七歲隨老爸第一次飛往她後來的第二故鄉定居。決定要移民，老爸對在臺灣上小三女兒的要求卻是一週背一篇中文的《世界名人演講選萃》。又把初中和高中六年的地理、歷史和國文課本都

備齊了，準備讓她以後每天早上抄一頁才上學。漫長的飛行中，老爸對女兒說：「過兩天妳就要上那邊的學校了，來，我教妳兩句英文。」看她學會說 toilet（廁所）和 water（水）後，老爸笑道：「好了，妳可以上學了。」「真得就兩句哦？」「是呀！有水喝又問得到廁所，妳死不了了。其他的，老師和同學會教妳。反正，妳不比老爸笨，妳就看著辦吧！」

這崽，是能混，第一年配合老爸換了三所學校，還是有朋友，不抱怨。其間，曾自己一個人住在供吃的 Youth Hostel（學生青年旅店），一個月後接她回來說心得：「一開始，爸媽不在身邊是有點害怕，後來一想，沒人管，很難得，正好可以愛幹什麼就幹什麼！」她過得是快樂，因太過調皮，被纏得受不了的大哥大姐只好把她拉近浴室淋水。小學每日抄課本，一檢查，每日一篇很通順，字也工整，很好！隨手翻下原書，好像有點長，仔細一瞧，呵，竟然斷句後還用轉折詞給接上，妳小子安撫人有一手！初中時班上表演的話劇腳本是她寫的，上完高中進大陸往衡山遊五天，要女兒每天寫一篇的中文遊記也跌破老爸眼鏡。大學一畢業，竟也用中文和英文替事務所的老闆寫訴狀。唉，這崽可能是天送的，這不馴老爸養不出這麼懂事、開朗的小孩。謝謝老天！

荒灘岩漠雨絲飄寒，沉甸甸的黑幕罩下，二馬進入水文站。安頓後拿著電筒摸黑走回村頭尋吃。臨入小店對著來人逗趣招呼，卻為二馬在三天後的倉惶中埋下神助一筆。此時的夏日南國，昏鴉叫著老樹，小橋淌著流水，溫文爾雅。此地，凜冽風雪的高寒嶺脈，不見嬌柔。纖弱南方島人，難窺北國天地蘊育的蒼邁力道。

4767 米的崑崙山埡口

三岔河大橋

嶙峋禿山納赤台，黃色死海格爾木　青海格爾木

崑崙峽溝

　　水文站有一燒水的聚光灶。奧馬披上濕衣，沒幾分鐘似要點燃，呵，高原的太陽確實管用！青藏高原入夜後天寒地凍，可是白天怒射的紫外線卻讓黃漠乾旱燥熱，二馬傍著崑崙河前進有如走於火焰山的西遊行僧。

　　嶙峋岩山天際延伸，二馬滾於柴達木盆地。幾小時後迎面來了年輕女騎。她提到昨夜前頭村落受到藏人的親切照顧，奧馬佩服問道：「妳一個嬌小女子騎車獨行，不怕艱苦、危險？」「有著心結，出來歷練尋找答案。」烈日當空趕著路，短短兩句確道盡了生活的追求和迷惑，或許，長途騎行也讓苦悶有了出口。

　　橋樑跨過寬廣的河灘，一列火車，蒼白無力地呼著大地僅有的生氣。泥江蜿蜒，忽而寬敞寧靜，忽而洶湧奔滔，唯一不變的是望之不盡的黃岩大地。一排卡車飛奔而過，車頭紅旗寫著：「抗洪搶險車」。原來昨天鄉人說的「格爾木發大水」，所言不虛。一個大轉，一灘謐靜的死海猛然出現。格爾木河在此轉彎，變寬的河面讓似流非流的泥水凝出淡淡的溫柔。呲牙咧嘴的群山又襯出她睡美人的婉約淒麗。渾然天成的強烈對比訴說著「死亡是最美麗的悲劇」，她確讓最好的喜劇也啞然失色。

　　崑崙橋說：「我美麗，因為我簡單是石。」崑崙泉說：「我美麗，因為我清淡是水。」就希望它們不會在官商一句「沒有除舊建設，哪來發展美麗」下，花豔來過。奧馬又戲起荒誕的文藝大腔：「沒有死亡，哪來美麗？」二馬住進了格爾木林立的漢人賓館。

連綿岩山

寧靜的格爾木河

熱風拂吹換夏裝，英姿颯爽女交警　格爾木休整

格爾木市

　　格爾木是古羌人居地，少雨，全年有風，為典型的高原氣候，晝夜溫差大。夏無酷暑，冬有嚴寒。年最高溫 35℃，低溫可達零下三、四十℃。隨著改革開放，城市有幾十年的發展歷史，豫、魯等北方口音隱約可聞，四川飯店隨處可見。現代商場成型，各色商品琳琅滿目。這裡不愁的是土地，五、六十米寬馬路旁，烘烤的鐵殼汽車揮不去戈壁炎炙的包裹，行道樹下的花草，呼喚不來崑崙山嶺的寒凍雪水。

　　餐廳搭上了內地當官的同食，聽他說著中國世道、為官心酸。似乎，四周荒蕪的戈壁在內地也無所不在。中國生態，上位者總得有著壓陣的「虎臉」，不然幹不久，而抬轎者更要有著蜂腳般的「蜜嘴」，否則上不去。諸多秘而不宣的潛規則層層包裹，人不外傳，只有懂得越多，才越容易懂。而作為「官人舞臺」的百姓，面對唱戲爺們的頤指氣使有如墊著床腳的烏龜，只能唯唯諾諾地苦撐。這是人性的戈壁、社會的荒蕪。人前扮著威武的老虎，人後馬上又得裝成尋花採粉的蜜蜂。膽汁少的，雖非一生懸命，也是戒慎恐懼。

　　奧馬曾在冬天的北京租屋短住，進住後發現浴室漏水，社區引入水暖系統的葉片故障，冷啊！幾次反應，房東顧左右言他。一個半月後卻又來電提出要第二次三個月的房租提前支付，納悶合同是白寫的？電話虎吼一句：「你現在過來，漏水、暖氣和房租一起談，該怎麼辦就怎麼辦！」30 分鐘後人來了，敲門的是派出所的警車。哀聲一歎：「這天子腳下的百姓，咋與國際接軌？」

　　但是歎完後，奧馬立刻搓起雙腳學蜂飛舞，知道現在是自己「該怎麼辦就怎麼辦」了。為辦暫住證，公安局來去三趟，看著租屋合同的承辦人兩次以「先拿街道辦的證明來！」我找房東申請去？最後，謝謝登門警官對「臺客非流民」的理解，幫著一通電話辦了，他也善意提醒：「要與房東保持好關係。」奧馬懂得，「法治」的中國，人生地不熟的外地人還得看「地主」臉色，否則有穿不完的小鞋。奧馬之前北京出差數十次，那次竟第一次有了暫住證。在崑崙山腳下的格爾木，學著朋友又一聲慨歎：「中國地大古老，山高水深啊！」

　　尋購夏天衣褲，迎上大街一道亮麗風景。路口一株英姿颯爽的值勤警花，優雅帶勁。二馬稱讚她亭亭玉立的同時，也揣想著鮮挺制服後的嬌柔生活。假如沒有歷史遺留的威嚇衙門，男人會多陽光？女人多嬌柔？神州多美好？奧馬吃起了西瓜，連子一起吞下。但是，他沒嚥下 國安局和外事局的精彩，它們等著明天上場。

洪水救災難拍照，灰山荒漠有神助　戈壁帳篷

岩山大漠

　　海拔適中空氣清新，街道整潔步調從容又有各地菜肴，輕鬆休整的奧馬感受不到水災氣息。格爾木距西寧 800 公里，除中點都蘭外僅有幾個似有若無的村鎮散佈。柴達木盆地的特色就是風大，來時睜不開眼。更有當地人稱「黑風」的「沙塵暴」，九級以上。鄉人說它漫捲沙塵如泰山壓頂，頓時黑天蓋地，人在野外莫辨東西。從格爾木到都蘭的 300 多公里都將行進在荒無人煙的都蘭沙漠。資料說它無水，有的是電線和遠山；逆風和順風交變，而不變的是戈壁荒灘；一路只有沙子石頭，除了黃色還是黃色，路的升降似乎也沒了。

　　近午出發往 140 公里外的諾木洪，有點晚但順風，二馬啟動輪盤賭它一把。不管遭遇什麼，奧馬都是贏家。頃出城見大片帳篷綿延一片，災民正排隊取用食品，原來安置區在這裏！迎面走來扛著圓鍬的解放軍，奧馬按下第三張照片。

　　突然身後一位便衣厲聲道：「相機拿來，你是哪裡人？」冷峻的有如古老格言。隨著打在身上的目光遞上相機，奧馬習慣地回答：「福建人。」「身份證拿來。」奧馬知道碰上了政府官員，耳聞的擔憂變成眼前的麻煩。人說：「傻與不傻，要看你會不會裝傻」，這次奧馬裝不了傻。他立刻老實改口：「我是臺灣人。」知道只要牽上政治，事情就很大，看來是一時走不了了。想到電腦裏的照片每天四、五十張可以交代幾個月的行程沒有偏離國道，無任何企圖。現在又已出了西藏，心裏稍感篤定。

　　拉著負重藍馬走於軟沙積尺的灘地，左踝一個歪拐，帶來一陣刺痛，扭了！只怪奧馬三個月來都以車代步，即使休整外出也藍馬伴行。有時，踩騎幾小時後下踏平地，就感覺兩腿長短不一，抬落整扭，現在還走著起伏沙地，怨不得誰。跟隨來到官方帳篷，依著老大把那三張照片刪了。看著這「貌似」的難民，親切民警送上瓶水解渴，他們看著相機內的照片覺得有趣，一談起騎行，奧馬又回到路邊與尋常百姓閒聊的自在。

　　不久外事局官員到來，看完證件及相機後要騎人上市局。知道省不了，微笑站起跟出帳篷。外事局官員猛一回頭：「你笑什麼？」奧馬終於笑開回答：「我只是想沿 109 國道由拉薩騎北京，沒想到惹了這事，也給你們添麻煩了！」心想的卻是：「國家的機器在運轉，小題也得大做，難為你我了！」

跨上藍馬，尾隨外事車回到市局。有問有答，奧馬一點不唐突。筆錄簽字後得知無證進入西藏，官員道：

「知不知道，你是非法入境⋯」

「哦⋯」奧馬一聲長拉後噤聲不語，一臉茫然無辜。

「不過你現在已經出來了，西藏不歸我們管，就不追問，你可以走了！」

有點意外，這麼快就結了。為了確定可以離開，奧馬再問：

「我真可以走了？」

回答還是肯定的，只是又加一句：「你趕快離開格爾木。」倒聽得一陣糊塗，奧馬不好意思再問：「那我還可以回去拍照嗎？」雖是年過半百，肯定還有著「無知純稚」的眼神，他真的很想在那眾多的帳篷裏熱鬧一晚。現在出得門又面對抉擇。繼續往諾木洪還是回格爾木再住一晚？都快三點了，盤算離日落還有五小時。決定繼續玩起輪盤。

　　戈壁公路幾無人車，頂風騎行三小時後，傍晚七點在一望無際的路邊歇息。這是回頭的最後時刻。奧馬最不願走回頭路。想起諾木洪前的大格勒有民聚，但凌晨摸入沒幾戶的小村必是燈火全無。假如它不在道旁，又何處尋找民居？懷念起拉薩寄走的帳篷。不見黑風，奧馬卻也沒了方向，只是在孤立的電線杆下連抽香煙。

　　久無人跡的荒漠突然出現一輛轎車直插旁靠，納悶間一人來到面前一句：「那晚你在納赤台我們見過。」終於想起三天前摸黑尋食時，側頭對進來買物的中年人玩笑一句：「我裹了好幾件長袖還冷，你穿一件短袖，不冷嗎？」他笑望一眼沒說話。現在，在曠野暮色中看出騎人難處，他又接道：「前方三公里彎進的山腳下有我們的工地，你可以在帳篷裏過夜，跟著我。」沒有問候和問號，清澈的有如無際藍天，簡短的有如祖輩諺語。這次輪到奧馬沒開口，因為一轉身，他車子又緩緩上了路。

　　黃沙蓋地的大漠中，兩大一小的厚實軍帳撐起工人的吃睡天地。看著將離去的中年當家，想給他電話日後感謝。他還是一句：「臺灣太遠去不了，你就在此安心休息。」船行過江，漣漪淡無，前後各自兩句，不留痕跡。

　　一兼作廚房的帳內，熱情工人在黑夜的燭光中貼身圍坐。奧馬靠著床頭吃起麵條喝著僅有的白酒，抽著工人從四、五十公里外的格爾木帶來的一包香煙。　他們勸吃勸飲也開著奧馬玩笑：「看你車上掛的身上穿的一定很有錢，到處玩兒。」奧馬急道：「沒，沒，老窮了⋯」話音未落，端鍋倒湯的阿姨大笑：「哈，你就怕說有錢，怕我們把你怎了，放一百個心，荒山野地這裡最安全。」唉，這窮的臺灣人，風餐露宿哪裡說去？

　　將往福建唸高校的小王，用臉盆打來珍貴儲水讓奧馬冷敷腳踝消腫，又執意讓出自己的單人臥榻與人擠鋪。上海是吵了，臺灣是小了，生活的輪盤不停地轉著。不管賭官賭商，誰輸誰贏，人生一遭就是贏家。小王，試著用力活一把，祝你有段精彩的高校生活！

渺茫戈壁

駱駝呼吼　　　　　　　　　　　　　　　　　　　　　　　人獸對看

飛沙走石大格勒，夜迷山野回留漢　　青海巴隆

　　上路後發現順風，騎你 200 公里！經過惡名昭彰的大格勒時飛沙走石狂風怒嚎；搖擺傾斜的大樹似要連根拔起。見迎面數騎寸步難行，奧馬幾天的嘔氣，一下扯平。施工彩旗飛拉，曠寂高原奔騎近百公里，嗜睡找不到坐處，只能蹲休與駱駝對望。戈壁「明珠」諾木洪小鎮有著 50 年歷史的勞改農場。千里荒灘，太陽落山後伸手不見五指，毒日加酷冷真不愧招牌。二馬繼續奔往巴隆。

　　日暮岔入幾戶人家的宗加鄉，謝過要免費招待的年輕女店東，酒足飯飽出隔屏時對著一桌酒酣耳熱的客人笑了一句：「你們這拳，我們臺灣也玩。」於是兩岸兄弟吼聲猜指繼續。高原夏天的夕陽會掛到晚上 10 點，順風時速可達 30 公里。前問路人說距巴隆約 50 公里，心頭一算，天黑可達，安啦！蒼天弄人，一出村風向卻變了。想到已辜負酒友的住宿安排，奧馬不回頭了！

　　群星欲現，一望無際的戈壁空曠蒼茫。除風噪輪聲，萬物緘默，二馬獨行於宇宙之巔。突覺踩踏吃力，低頭一瞧後輪扁了，扎胎？老天！川藏隊友三天兩頭補胎，二馬超過 6,000 公里安然無恙。騎友曾用玩車術語調侃：「你人品好！」心中得意。而藍馬此時竟第一次扎胎，來得真是時候。

　　出發前，在旁人指導下只換過一次新胎，現在沒自信。下內胎後轉摸外胎找尋禍首，如針尖的斷「點」鋼絲扎了手指。手指太粗夠不著，指甲太短下不來，拿出指甲刀要戴眼鏡，頭燈還不夠亮。毛急拿起外胎狠摔幾下再摸，不見了。又手繞了幾圈，還是沒有。上新內胎後忐忑上路，頻頻低頭探望，竟沒跑氣！

　　碼表告訴奧馬由宗加至此已逾 60 公里，現在是深夜一點，懷疑老天要二馬熬到天亮。一岔路寫著「土豆栽培農場」，想起該村偏離國道要注意路標，猶豫後繼續前進。一天騎了 18 個小時近 250 公里的奧馬，數公里後僥倖之心終於戰勝理性堅持，心想：「是不是真錯過了岔路？再說，農場農舍總可求宿吧！」調轉車頭，逆風變順風，三兩下回到岔口。

田地兩邊開展，看不到盡頭，路漸窄山漸近，奧馬起慌。山腳隱約有著黝黑輪廓貌是一屋農家。突然一串雄渾犬吠劃破長空，如虎的看家藏犬四腿衝欄。不多遠又出現一獨立農舍，一隻重奧馬兩倍的狂吠藏犬，也正拉鍊而躍。一當家男人赫然站立院中。奧馬壓低頭燈說道：

「我騎車趕夜路，迷了路...」話音未完，對方早已接口：

「你現在那裡都去不了了，先在我家住一晚。」

力竭狂亂的奧馬被一股神流擊中，喃喃自問：「他是阿拉派來的？」頓時眼濕鼻酸。雖然離憤怒撲騰、吼聲震天的犬牙僅一米，奧馬已沒了恐懼。

　　對艱險的無知，才有堅定的無畏，上路前決心不搭車，可途中的很多際遇，似乎不是「天助自助」所能解釋。需要時，貴人總在那兒。現在懵懂的奧馬知道，補胎時耳邊呼拂的山風不是幸災樂禍的叫囂，是呢喃細語的撫慰，而神就在旁邊。

狂風大格勒

高原首次扎胎

回民早食　　　　　　　　　　　　方正土房

山羊圍水伊甸園，黃沙戈壁田家綠　青海香日德

巴隆離西寧 550 公里，有著青海第一個對外開放的狩獵場。它由青藏高原北部展延至柴達木盆地東南部，山巒起伏，谷地平坦，平均海拔 4,200 米。境內除了有較多的岩羊及野禽外，藏野驢、原羚、馬鹿、狼，甚至如雪豹、黑頸鶴等受保護的野生動物都能看到。奧馬發現，此地養得藏狗也都相當大。

清晨，綁著頭巾的回婦在廚房忙活。二小兒靦腆地用眼睛問著奧馬：「你怎麼冒出來的？」一臉納悶。近瞧藍馬又不敢伸手。奧馬好奇，阿拉的子民是否允許父子沒大沒小地玩樂同瘋。憶起女兒如眼前小兒般大時，老爸與她頂著肚皮互衝，每次對撞兩人就樂成一團。接下來，老爸耍詐了。臨到跟前，一個閃身，女兒高挺的肚皮落空，因重心不穩摔倒地上，疼得放聲大哭。老爸沒哄兩下，竟又意外地爬起來說：「爸爸，還玩！」這次女兒學老爸閃身，可是又哭了，因老爸沒摔倒而委屈嗚咽：「你沒摔倒，你沒摔倒....」哈，雖然妳還小，但是心疼妳的頑童老爸太想告訴妳：「薑是老的辣！」

現在，奧馬不懂回話，回婦也不懂漢話，於是拿出士力架指著小孩，媽媽微笑點頭。稍後當家扛著農具回來，看到歡快吃著甜食的孩兒，焦急連嘴咕噥：「不是清真，不是清真...」慌得奧馬一陣鑽地的愧疚。思及上海回族員工提到：「在外地大城謀生，自己或族人相聚時恪守教規，而與同事聚餐時只能隨緣盡力。」奧馬稍感釋懷。穆斯林遵守嚴格的男尊女卑教義，回婦鋪下侍侯，當家邀請奧馬上「炕」早食。

出門，遠山低矮，放眼所及就兩家農舍，奧馬竊喜昨夜走運！再上清亮國道，太陽下萬物現形，鬼魅盡去。天黑天亮人心兩樣。不遠處，路標微笑說距都蘭 100 公里，而岔路往前七公里就是巴隆。兩輛面目全非重卡各自死陳，圍觀路人問交警：「車撞成這樣，速度要有多快啊？」道上一輛，頭臉凹陷四輪朝天；飛橫田間的對手，已然解體，除了軸輪，一堆鋼鐵不辨車形。

少有生命跡象的幾個小時後，突然出現聖經天國的驚豔畫面。有如伊甸園消失的基訓河和比遜河相伴流到了這裏。黃土裸露間，綠嫩的鮮草漫坡如毯；溫純乖順的白羊圍水倘佯，悠哉尋吃。顯然，二馬就要奔出戈壁荒灘。

二馬已進入穆斯林天地。一路城鎮可看到回民食店，大鬍子男人頂著白帽，遮臉女人圍戴頭巾。來到香日德，二馬土路走店要著氣泵打胎、水果嚐鮮、探問吃食，個個露齒而笑，人人親切幫手，袋中一把零錢似也未少。

晚間洗浴將畢聽得廊外門響，套衣一瞧，原來店東會同公安前來拜訪。問詢後要走臺胞證。歸還時特意交代：「你以後還是小心點，尤其證件不能隨便給人，我們不敢說這裏全是好人。」後來看到「法治實事」電視節目，竟有大膽刁民身著鮮挺軍裝，領導帶著隨從前往公安局「押救」經濟罪犯。呵，林子大了，什麼鳥都有，太歲頭上也敢動土。奧馬再也不相信制服，每有索要，必也一句：「行，我跟你去單位！」

藍天、黃岩、綠草、白羊伊甸園

重卡車禍

都蘭林下樂陶然，補胎閒聊老漢親　　都蘭

清晨，微雨時下，憑添草原些許涼意。筆直平坦的馬路旁，牧舍炊煙縷縷，群羊尋吃露草。...午後進都蘭地界，帳前奧馬悠閒嚐起蒙古肉腸。當家說：「我們蒙族將羊血豁上糌粑，碎肉和香料灌入小腸內沸煮，香嫩解饞，那是血腸。而剁碎的裏脊肉、脖上肉灌入肥腸就是你手中的肉腸。」建議奧馬沾著蒜醋碟汁食之，風味確是獨特。進得縣城，藍馬又扎了第二次胎。這次可以在五十米遠的車店處理。聽得騎友說，扎胎是接著來的，6,000公里沒事，然後接著 100 公里兩次，信然！

決定不再趕路，只要車店有人上門就讓先行處理。奧馬與老師傅從修車把式聊到賺錢方式，家庭瑣事到國家大事。老漢一句：「從單車到電動車，這店我幹了幾十年，我就是萬屆總理不需費神輪棒。」請他晚上吃飯卻一句：「家裏中午剩著一些，不吃浪費。」真境外仙人。

找著替代昨天遺忘回農家的馬甲，遇上一獨行女「驢」（玩山水的背包旅人）。不出來都是陌生人，一出來就是同路人，豪放天際，兩人約好一起投宿。起眼旅館有著電梯和網線也歡迎藍馬上樓。房間寬敞整潔，擺設大氣，證實前臺所言不虛：「我們是日本遊客在西寧與格爾木間的最愛選擇。」也是，民國十八年（1929 年）青海建省後，格爾木還曾屬都蘭縣。

原來，積累的生活單調讓四川女子一人拎起背包，沿路看玩川藏上到拉薩，準備再由青藏下西寧後返家。成都到都蘭二馬走了兩月有餘，她搭車僅用 20 天。兩輪和四輪有著相同旅程，相同的心境，二人有無盡的話題。天涯若比鄰，他鄉遇同道，一樂也。第二天道別，彼此一句：「有緣青海湖見！」

對遺忘的馬甲，事後同事 S 說：「幾年後你再去，主人一定收藏如初的歸還你。」奧馬相信，也感激那深夜解難的阿拉子民。

香日德牧家

夕影相隨伴馬行，毀車高掛儆往來　青海茶卡

都蘭草場　　　　　　　　　　　　　　　　　　　　　　影人同行

　　二馬需奔往 135 公里外的茶卡方得住宿，途中只有 20 公里外的一個夏日哈鎮，人跡渺然。藏語「茶卡」指的是「鹽海之濱」。其鹽晶中含有礦物質，呈青黑色，也稱「青鹽」。出名的茶卡鹽湖地處柴達木盆地東部，夾在祁連山支脈完顏通布山和崑崙山支脈旺尕秀山之間，海拔 3060 米有十個杭州西湖那麼大。採鹽船的噴水吞珠、日出和晚霞的絢麗鹽花是誘人景觀。

　　白雲蒼狗，藍天遠掛，大地潔亮的可以刺穿瞳孔。兩旁荒山起伏，綠草或緊或鬆鋪掩著黃土。換上較深鏡片，奧馬奔騰於灰綠的原野。無涯大地讓奧馬見識到什麼是「空」，什麼叫「曠」，原來以前說的「空曠」，指的是心中更多的虛無。

　　烏雲泛藍，粉紅的雲霞暈滿天際；似油畫的光彩裏，低掛的夕陽將孤騎映入金黃大地。凹凸變幻的騎影陪著二馬行進，忽而前方導引，忽而隆坡飛舞，忽而後面追趕，四馬飛馳於蒼茫天際。唐朝李白「月下獨酌」，今代奧馬草原奔馳，荒灘獨行，有的儘是歡鬧嬉戲：
「蹄浮黃沙逐京願，地闊草掩欲奔天；牛已壯，羊將肥，
　單騎隨緣不言愁，歡飲美酒賞雪蓮。
　思緒縹緲心海翻，梵音耳畔繞迴旋；歌且遙，意方遠，
　尕妹邀遊青藏川，還笑馬哥情嫩憨。」

　　近九點，夜幕籠罩，二馬來到旺尕秀埡口。下山道旁高掛一輛面目全非的焚毀殘車，警告著路過的疲勞駕駛。女兒網上對照片說：「這好像在美國印第安那的沙漠高速公路。」呵，曠野無涯，難見「活」車，也是。

毀車高掛

　　午夜 12 點，趕到茶卡臨打烊的回民餐廳吃起烤羊蹄、手抓羊肉和糊茄炮仗。這炮仗對奧馬是第一次嚐鮮，它是青海回族一種風味湯麵，似爆竹。把麵條揉得滑硬，掐成直徑約 0.3 釐米，長度 3 釐米，個個有如炮彈。廚師說也有用出鍋去水的拉麵，先刀成短條再加上以肉沫、粉絲、辣椒和菜碎做好的混菜，入鍋再炒而成。出生西域的詩仙，肯定也曾吞過這陣仗。

狂風阻攔雨潑墨，橡皮山頂宿藏蓬　青海橡皮山頂

茶卡狂風

橡皮山頂藏蓬

今天要翻過青藏線最後的埡口，3,817 米的橡皮山。這是柴達木盆地出都蘭沙漠最後一段，大地景觀將從黃色戈壁逐漸轉成綠色草原。

平地是炎熱的盛夏，而 3,000 多米小鎮卻仍瀰漫著高原的淒冷蕭瑟。頂著帶雨強風，二馬奔向灰濛天際。細長芒草奮力挺腰，怒張的彩旗勇猛吶喊。風大得讓二馬沒了速度，又領教了青藏風魔臨去的威力。雨中迎面出現歡快數騎，想起幾天前的大格勒，二馬在惡名昭彰的狂風路段順風疾行，也看到對面騎友痛苦掙扎。大自然公平無私，三天河東三天河西。人生旅途皆有自己的苦難和歡樂，或早或晚都要獨自面對。

風狂雨寒，芒草蕭殺，黑馬河 42 公里的路牌孤倔高立。遠處嶺線若隱若現，難以分清是山、是天還是雲，大地有如一幅敗筆的潑墨山水。不是通往地獄的陡坡險道，是盤上埡口的必然煎熬，二馬在暗無天日的野嶺孤行。來到僅有兩排屋舍的大水橋鎮，幾家食宿招牌在水絲飄絮中搖晃，溜滑的塑料袋風中起舞。已折騰六個小時，濕冷的奧馬必須進食。

進門看到臥於走道午休的幾名騎行學子。地鋪睡袋一應俱全。好奇關問，回來一句：「中午不休息，下午騎不動。」有計劃的騎遊，設想真是周到！脫下手套鞋襪，就著溫暖爐火又是翻來覆去輪排烘烤。伴著金黃猴頭菇，吃起一鍋軟燒的青海湖湟魚。在熱氣燻騰中，奧馬從一條蟲又變回了一條龍。

草逐漸變綠，羊逐漸變多，風逐漸變小，雲逐漸變白，天逐漸變藍；而山，逐漸變高，二馬來到埡口。冒煙大篷賣著飲料，三頂鮮黃小帳散立。沒錯，是年輕藏民新開的「驛站」。黑馬河的水明天再喝，青海湖的水明天再弄，二馬要第二次野宿。

繁星點點，近得似乎可以觸摸，偶爾 10 米外一暈車燈劃過無邊的漆黑。寂靜的夜空下，母牛幾聲哞叫，呼喚著小犢入眠。二馬正與帳外幾匹站立的睡馬聆聽天籟。

湟魚鳥島青海湖，飲酒做樂黃花笑　　青海湖旅遊區

　　揮別山頂後連續下坡，群山連綿草原鋪展。黑白犛牛散立。白色氈房冒出縷縷炊煙，牧民正圍攏羊群準備享用酥茶早食。想起幾日前也是同樣的牛羊大地，二百公尺外的牧民在帳篷前揮指著手中西瓜邀騎人共享，奧馬笑了。

　　來到黑馬河，一條岔道奔向 70 公里外的鳥島。它每年春天群鳥棲息產卵，蛋窩散佈，又稱「蛋島」，是騎人和暴走族的黃金路段。青海湖面積 4583 平方公里，是中國內陸最大的鹹水湖。有說湖面水位正在逐年下降，湖內湟魚因食用濫捕而面臨生存危機。原來，奧馬昨天也充當殺手！湟魚學名裸鯉，如入海回游的鮭魚。春夏之交，懷卵親魚群集河口逆流而上，回到己身從出的源頭祖地，下卵接代再以身育子結束自己「遠行燦爛」的一生。

　　孤寂湖邊，羊頭風中高掛，幡旗水浪輕拭著「地球眼淚」。盛開的油菜花妝點著江南的秀麗，更襯托著塞外的壯美。人說前頭祁連山和達阪山的皚皚白雪圍起的金盆長川，如絲帶灣流的浩門河盡顯高原的旖旎風光。

　　日暮來到青海湖景區看到友人路旁招手，二馬今夜吃宿有了著落。晚間餐館正說著三天的經歷，進來一壯二少隔桌吆喝划起酒拳，一陣招呼兩桌又成一桌。你來我往人人放飲，天南地北開著玩笑。酒杯交錯中，青年又敬起席中女客。她委婉推說：
「我跟你都已經喝兩杯了，先等等，等下我敬你。」出了茫茫戈壁遇上熱鬧餐聚，興奮的奧馬想喝酒慶祝，再看到她兩頰的粉暈，毫不猶豫攬活說道：
「她酒量不好，真喝醉了，我還得攬她回屋睡覺，麻煩！這杯我來代勞，要不，一人一瓶，吹乾。」奧馬酒量不咋的，酒膽卻很大。捧杯站起的青年突然睖著雙眼又來一句：
「你說你們是三天前才遇上的驢友，看這般投緣，說話就像一人模樣，又是一男一女同宿，說！晚上還幹啥好事？」女伴有趣地看著來人撩撥揶揄。開笑的奧馬不慌不忙接道：
「一男一女又咋啦？不就多一根少一根嗎？不知道你說的是啥好事，假如幹了也都幹了，假如沒幹，那晚上還可以補幹。喝！喝完再說來聽聽，有啥好事可幹？」四海相逢的無猜男女，青海湖畔開懷地借酒裝瘋。奧馬想起女兒初來身子，竟也自娛一句：「投胎的時候跑那麼快幹嘛？連那東西都忘了帶！」哈，閨女，妳這輩子是要比老爸麻煩！

　　夜色清柔，微醺漫步。綠禾挽風中，搖曳的金黃群花在寂靜星空下輕吟著《笑看人生》：
「穿梭在人海浮浮沉沉，你為何奔波為誰忍…
這世上人情暖或冷，你又能夠改變幾分
你我都是同路人，何不輕鬆走一程
當把酒言歡笑看人生
真愛總是要等，名利難免要爭
回首還是快樂最真…」

青海湖畔農家

古道流芳奔錢忙，山中營生賽神仙　青海湟源

青海湖日出　　　　　　　　　　　　　　　　　　　　二馬撫浪

　　一棕一白的長尾，輕盈拂撩，兩馬岸邊舒展著四肢。隨湧的浪花撫拍連峰碧海，欲浮還沉；斷續的呢喃，蕩漾著滑水溫柔，遊雲籠罩的大地縹緲深邃。突然，欲嘯的藍天刺出幾道金亮，閃耀的晨曦走山抹谷。霎時的犀利，又歸沉寂，僅留下風搖的露草，抬頭笑看弄潮來人。青海湖的早晨剛剛睜眼，鳥兒吱叫著生命的歡暢，是人是馬，卻還沉醉。

　　買了三把舊藏刀和銅製飾品，發現僅剩零頭現金。50 公里趕到「倒淌河」，人說這是文成公主嫁藏思戀家鄉落下的長淚匯流而成。「天下河水皆向東，唯有此溪向西流」，一脈纖麗細水蜿蜒數十公里，不滔不嘩如雨後的一彎彩虹。藏語稱它「柔莫湧」，令人嚮往的地方。小鎮的古老廟宇比鄰現代排樓，遠來的民俗落地後，有了和諧交融。此地近萬人口多為藏族，而「自從公主和親後，一半胡俗似漢家」，飄街的藏語夾雜著漢話詞句。廣場合掌立著古道流芳的外來族母，正是她，一個溫雅慕佛的女人，架起了漢藏經濟、文化和愛情的橋樑。

　　奧馬遍尋街面不見銀行，站在寬大現代公路口的民警說：「我們是小地方，只有一個信合社。」尋到招牌底下也沒提款機。吞下 5 元的碗麵，忐忑揣著僅有的 12 元，直放 90 公里外的西寧。要是前頭山路陡嶇，那二馬今夜何宿？呵，吃住受威脅，奧馬平生第一遭！

　　前頭不遠就是秦代羌人故地門源。「門源油，滿街流」，六七月盛開的油菜花田每年都吸引蜂農前來花海採蜜。它和江西婺源、雲南羅平都有著中國油菜花節的盛名。適逢其時，二馬盤著日月山流連上蒼潑下的柔美色板。藍天雲湧，黑幕合攏，大地黯然失色。雲雨再去，露臉的嬌陽又緩緩拉展驚豔的畫卷。有道是：
天地瞬變，變出綠毯谷中，千里金黃的燦爛；
山路彎轉，轉出二馬足下，汗水奔馳的輝煌。

　　趕了 60 公里後撞上湟源縣城。吐紙機器刷刷連響，解套後的奧馬進入羊館揀起上肉猛吃。天黑山區穿行，發現幾處「農家樂」供應土菜酒水卻無住宿。已是 9 點，夜幕緊壓縣道，山更深村更稀，奧馬心急。問著久久出現的一家雜貨鋪，店主熱心指著前頭招牌：「他們有吃飯的包房，酒後客人也能休息，你去問問是不是可以借睡一晚。」

敲開漆黑大門，當家聽著陌生人的突兀請求，臉上三分狐疑帶出七分猶豫。良久，緩緩一句：「天這麼黑，在這山區你也沒地方去了...好吧！證件先拿來我看看，確定你說的是真的。」跟隨上樓來到包間，一張電動麻將桌侍候著紅絨垂蓋的八仙大桌，大桌四週扶手座椅安繞。角落一張板床伸著四腿，空無直白卻又溫暖迎人。店家招呼：
「我這就拿枕頭和棉被上來，還有蚊香、熱水...」
若有所思又加一句：「你的證件我留一個晚上。」

　　四合院圍著磚樓大宅，幾間包房伴著青山綠水，確是怡人，住家兼營生令人羨慕。深夜邀坐宋人陸游，一人一狗二馬戲著麻將彩磚。隨著對家一聲：「自摸！」奧馬有如教著女兒，學舌笑吟：
「莫笑農家臘酒渾，豐年留客足雞豚。
　山重水複疑無路，柳暗花明又一村。
　簫鼓追隨春社近，衣冠簡樸古風存。
　從今若許閑乘月，拄杖無時夜叩門。」

上左-倒淌河文成公主石雕　　　上右-藏童戲羊　　　　　下-門源油菜花田

西寧東關清真寺

環湖騎手會西寧，清真大寺坐東關　　青海西寧

　　道上橫條說，三天前開始舉辦今年的第九屆環青海湖國際自行車賽。該賽每年七至八月舉行，是亞洲頂級賽事，賽道平均海拔 3000 米，也是世界上最高海拔的公路賽。線道以碧波浩瀚、鳥翼如雲的青海湖為中心向周邊延伸，沿途風光旖旎迷人。有說它僅次於環法、環義大利和環西班牙等職業巡迴賽。但是看今年獎金總額四十五萬美元，較諸超過三百萬歐元的環法賽，似乎還是備戰觀摩等級。

　　西寧規模最大、保存最完整的東關清真大寺至今已有 600 多年的歷史，也是西北地方伊斯蘭教的聖地和最高學府。退休回族老人每天幾次按時來此為家人祈福。聽說隨著城市人口的快速增長，禮拜五的主麻日約莫 4 萬人，而開齋節則有近 20 萬的信眾聚集，二馬寺前肅然！

騎遊節奏各不同，歡看南京有老騎　　西寧休整

　　想起路上的閒談，鄉親，尤其是婦女，多次問道：「你怎麼沒帶愛人一起同騎？一個人走這長的路不孤單嗎？」奧馬說笑回答：「你想，我每天平均騎行 100 公里，要真有老婆隨行，她只能 50 公里。假如我們一起出遊，沒三天，不是她就是我會翻臉。每天騎 100 公里，不出三天肯定整死她；而每天騎 50 公里，三天後肯定憋死我。假如要兩人同時翻臉，那就每天騎 70 公里。」講完後，他們會心微笑。

　　更多人建議有騎友同行，既增添樂趣又可相互照應。奧馬理解，但是現實有著難度。半年一年的時間太長，年青人家庭或事業走不開，老年人可能對自己的體力沒信心，後輩更不放心。單就找騎伴就很困難。而有了騎伴又如何呢？

騎行的人都知道，每一個人都有自己的步調和習性。不提突發事件，單就路上的行進快慢和到點吃住就可能意見分歧，不歡而散。君不見，川藏線上有隊伍一分為二，再分為三；有人今天退出此隊，明天加入彼隊，人人也皆大歡喜。

短途同騎是一鬆散組織，有照顧者也有被照顧者，瞻前顧後者更不可缺。組隊者必須經驗體能有一定水平，人情管理小有經驗，再勞心勞力總其成。長途騎遊更是各有所求，有人喜歡早出發早到達，而有人喜歡晚上路晚休息；有人好與人接觸，而有人好景觀想攝影；有人想嚐當地特色，而有人想簡單果腹；有人要停留多玩賞，而有人要趕路留記錄。騎遊為的是「享受自己」，假如不想本末倒置，就不需為擁有騎伴讓彼此的配合變成相互容忍，最後犧牲了自己。長時間的約束，難過也難熬！似乎，長途騎遊單騎不可免，二三同行難能可貴。

為託付「無址專送橡皮山頂」的相片，找到南京四老騎。得知他們為宣揚家鄉舉辦2014年青奧而騎遊神州數月。奧馬的第一句就是：「你們要同行幾個月，不容易啊！」有捨必有得，獨行方能成行，奧馬感謝上帝讓他毅然上路。

開心的第四腳撐，難忘的風坡折騰　　青海樂都

買了似鍋蓋的烤饃足夠吃幾天，真大！藍馬在五道梁損折了第三根腳撐，今天終於在單車街尋得第四根，價格還是原來的三分之一，開心！遇上飛快的鮮豔四騎，有男有女，原來是瑞士青年走往印度，天下騎友，皆不寂寞。

想起拉薩民宿「我的家」家主大寧的感言：
「上坡是攢錢— 創造積蓄等著花，總會下坡
　下坡是花錢— 花過頭還是要還的，總會再上坡」
離開豪放不拘的青藏高原，不再有著長坡大山和洶湧大水，更沒有雨雪冰雹和撒野狂風。隨著奧馬由追趕跑跳變成怡情滾輪，藍馬也由行空天馬化為交通工具，二馬尋著鄉親臉上的笑容。

近十點進樂都，滿街尋吃卻找不到未打烊的餐廳，最後在半拉的門縫，要到最後一隻冷涼烤雞。順手帶上一瓶可樂，房間撕著喝著，奧馬又笑了。他想起十幾年前旅遊南嶽衡山，天黑後在臨打烊的山家點吃一隻山雞，女兒幽默地說了老爸一句：「人家都要睡覺了，你就讓牠過不了這一夜，真是可憐的小雞！」言猶在耳，只是現在活雞換成了油雞。

開心

回民尊者名阿訇，驢友盛情在金城　　甘肅蘭州

　　攬著藍馬下樓，正清潔房間的阿姨問奧馬：「你是騎車來的？一個人？」得知奧馬是臺灣人，她微笑道：「一定很好玩，以前我們這裡住過兩個日本人也是騎車來的，看他們可開心了。」那肯定是走絲路來的，幾年前的路況和住宿一定更加艱難嚴苛，奧馬羨慕又佩服。

　　道旁小店矮凳曬著太陽，隔壁藏兄邀吃土梨聊起民風。他指著鐵道旁的清真寺提起剛歸來的主持。原來這「阿訇（音洪）」是清真寺的負責人。穆斯林殺牲須請懂得規矩的念經人下刀。面向西方，下刀時默念「宰牲詞」，有些回民得到幾十公里外請阿訇行之。基於信仰和衛生，穆斯林不吃豬肉，只食用放牧的牛羊駱駝等牲畜。提到豬要替代，豬肉叫大肉，豬叫黑子，屬豬也要說屬老黑。宰羊放開一隻後腳，只捆三腳。開剖雞、鴨、鵝時，要先用刀將腹部開一個口子，取出內臟後用針線縫合再浸滾水拔毛，以免其糞便氣體受熱滲進肉裏。由此觀之，騎友恐龍所說回民飲食甚為潔淨，信然。

　　大雨忽至，二馬倉惶找處避難，待至商店，已是一身水透。換著衣服，聊出了鄉人的擔憂：「我們甘肅就是賣著祖家的礦產，挖完了，子孫咋辦？」二人默然。夜入蘭州西谷，一身濕黏的奧馬急著尋浴，當看到「阿買提糊辣羊蹄」招牌，立馬入門點要。伴上烤羊尾和薑汁菠菜，冰涼的一杯啤酒下肚，倒也忘了一身汗臭。想起前頭那問，似乎有了答案：「呵，不是有官人說『有酒先醉，享受完了再辦』嗎？」一聲長歎，中國地大，北京很遠！

　　蘭州始建於西元前 86 年，因初次在這裡築城時挖出金子，取名金城。或說是依據「金城湯池」的典故，喻其堅固。今天，蘭州是唯一黃河穿越市區的省會城市，號稱「絲路山水名城，中國黃河之都」。問宿時，熱情的鄉親圍著二馬新鮮，有人冒出一句：「你的鬍子也該刮刮了！」哈，才三個月！

　　第二天熊友數次電催奧馬入席。說好只要當地小吃，還是走進了華麗大廳，外地出差趕返的白桐竟然還行李在身。老友一見如故，說「老」不是時間，是藏緣。在拉薩大夥深夜把酒言歡，對人生百態和佛界輪迴交淺言深。熊友說著：「你要的小吃，這裡最地道。」精緻佳餚在酒光交錯中次第上桌，羊雜湯、手把肉、烤羊腿、甜醅子、灰豆子、漿水麵、蕎麥麵...，還有不知名不記得的琳琅滿目。午夜歌房出來又尋往羊頭小店夜宵。

一聲「小吃」，主人費心；
一句「地道」，客人也無從拒絕。

蘭州黃河大橋

拉薩至蘭州後記

格爾木郊區湖灘

　　格爾木城外，經歷救災拍照風波後，奧馬在杳無人跡的戈壁為夜晚的落腳快速踩輪。藍天白雲的光禿岩山前出現一片清涼湖水，三座嶙峋岩石雄立中央沙丘。池湖內外十來個一絲不掛的孩童正盡情潑水歡鬧。二馬頓停，相機遠處掃描大地天然人景。稚子的純真、熱情和率性讓無私的山水發出力量。天上神童人間戲水，地下群猴仙宮弄耍，真、善、美的瞬間，奧馬又被定格了。

　　不是崑崙河源頭的黑海，更像傳說中美麗神秘的西王母瑤池。黃漠曠野，誰都是來客，也是主人。客人尋找主人，主人也等待客人，客人一出現，主人不可能不看見。剛一停車，湖這邊就有老遠看到的小孩奔叫，群童呼迎而上。湖對岸的數童也跟著快速拉起單車飛趕過來，一到近處又放手棄車，猶如展翼的天使下臨，而胯下坐騎是自停的駿馬。他們圍繞二馬搶鏡拍照，不時做出張揚伸展的英姿，有如藝人與觀眾比手劃腳，切磋較勁。

　　在城市泳池對著陌生孩童舉起相機，會招來質問甚或責斥。今天，即使是一絲不掛，拍照就是善意的祝福，理所當然。有時經濟發展讓我們還不具備文明素養時已忘掉自然，拋棄純真，離它越來越遠。猛一回頭，才發現人生的「沒有」是真快活！得失間，卻也茫然無法理清。

　　人說：「要看見世界的美需要水晶般清澈的眼睛，要體會宇宙更深邃的意義，則需要一顆沒有造作的心。」大地的美，看了一輩子中外景觀，但是宇宙的意義，奧馬無能體會。相信光身的大地之子有著一顆沒有造作的心，他們是天使對人類的花灑。

　　髮濕身裸遠千愁　谷澗連峰任你遊
　　夜呢燈喃戲床頭　茅草溝裏我還揉
遊她嬌柔大地「十八摸」，再放縱，也僅是都市幽暗的遊魂。藍天白雲下，浩瀚天地間，一絲不掛的稚子才有光潔中的奔放，美妙中的快樂，真正浸淫人間山水的坦蕩！

卷四　黃土高坡

黃土上有我一塊胎記, 就是挪上半步也不願意!

黃土高坡— 蒼邁的北國　　*行前小語*

縱橫都市的傲笑，逾越不了自我慣性
蝸居燈下的野草，離大地已那麼遙遠
沒有比人更高的山，比腳更遠的路
騎行上路，
即使大山崎嶇，雨雪兼程，心中還是陽光一片

　　年輕時駕遊紐西蘭，山林綠野，屋舍牛羊，美不勝收。遊人隨處野餐，拖車房車營地散放，旅店驛站設備齊全，一杯咖啡天南地北，真是人間仙境。途中看到三兩歐美青年單車遠遊，前後掛包有如二輪貨車。心想：「這些瘋子，有這樣玩兒的嗎？」沒想到二十年後，奧馬跟他們一樣。

　　上海出發前，雨天夜騎杭州來到加油站問路，與駕駛聊及為「自己快樂」騎行。突然，拿著油槍的女孩張口大笑：「我不信，一定是你做錯事，別人處罰你！」騎行鄉間也每被鄉親問及：「為何騎行，誰開你工資？」接着臉上就露出了納悶：「這麼辛苦還自己掏錢？」

　　接下來翻過堵車的太行山，日暮時分來到河北曲陽小鎮。超市要上可樂，庭下敬上香煙。突然站起的老人虎臉問道：「你耍什麼耍？」同時做出弓騎姿勢，煞是逗趣。也是，奧馬行當騎服不就是「耍萌賣俏」？裝傻苦笑一番搬弄還是解釋不清，最後舉起雙手指著腦袋：「可能這裏出了問題，跟自己過不去。」老人終於滿意，樂得接連數聲：「就是！就是！...」奧馬低頭自語：「當別人開始說你是瘋子的時候，離理想就不遠了。」

　　青藏下來，二馬渾然一體，有如桃源農夫、高山牧民，滾得自在恬適。蘭州騎往北京，半瘋奧馬將繼續遨遊黃土高坡，探視古老黎民的傳續和滄桑。

陝北窯洞

黃土高坡 — 蘭州至北京　2010/07/24 — 08/20

地道的蘭州拉麵，泥流的跨河大橋	7-24 甘肅皋蘭
單騎孤影覓桃園，龍灣水鄉賽江南	7-25 甘肅龍灣
藍馬峽谷上沙坡，黃河石林歎奇觀	7-26 甘肅黃河石林
熱情招呼賣水伯，廣袤大地遙無際	7-27 甘肅景泰
流沙移丘夜不停，大漠倉惶宿乾塘	7-28 寧夏甘塘
慕名奔看沙坡頭，炎夏烤人熱難當	7-29 寧夏中衛
黃河大橋連天霸，雙龍石窟小佛寺	7-30 寧夏青銅峽鎮
西夏塔林數煩惱，清真環視承天塔	7-31/8-1 寧夏銀川
水溝洞萬年古蹟，豔陽天啤酒清甜	8-2 內蒙鄂前旗
內蒙豪邁嚐美食，夜宿公安招待所	8-3 內蒙城川珠和
黃土酷暑走陝北，大溝遺址河套人	8-4 陝西靖邊
坐地划拳青陽岔，陝北高原住窯洞	8-5 陝西青陽岔
毛驢吃少幹活多，廟會山牆坐看戲	8-6 陝西子洲
米脂婆姨綏德漢，一代闖王李自成	8-7/8 陝西米脂
姜氏莊園尋盤陀，峪口古鎮閱滄桑	8-9 陝西白雲山
紅色老區毛家寨，圍聊騎客堵來車	8-10 山西臨縣
幾度邀車風雨情，驚險崖壁拉重卡	8-11 山西馬坊鎮
拍照摔車尋鄉醫，豬肥馬壯是山西	8-12 山西靜樂
廚房床鋪貼灶台，夜入忻州逢馬張	8-13 山西忻州
西瓜午餐三元錢，騎回五臺三晝夜	8-14 山西五臺縣
勤儉傳承農家樂，板桌頭燈話家常	8-15 山西石咀金崗庫
香火鼎盛五臺山，佛林牆角抽捲煙	8-16 山西五臺山
板車提籃趕活忙，重卡接龍繞太行	8-17 河北曲陽靈山
天雨膝傷捲褲腿，可憐電腦浸泡水	8-18 河北滿城
忍痛上路入北京，大而無當是衙門	8-19 北京房山
老漢摔車惜鐵馬，吃飯坐看二人轉	8-20 北京大興

地道的蘭州拉麵，泥流的跨河大橋　甘肅皋蘭

蘭州拉麵　　　　　　　　　　　　　旱地瓜田

　　七月下旬的蘭州暑氣盎然，尋隙劍指的高樓陽光灼灼逼人。來到社區裁縫店問取送改的長褲，微笑立起的民女遞上疊折整齊的完活。奧馬隨手翻看兩週前在格爾木的新購，不禁訝然！昨夜十分鐘的吩咐：「為了好看方便，麻煩妳移上腳口拉鍊，放長褲管後再開叉，我可以不脫鞋子也好穿脫。」聽她一句：「我看看，你明天早上九點來拿。」如今手上竟是一件幾近完美的作品，樣式超乎預期，手工更是仔細。欣然的再問工錢，她親切道：「就收你十塊錢，希望你穿的順腳。」這個活在上海索要五倍的價格，或許還不幹。

　　外地人對蘭州更多想到的是拉麵，問尋到「馬子祿」麵館一嚐真正的味兒。奧馬喜歡它的「一清（湯）二白（蘿蔔）三綠（香菜蒜苗）四紅（辣子）五黃（麵條黃亮）」，再拌入加份的香滷牛肉，更是來勁。嘴巴一舔，意猶未盡。

　　光鮮大橋下，默默流淌著泥渾的黃河。蘭州正以現代的「武器配備」鏟山造城。這與天爭地的追求，不知又要讓古老大地經歷幾多開腔破肚的苦難？國道上，無盡的黃陂起伏，偶爾出現幾壟莊稼，或是收割後的金黃麥稭，或是綠意搖擺的長葉包穀，或是青翠散埔的旱地西瓜，它們都訴說著望雨的乾渴。後頭趕來青海騎回包頭的同道，三人路旁合吃西瓜。幫家賣瓜的學生姑娘竟也親切說著：「你們騎車辛苦，不嫌棄的話，我們農家也可過夜。」淳樸之情、好客之風溢於言表。

　　道旁，郵電局字板有力地宣告：「光纜無銅，偷盜無用。盜割光纜，牢房坐定。」難得出現的幾間磚土老屋似乎也呼喚著「教育和生活同等重要」。或許，貧瘠地區更需要透過教育普及知識，創造夢想也成就夢想。

　　一路汗水乾濕交替，奔騰的二馬在蒼邁的黃土追逐白日。晚上來到泥塵的皋蘭小村，與店家玩味著本地長壽哨子麵，又被聊上的北京情侶買了單。難怪每被問及：「路上安全嗎？」奧馬總是一句：「一路的朋友，哪來危險？」

單騎孤影覓桃園，龍灣水鄉賽江南　甘肅龍灣

暮奔龍灣

　　村莊寂寥，一瘦小老漢烈日下費勁地搬弄石塊，利用道旁所得修鋪門前低陷的路面。奧馬尋看農民迎風撒穀，卻只見山羊默默找吃黃草。甘肅除地下礦產少有肥腴之地，聽說產值已「超越」貴州居中國末位。一路黃岩少綠的砂岩說明百姓生活的艱苦。

　　由國道岔入山道，坡上坡下追逐夕陽，乳黃、鵝黃再深黃，遠近交融，大地一片蒼茫。兩小時後來到石林景區入口，一個轉折，豁然開朗，驚呆的奧馬頓時理解「龍灣」之名的由來。坡甚陡，彎甚繞，夜幕下的欄舍錯落有致，稀疏的燈光逐漸點亮。蜿蜒的黃河環繞開闊山谷，婆娑的樹影宛如江南水鄉。甘肅，竟有此仙境！

　　遠離幹道數十公里。假如不上近處山頭，不會發現它的存在。而山頂與河谷間攀繞 2 公里卻下降 400 米。鄉親提到這寶地是祖先尋馬時發現，他們已在此繁衍無數世代。晚上邀來黃河鯉魚，伴著蒜味苦菜，索吃農家的留夜糝飯。糝飯是以大米、小米放入沸鍋中，待米熟至八成，再撒入玉米麵或白麵攪拌而成。在蘭州和白銀的百姓幾乎每天吃它一頓，就是出外打工也此習不改。營養抗饑，再佐以陳醋、沙蔥和爛酸肉更是美味。

羊皮筏子　　　　　　　　　　　　　　　　　　黃河灘頭

藍馬峽谷上沙坡，黃河石林歎奇觀　　黃河石林休整

　　非節日，無遊客，奧馬樂得獨享寧靜。鑽完蟠龍洞來到渡口看著鄉民吹鼓羊皮袋子，個個腿短肚圓，下水卻也死按不沉。除了淡笑黃土飛沙，羊皮筏子和白布頭巾就是奧馬年幼對陝北漢子的全部想像。沿河岸進入石林，發現較之以前看過的諸多喀斯特地貌，此地更顯野莽粗狂。一路鬼斧神工的雕鑿，石孔砂礫彎道連綿。如筍拔起的裸露黃岩，披堅執銳；高聳入雲的巨大峭壁，作勢欲撲。抬頭仰望，難見天日，狹窄處，僅容單騎緩行。

　　來到飲馬溝大峽谷，磅礡的氣勢讓奧馬有如置身於千年前的荒沙古道。兵荒馬亂之際，猶仍四顧張望。奪命出逃時拉個特寫，蒼涼淒美！拍片大老，真是唯美穿越的高手。包括《神話》、《漢武大帝》、《天下糧倉》等十數部影視大片都曾在此拍攝。

　　拉馬的鄉親勸著：「騎自行車？你是騎不上山頂的！」笑邀奧馬換乘乖順養馬。汗馬恓人，也只是嬌貴旅人的遊戲。一句：「我先試試，不行再說。」踩著藍馬一個小時後上了山頂。一路狹窄土路泥沙積尺，卻也累得奧馬夠嗆。步上階梯憑欄回望，曠野腳下，藍馬似舒懷吶喊：「老大，你對了，二馬能行！」

　　登頂遠望，四周環繞的連片聳峰鱗次櫛比，嶺嶺傲然有如千軍萬馬舉矛上湧。在呲牙咧嘴的搖旗吶喊聲中，汗流浹背的奧馬一下肅然。灼灼炎日，遠處一陣沙煙吹起許藝娜《狼》歌的狂嚎：

「我是一隻來自北方的狼，
　走在無垠的曠野中。
　淒厲的北風吹過，漫漫的黃沙掠過
　我只有咬著冷冷的牙，報以兩聲長嘯；
　不為別的，只為那傳說中美麗的草原...」

黃河石林　　　　　　　　　　　　　　　　　　群峰爭湧

熱情招呼賣水伯，廣袤大地遙無際　甘肅景泰

龍灣坡道

世外桃源睡谷中，一灣流水，綠林蔥蔥；
荒野古道石林崆，二馬奔山，戰鼓咚咚。

　　蹬輪於如蛇盤繞的坡路，很陡，很費勁。隨著高度的攀升，水龍游走莊稼拉展，灰黃嶺線也變得清晰柔美。彎前遠眺，終於看到世外桃源的真容。入灣時，暮黑燈黃只見三五板凳家人圍坐，而現在卻見綠意盎然的深谷中，山水遼闊，群鳥飛翔。

　　上到大門，陽傘下孤單的小車賣著瓶水。老漢騰挪座椅讓坐，接著又熱切地帶領奧馬上了山頭俯望他生活 60 多年的家鄉。濃濃鄉音遙遙指畫，望著雄偉的群山和肥沃的谷地，老人滿臉的知足和自豪。老漢是奧馬見過最好的導遊。臨走，他說：「我也有一部腳踏車，舊了，跟你的比，它差遠了！」

　　是啊！隨著交通工具變成運動玩具，28 吋的鐵馬逐漸消失，16 吋的童車卻到處都是。奧馬倏忽想起小二女兒在庭外與對門男孩瘋著賽車的一幕。來家小住的三歲表妹下去纏著姐姐同玩，由於慢追不上，不斷哭鬧。老爸書房出來放聲一喝：「無為，妳用什麼方法都可以，就是不能讓表妹哭，要是再讓我聽到她哭，我找你是問！」寧靜 20 分鐘後，換女兒委屈地哭著鼻子上來：「她就要上車，這麼久了，還不下來，我都不能騎...」陡然醒悟，那時為了訓練女兒解決事情的能力，忘了她還小，常常用力過猛。唉，女兒！心急的老爸是為難妳了！

　　越過大水嶺和大敦煌影視城，騎行 74 公里抵達景泰縣城。想起昨天龍灣老人談起，古早時候他們來此辦事，騎車顛簸走厚沙山路。日頭露臉就一路苦趕，日頭下埋方能到達。今天，奧馬有著舒適道路和變速藍馬，走走玩玩，也就半天。

甘肅村落

流沙移丘夜不停，大漠倉惶宿乾塘　寧夏甘塘

岩山大漠

　　一路看到的蜂蜜多是採自棗花、槐花或油菜花，而在騰格里沙漠南邊的景泰「一條山」地區，氣候乾燥水源純淨，大片農場種植的是枸杞、大棗、油葵等藥材，還是世界衛生組織批准的中國唯一合法罌粟栽培基地。群花為蜂農提供豐富蜜源，消費者也有了想像空間。

　　黃沙續行，荒原公路欄上立著一「公鐵立交」招牌。納悶間發現，原來公路下面有著切開土壁的鐵軌穿行。在「浮沙沒脛，人馬憚行」的沙漠，流動沙丘蜿蜒起伏可達數十公里，最高處離黃河水面上百米，年蒸發量超過降水量十倍。持續的颶風讓沙子一天移行數公里。「大格達」、「小紅山」等地名都寫著身處炎熱乾旱的堅定不移。

　　迎風搖擺的傾斜楊樹，親暱著斑駁的瓦屋，有你有我不離不棄。蒙臉裹身的奧馬發現離中衛縣城還有 80 公里。已七點，看來今夜無望入城。兩小時的張望，好不容易迎來了路旁小屋，有吃食卻沒住宿。一列油罐火車費力緩慢地駛過壩上，卻也激不起荒坡下呆立馬群的半點驚動。在南方大城的寂寥公園，凱撒大帝守騎銅馬，夜來人去有著淒涼；落日隱沒的北方大漠，孤行二馬有著些許倉惶。

　　近九點，前頭隱約停著聯拉超大尾翼的加長拖車。奧馬終於不再忐忑。僅有幾棟平房的小村甘塘做著往來車駕的生意。稱它「乾塘」似乎更合適，因為此地用水都是遠方拉來。安撫肚皮後進到有三張床的小間，間隙正好容下藍馬。被褥久未換洗，二馬卻也各自安穩。

　　偶爾一輛大卡在近身的國道呼嘯而過，引得糊紙格窗一陣顫抖。入夢前，門口飄來晚到駕駛的探問：「有沒有小姐？」聽得女當家委婉回說：「我們有吃有住，可是沒有小姐。」

超長拖車

慕名奔看沙坡頭，炎夏烤人熱難當　寧夏中衛

包蘭鐵路

　　筆直平順的柏油路幾無人車，清晨斜偏的太陽在氤氳的粉塵中發力，逐漸無法直視。無際荒漠一片黃混，偶爾，幾叢無視蒼生的沙生植物，頑強搖晃地顧影自賞，二馬岔入了「長流水綠色長廊」。厚沙掩埋人跡，土牆壘起民屋。來到廢棄小學，留守老人黯然說著：「為著小孩上學，大家都搬到市裏去了。」又是一個即將廢棄的村莊。長流水村處毛烏素沙漠深處，從沙山腳下的石縫滴流而出的三股清泉，在深 50 米的峽谷中走了 12 公里，是以名之。

　　沙坡頭以沙漠生態聞名，《中國國家地理》雜誌選為「中國最美的地方」之一。北面是望之不盡的騰格里沙漠，包蘭鐵路南邊穿越。為避免軌道被夜以繼日的走沙填埋，幾十年來在鐵路兩側，以麥草方格種養沙生植物營造防風固沙工程。今天坡度最大、風沙最猛的沙坡頭，綠色波浪在落日金黃的沙海中搖曳生姿。有說沙漠鐵路的安然無恙已引起全球矚目，外國專家多有前來考察這曾被譏為「中國夢」的治沙成果。

　　一彎河水靜靜曲繞，又無聲無息地沒入黃渾沙丘中。躲過博物館前的車水馬龍，踏著沙響尋灘弄筏，二馬折入坡下的寧靜村落。或許只有在人去車空的早晚，才能感到「大漠孤煙直，長河落日圓」的意境。駱駝在酷暑中蹲臥，稀寶的沙漠之舟在此已成觀光招牌。用餐的鐵皮蔭蓬溫烤得奧馬汗流不止，再上路，時速一上 20 公里，微風徐人很是愜意。驚歡炎夏的正午大漠，與其休停不如趕路。

　　　　清代黃恩錫 「沙坡吟」有言：
　　　　忽復暴風至，沙礫向空捲；
　　　　仰看天欲昏，河流聲莫辨...
　　　　沙盡馬蹄輕，鬱懷乃自遣；
　　　　行堪馳大漠，任將驥足展...

如今，沒有三百年前文人的孤煙蒼茫，古代蜿蜒沙路已變成平順的柏油路。傍晚，二馬歡快來到「黃河前套」之首的中衛。

午休駱駝

黃河大橋連天霸，雙龍石窟小佛寺　寧夏青銅峽鎮

雙龍石窟

寧夏綠地放羊

留宿的「虎嘯山莊」林木幽深。曲徑雅致飄香，掛樹錫桶滴流淨手的清涼，幾顆留枝的圓棗含笑逗人。隱蔽的林間小屋，或食或宿，人人盡歡。迎來送往的杯酒交歡，忙裏偷閒的柔情蜜意，在在都是生活。寧夏回族自治區 6.64 萬平方公里，為內地最小的省區，現已跨立 11 座黃河公路大橋。平均不到 40 公里就有一座，密度令人咋舌。宏偉，更是便民！即將通車的吳忠特大橋將是省內最長、最寬、最抗震，也是跨徑最大的橋樑。

斜袋的白帽回農在綠野上放著羊群，張望的奧馬一路找的卻是「香山硒砂瓜」。農民提起此地久旱不雨，只好在「種啥啥不長」的沙地上壓石塊，白天減少水分蒸發，夜晚通過上頭凝聚水汽滴灌種戈壁西瓜。它上了北京奧運的餐桌，現在也走入上海的世界博覽會。

佛像都已被盜，石洞空如的雙龍石窟不作景點開放，奧馬兀自上走下探。鑲入山壁的石空大寺依坡而建，廟頂翹直飛舞，藍綠鮮豔的簷樑瓦頭精細雕琢。人說它和甘肅敦煌、河南龍門有著一樣深厚的壁窟歷史。

晚間，得知海峽對岸來了遊人，旅店經理特來招呼。熱情說著：「不用客氣，你需要什麼，說，我們要什麼改進，說，我們地方小，招待不周還請原諒。」想到家鄉人在上海多被踩得四散走離，在此又被視為上賓，哈，奧馬受寵若驚。

西夏塔林數煩惱，清真環視承天塔　寧夏銀川

青銅峽黃河鐵橋

土路乾硬，土屋蔭涼，二馬繞往青銅峽黃河鐵橋。斜拱橋架捲著斑駁鐵屑，桁架網格厚重，孔孔說著昔日輝煌。橋面以木板補縫，足跡深然。今天現代馬路四通八達，已成鄉民便道。看板說它：「1959 年竣工通車，有著美國伯利恆、加拿大阿爾哥瑪的邊跨和英國多門朗軍用鋼樑的中跨。」鎖國年頭國際身世不易，確是寧夏的工業記憶。

距銀川僅 70 公里，二馬岔往黃河峽口。幾彎黃土後在大壩山坡撞上了西夏 108 塔遺址。各排橫列 19，17，13⋯1 的奇數束腰葫蘆還戴著灰抹的「八角盤帽」。循階而上形成等邊三角形。始建年代不詳，鄉人說它是現存古塔建築最大的塔群。背山面水，清風徐來，氤氳河面撩起一片涼意，遺址所在確是寶地。

西夏塔林

遊覽車湧下新加坡遊客，手指口點各塔，原來是趕景佛民唸除「塵世 108 種煩惱」。群塔基下，曾出土西夏文帛書，二馬已來到消失的歷史古國。黨項人於 1038 年建立擁有自己文字的王朝，歷時近兩百年，最後亡於崛起的蒙古帝國。他們以佛教為國教，多住氈帳，定居屋室只讓有官爵者覆瓦。領有河西走廊也盛產畜牧，馬可波羅遊記中的世界最麗最良之氈，即是他們以白駱駝毛製成的駝毛氈。

南關清真寺

「新賽子清真寺」在國道旁偉立，尖指日月的青綠穹頂渾厚飽滿，高直塔樓拉下「恪遵主命兩世吉慶，嚴守聖訓一生廉潔」的大紅布條，說著穆斯林對真主的衷心拜倒。二馬穿行於回民天地久矣！

銀川有著名的南關清真寺，它在中國排名僅次於喀什艾提尕、西安化覺巷和之前經過的西寧東關清真大寺。始建於明末清初，文革慘遭拆毀。1981 年重建，改中國傳統古典建築為阿拉伯式風格。主體分上下兩層，正方形大殿位於上層，大穹頂四角各為一小穹頂。頂部寶瓶新月針指藍空，大小穹頂通體青綠。觀察新月（確定齋戒月日期）的柱形「邦克樓」，高聳陪襯渾然一體，窯殿刻《古蘭經》。禮拜殿及窯殿向西朝向麥加，此寺與後來騎走新疆絲路所見清真寺格局規模或有差別，但其外觀華麗典雅、莊重宏偉則如出一轍。

以「梵剎鐘聲」名噪塞上的承天寺塔是寧夏八景之一，建於西夏垂聖元年（1050 年），俗稱「西塔」。興建時將西域僧人進獻的佛骨以金棺銀槨貯埋於塔基下，後來又將宋朝所賜的大藏經置於寺內。連塔尖高 64.5 米，據說是寧夏惟一有文獻記載的西夏古塔。它與武威的護國寺、張掖的臥佛寺都是西夏著名的佛教寺廟。

進了大門人跡稀少，幾位曬著太陽的老人兀自度著悠閒歲月。不像景點更像生活。這密簷式八角形磚塔還是自治區內最高建築，古有「東土名流」和「西天達士」往來，今有海島遊民噴鬃而入。西夏吳忠所產的珍珠梗米在清朝被列為朔方貢米，一問卻無人知曉。晚上尋一體面餐廳上飯時再問：「這是本地米嗎？」跑堂納悶一句：「有區別嗎？」奧馬語塞。哈，就當它是「貢我之品」。也是，口中猛嚼的米飯確實對粗人沒有區別。

銀川承天寺

水溝洞萬年古跡，豔陽天啤酒清甜　內蒙鄂前旗文化旅遊地

　　路上黃沙壘起的石台寫著「水洞溝遺址」，奧馬不知所以。待來到烈日大漠中的大門，就見紅布吆喝著「水洞溝三萬年滄海桑田，明長城五百載金戈鐵馬。」四臉似哭似笑的巨大石雕說著古老遺跡。

　　這中國在黃河地區唯一正式發掘的舊石器時代遺址，被譽為「中國史前考古發祥地」。1920 年，比利時神父紹特在此地東邊的黃土斷崖上，發現披毛犀牛的頭骨和石英岩石器具，於是揭開考古序幕。除遺址博物館外，還保留著一段明代水岸長城和紅山堡藏兵洞。紀念品店尋得仿製的牛角塤，外形橢圓吹口在上，側壁開有音孔。旁人介紹：「塤是中國最古老的吹奏工具，有著近萬年歷史。原是繫繩掄打狩獵的石塊，後來發現它中空時有著響聲，於是『石流星』就變成了樂器」。

　　出來，涼棚老闆又拿出一瓶冰涼啤酒說：「剛剛與你聊天的青年為你留下這個。」這是一小時內的第三瓶，反正大熱黃土，再多的水都歡迎。...幾小時杳無人煙，逐漸出現的草原提醒二馬已進入內蒙地界。一隻人造駱駝孤寂頂起「鄂爾多斯文化旅遊村」門樓，裏頭幾座蒙古大棚靜立。就像前面經過不見人跡的「大漠行宮」，鮮麗中有著落寞。驅前探問，「一人住兩百，吃三百」，沒得商量，有著景區的堅持，奧馬放棄首次的蒙味邂逅。

　　草原招牌「手指羊」是文化典故：
與乞顏部的成吉思汗相識，木華黎一天中午去找朋友。成吉思汗得知來客還未吃飯，立馬拉他來到自己部落的羊圈，問道：「喜歡哪隻？」木華黎隨意點了一隻。成吉思汗便叫人把那隻羊殺了做飯。木華黎問道：「你這是為何？」成吉思汗說：「你是兄弟，來到我這裏就是我的客人，我當然要好好招待你。」木華黎成了成吉思汗的一員大將。

　　蒙古人為了表達自己對客人的熱情，把大汗的作風傳承下來。於是，來到羊圈「你指我殺」，成了蒙古待客最高的尊重和禮遇。哪天隱山落腳，摯友來訪，但願奧馬也能指著散坡的羊豬雞鴨一句：「哪隻，你喜歡，我宰了牠！」

鄂爾多斯文化旅遊村　　　　　　　　　　　腦明塔樂蒙古客棧

內蒙豪邁嚐美食，夜宿公安招待所　　內蒙城川珠和

　　內蒙幾無山坡，牛馬散落溝野，藍天下的草原一望無際。偶爾一頂帳篷傍著土屋散發遊牧氣息。長矛分列兩側的兩頂蒙古大包，威風凜凜。聳立敖勒昭旗鎮前的新建賓館金碧輝煌，寬大的石雕廣場旗幟飄飄。只是方圓數里少有人煙，莫非又是官家御用的星級排場？

　　為解昨夜交臂之失，鎮區為尋餐食攔問一方臉大耳的哥們。哈，身壯溫文的察哈爾是也。一聽正尋蒙古菜肴，他腦瓜一晃說：「走！我帶你去一地道實在的餐廳。」奧馬要嚐的就是家常菜，得來全不費功夫。酸奶、血腸、餃子、包子、手抓羊肉一一上來，最後一聲：「到此為止，再上，我只能看了！」老弟推薦條狀「風乾牛肉」，質輕耐保存又補養，後來很長一段時間取代士力架成二馬的戰備乾糧。告別時他以傳統蒙古儀式擁抱客人。緊頂肚皮，兩臂合圍胸力有加。這如熊一抱，讓空掛兩手的奧馬不知所措！

　　天將黑，抵達十幾戶人家的珠和。沒有選擇，只能問進公安局「代表臺灣人民」努力溝通。或許不是來此的首位海島人，但肯定是留宿的第一個。前小學校長特意登門造訪，請了奧馬一頓很晚的晚餐。言論謹慎，桌上啤酒喝不掉口中的顧忌。校長是蒙古人，公安站長是漢人，政管分離，奧馬熟悉。

草林閑馬

黃土酷暑走陝北，大溝遺址河套人　　陝西靖邊

　　清早，奧馬受邀加入菜地圍捕小豬的集體活動，看著憨態的小小肥仔死命地左逃右竄，欣慰若少一人難得完功，奧馬「拱豬」，確實幫上大忙。

　　黃澄土坡和漫漫草原交相出現，群羊臥躺數馬隨立，還有溫順呆看的驢兒。就見前頭岔路停著三部滿載的拖拉機。一壯年揮手朗聲笑道：「前頭有壞人，你吃片西瓜休息後再買上一個送他們，包你沒事，哈哈！」奧馬也跟著笑開。假如上海出發前聽得此語，肯定發怵。如今滾了八千公里後就想：「真遇土匪，正好入夥當強盜。」

　　來到紅忠小村，點嚐酒家的「草原飄香乳湯」，而一盤乾羊肉炒香菜，卻讓奧馬咬得嘴酸。伴桌小弟展現可愛地主之誼，臨走硬塞兩瓶礦水。一個「河套人遺址」又拉出萬年景區。原來除了前天經過的寧夏靈武水洞溝、此地附近的烏審旗大溝灣和小橋畔都發現了遺跡。這「類現代人」在三萬五千年前生活在北邊的鄂爾多斯一帶。黃土炙熱，奧馬又離不開藍馬，峽谷的萬年草屋就當它今代草寮，二馬奔入陝西靖邊。

坐地划拳青陽岔，陝北高原住窰洞　　陝西靖邊青陽岔

高坡土窰

現代窰洞

　　靖邊1,900口的近半油井就在前頭的青陽岔鎮。九〇年代大力開採，很是紅火。接著而來的治理讓這個旺極一時的山鎮又嘎然沉寂。曾經以油發家的富區回頭架起石橋，疏通渠中淤泥復耕莊稼。再種起草場搭蓋羊舍，追逐微薄的羊財。黎民百姓的起落難料，就像奧馬不知今天要經過這山歧小鎮，還要在曾經目睹風雲變幻的窰洞住上一晚。

　　黃巒低矮綠意漸濃，山道蜿蜒中，窰屋土欄斷續出現。在黃土大地轉著群山，難得地遇上一崖汩汩流水，很是清涼！山間農家散落，炊煙裊裊。刀削的石壁有著石門接連，不知是古時的避難處所，刻著歷史滄桑？還是近代引水設施，淌著如河南紅旗渠可歌可泣的百姓血汗？

　　來到集鎮，山前牌樓赫然掛著衙門大牌，裏頭寬廣操場的四周，環繞七、八十間二層排樓。鄉親招呼：「坐，哪來的？」原來都是幹部。煙來煙去，奧馬搓著胸前泥捲問起窰洞。書記說：「這裡就是窰洞，我們多的是房間，你晚上就在此歇留，還找什麼住宿？」一向避著官家的奧馬委婉說道：「我轉轉，有需要回頭再麻煩了！」

　　從鎮街進到「住宿」招牌後的裏院。土牆上有著三間拱形窰屋。黃土垂下菱花布簾，窰意迥然。藍天下，頂上磚砌煙囪凸立野草叢中。踏入窗明几淨的內室，一陣恬靜陰涼。拉亮垂線燈泡，紅牆光潔宛如置身華麗的空防指揮所。窰洞的現代扮相趣味盎然。

　　日落甚晚，過八點還是餘輝映山。奧馬回頭尋至辦公大院。俏皮的幼童竟岔拉雙腿，股下倒臉笑迎來人。村官們以地當桌，比手劃腳喊著酒拳，奧馬加入戰團。晚上一桌酒菜讓奧馬感染更多鄉人昔日的牛氣。落日門前的出手吆喝，已無往日輝煌留連；低頭淺斟的鬥牌，看到的盡是多變的花色未來。人生路途有著顛簸起伏，黃土故鄉的真情也世代不減。一生或一途的經歷才是入土的無言豐碑。

坐地划拳

　　書記邀著：「明天早上來我這裡吃本地特色的燉牛肉！」哈，闊嘴奧馬不會忘記。

毛驢吃少幹活多，廟會山牆坐看戲　　陝西子洲

關廟唱戲

　　早市人氣沸騰，乖巧褐驢，或站拉著待售的農貨，或昂首挺胸忙著上山幹活。鄉人說：「毛驢吃得少，耕地快，能拉車，適合山區，在我們黃土高坡用處多多。」

　　烈日炎炎，黃坡依舊蜿蜒。路旁廢棄窯洞透出青濕泥味，吸著岩氣的破舊門板，似乎還喚著久滯不歸的家人。偶爾出現一屋農舍，奧馬引頸張望散走的豬雞牛羊，琢磨著屋內的起居炊洗。忽見白雲深處彩旗飄揚，山腰露出一片紅簷，隱約有著鑼鼓喧囂。

　　一個坡轉，二馬進入廟門廣場。長拉的遮陽黑網下，晃動著上百人頭。戲臺上，彩繪袍服、戴冠拿杖的四、五古人和著鑼鼓闊步吆喝忠孝節義。戲耍的孩童見著騎人圍將上來，百十雙眼睛也從臺上移至臺下。幾位鄉人拍著鄰座肩膀手指來人，臺上戲詞似乎也有了停頓。奧馬下身穿著緊包的短騎褲，裏頭還套著一條紫色褲襪。戲臺緊鄰入口，無所遁形。就像格爾木戈壁大湖的裸泳群童，只是現在奧馬心虛急於躲閃。越過人群，學著調皮爬坐比人高的山牆，望著偶爾伸頸回頭的鄉親報以憨笑。

　　似乎，十里八村的鄉人都來趕廟會。眼前是「六七人鬧出世界九州安寧，三五步走遍天下四海歡騰」的熱鬧，後頭近百米石階直通山頂寺廟，有著「山門無鎖白雲封，廟院有塵清風掃」的聯語雅靜。廟門石刻「兄玄德弟翼德德兄德弟，師臥龍友子龍龍師龍友」，好一座關帝廟！

　　轉山滾進，又見呢布拉開「榆林市清澗道情團」的小戲蓬。坡下土堤就是戲臺。手拿鋤犂畚箕的偷閒漢子，和矮凳上的老幼婦孺聚精會神看著女伶說演。三、四十人的陣仗也鋪出黃土人家的生活大戲。此地新石器時期就有先民生息，戰國時已是全秦要戶。「道情」源於唐代道教，以民間故事為題材，在「面對黃土背朝天」的瘠坡宣傳出世思想，後來演變成地方劇。陝北中部屬道教地區，所以「道情」在這裡流傳甚廣。不遠的清澗有著道情「窩子」的稱謂，人們說「這窩子裏的男女老少都有幾刷則（有本事）哩。」第一次聽到阿寶的《翻身道情》：「太陽一出來哎咳咳嗨呀，嗨呀，嗨嗨嗨，滿山紅哎哎嗨哎嗨嗨喲...」雄渾尖拔的吼聲和著銅鑼嗩吶，腦中浮起漫天黃沙的勁舞人影，夠震撼！

　　來到 307 國道，拉板車的驢子默默快走，板車上曲腿蓋帽的老漢已然入夢。識途老「驢」，家中不可或缺。道情道情，牲物更有情！但願半世紀的「國共欺壓救贖」，沒讓古遠戲曲只剩下趕路驢馬的搖晃尾巴。

清澗道情團　　　　　　　　　　　　　闖王行宮

米脂婆姨綏德漢，一代闖王李自成　　陝西米脂

作坊粉塵飛揚，專注的工匠割切著石塊。餐廳要上久違的一盤驢肉，陽臺吃眺遠山。一同觀景的食客提起：「『江南出宰相，陝北出石匠』，上等石材讓綏德成為石雕之鄉，我們用石獅來保護孩子不要從炕上掉下來。」原來「官家掛匾栽旗杆，百姓獅子攔炕頭」的唱謠都是生活的寫照。千獅橋跨過繞城的無定河，有著國內最大的石雕獅群。不管是臥蹲爬躍，無一雷同。七七事變的盧溝橋有 500 餘隻，此地兩倍有餘，學著一聲：「嘹咂咧（特別好）！」來到北門坡吃一口雜碎喝一口鮮湯，確是美味。羊雜碎是羊頭肉和羊肝羊肚等切碎燴一鍋。從俗語：「看老子吃你的羊雜碎！」可見這陝北名吃的深厚歷史。

一路土丘多是稀疏耐旱的野草，偶爾禿枝上掛著幾片即將掉落的枯孤黃葉。百年前，在這乾旱的貧瘠高原，一畝穀子可能就收百十斤小米雜糧。苦窮讓年輕男人「走西口」，往銀川平原或內蒙河套的富庶地區闖天下。將命丟在外頭的不少，能夠衣錦還鄉的不多。真要發財回來就用石頭箍窯洞，買毛驢拴上紅綢帶，吹著嗩吶去將小妹妹迎娶回家。今天陝北漢子「出東口或下南口」，米脂婆姨也少唱催人淚下的《三十里鋪》。二馬繼續踩著《創平川》的悲愴前進：
「看見日頭躍進了山，一盞燈照亮了半邊天，走出家門我闖平川，才知汗水不只是鹹。心中的世界那樣大，眼裏世界卻這樣小...啊，還要邁多少門檻，才能揉碎世上的艱難...」奧馬不數身後的輪印，只顧埋頭朝前把路趕。

米脂超市門前躲雨，奧馬進入店內尋衛生棉墊。鈍眼翻看規格有了猶豫，尾隨招呼的小女不好意思開口。奧馬微笑問道：「妳們這裡那種尺寸最大，品質好點耐磨的？」小女一下臉紅吱唔：「她平常習慣用那種？晚上用，還是白天用？」「是我要用...」一語未完，見她雙頰更紅。慌忙解釋：「我騎車，小鎮過夜無處洗澡時，換著衛生。」被難倒的小女頓了好一會兒，終於開口：「你等一下。」轉身叫來大媽，只見她直手拿起一包，含笑一句：「這個又大又好用，喏！」主客瞬變。奧馬台前尷尬付錢，快閃而出。

唉！民風淳樸，而馬人尚古。奧馬決定在此休整一日，他要細摸黃土。

以前，外國人對中國乃至中國人越看越糊塗。地大史深，人的思想也因世代包袱變得複雜。臺灣長大的華夏子孫對大陸何嘗不是？上海認識劉隊，奧馬才聽得古語「米脂婆姨，綏德的漢」。到此地才知道指的是耳熟能詳的貂嬋和呂布，東漢末年男才女貌的亂世佳偶。第二天，二馬遊往行宮觀見的卻是明末農民起義的闖王李自成。

　　先民的生活在疊坡窯洞呼之欲出。走完行宮有著一代梟雄奮進再三的狂野豪放；看完米脂女傑史跡，婆姨的俊臉又無限堅韌爽朗。深夜小攤的一碗蕎麵餄餎，竟也道出了陝北的遠古包容和今日胸懷。

　　有人說，美女與英雄的分野是「她不需要做愛，但可以做；他需要做愛，但可以不做。」對互古人「性「的刻劃，深刻浪漫。溫柔多情常讓雄剛霸氣難以割捨。今天，美人還在，但已無世出的英雄。既然再也不需揭竿賭命，閒暇之餘，我們就創造些許舒適和高雅。穿起 Polo 衫，喝起紅酒賞起藝術，做起公益也賽起世足與奧運。古老傳留的鋤頭畚箕或已被高效的機械取代，哈，人人還努力延續著天地間最簡單的物種生息。

　　夜深，窗外卡車呼嘯，輪聲揚起了沙塵。有漢子和婆姨陪著，奧馬不寂寞。

米脂窯居

姜氏莊園尋盤陀，峪口古鎮閱滄桑　　陝西佳縣白雲山

姜氏莊園

　　沿著土黃林路由米脂來到姜氏莊園。二馬順著石道上坡，一個九十度的轉彎來到大門。鏤空的瓦窗伴著哨眼對著二馬虎視。寨門石刻「大嶽屏藩」，巧妙地嵌入建造者姜氏父子名字的親筆，有著賊寇莫入的氣勢。莊園於清朝同治年間耗時十三年興建而成，占地 40 餘畝，為陝西四合院式窯洞院落。

　　入內，四周高牆聳立，山腳至山頂分下中上三院，除廂房、石窯、倉窯外，還有活水不斷的水房、磨房、牲棚、馬房和炮臺，誠是黃土高原大富人家的寨堡。石拱窯洞圍列，石桌石椅雅佈，四周繞著引流臺階，構思巧妙，渾然一體。三個大院除石階步道，也暗道相通。「院內有院、窯內套窯、門外套門、門內有門」，恍似迷宮。屋宇壁牆、廊簷門窗，甚至微小的犄角安置，無處不雕，無處不琢。建築藝術融入陝北民居，盡顯莊主文化內涵和巧匠工藝。想當年必也瓦筒捲棚，窗櫺飛簾。今天地處偏山不喧旅遊，奧馬有幸獨品它的古味。

　　莊園腳下探看藍馬的老漢欲言又止。奧馬掏出香煙打開話匣：「我們這黃土家園沒有出路，年輕人早幾年都走了，現在只有像我這樣出不了山的老人守著林邊的老屋。」二老坐墩吐霧，幾片落葉飄下石地，來回盤旋沙沙作響。石牆內的拴馬挖子，隱約地飄出路遙《平凡的世界》的沙啞哀唱：

> 「故土難離，故土難離
> 　故土上有我身上的一塊胎記
> 　就是挪上半步也都不願意
> 　那裡有我住慣的窯
> 　那裡有我踩慣的泥
> 　那裡有我咬慣的饃饃
> 　那裡有我嚼慣的小米
> 　我的家在那裡，我的根在那裡
> 　我懵懵懂懂的心思也在那嗒裏...」

守家老漢

盛世華夏不見塵土飛揚，卻有著大規模的人群遷徙。漫漫出外路是否有何處是盡頭的歸鄉期盼？淒冷雨夜是否常浮起爹娘「上路你莫回頭」的叮囑？是否為圓不了家夢展不開眉頭？故土難離卻又不得不離。

　　切割的峁原依山勢彎轉，入土的窯洞上下疊排，左右延伸。山腳陰涼小店的老漢揮手喊著：「來，來，坐下聊聊。」上馬再奔，一輛三人共騎的摩托車從後追上，小伙興奮問道：「你騎車旅遊？你是臺灣人？你為什麼經過這裡？」好像剛錯過了一場大戲。有如藝人被追捧，朋友來關心，二馬拉風。

　　頭包羊肚子白布巾的長鬚老漢，牽著油亮黃牛緩步鄉道，呵護的眼神照看著最珍貴的家產。敷紙的格窗和窄矮的門板，難掩山家的勤苦。棗樹曬掛的布衣和汪叫的黑狗，呼著莊稼的瘠渴。十五歲的質樸少年，熱邀進家喝水時說著再過個年就要出外打工。企盼的臉龐卻還露出對家鄉的不捨：

　　「故土上寫著一本日記
　　　故土上隱藏兒時的樂趣
　　　那裡有我淌慣的河
　　　那裡有我愛摸的魚
　　　那裡有我愛吃的酸棗
　　　那裡有我愛唱的小曲...」

峪口古鎮

　　土崗曲繞，落日西斜中二馬來到黃河淺灘的峪口古鎮。老少男女閒坐廣場亭閣，小兒輪鞋溜著大場。沉寂的小村顯得落寞。西元三百多年前的北魏軍留就在此民聚繁衍，不遠處的古寨還有四千年的仰韶遺址。它歷代文教興盛英傑輩出，二馬到來的今天仍輝映彎流霞彩，卻早已逝去往日水旱碼頭的光鮮。「各家各戶上門板，滿街店裏打算盤」的繁華已成了傳說。

　　白雲山下對著大媽手中貌似的西瓜逗趣一句：「沒看過這大的茄子，燒了它，再來碗帶肉麵條！」管牠是牛、豬還是雞。飲著啤酒的奧馬更開心了，店家二老邀請過夜的老宅又是祖傳窯洞。看他們盈笑的幸福真的很簡單：有人陪、有事做、有期盼。可是，對很多人來說，它又遙不可及。

佳縣白雲觀　　　　　　　　　　　　　紅色老區

紅色老區毛家寨，圍聊騎客堵來車　　山西臨縣

　　自 1935 年抵達吳起鎮起，毛澤東就與黃土結緣。一石碑寫著「1947 年 10 月 21 日至 29 日毛主席住過的地方」。彎入土牆窄道，透過破敗的柴門縫隙，二馬窺視老舊塵灰。四天前留停的青陽岔，老農提起毛主席轉戰陝北時在那裡戰鬥了十三個晝夜。白雲山下的青年說毛澤東兩次上山為與蔣介石的爭鬥抽得「必勝」上簽。往日的紅軍基地披著老毛天鬥地鬥的紅色光環；不善人鬥的知足山民還有著純樸認命的眼神。

　　攀上西北最大的道觀「白雲觀」。依山傍河的石砌建築始於明萬曆年間，有著 618 級磴道。康熙年間所建的的單跨石牌樓入口低矮，朝山者每每低頭而入，取其虔誠稱「低頭」牌坊。由此至木牌樓的磴道陡峭奇險，也得「鳥道」之名，廟內藏有明清壁畫千餘幅，刻著山水人物及醒世神話。除主殿真武殿外，還有建築 35 座，「紫氣東升」的仙山瓊閣飄蕩著道法自然的順天知命。二馬停宿的任家畔村以前居民百來戶，現今人丁似乎更加稀疏。

　　轉山繞水上下起伏，施工的高速路下有著厚厚塵土蓋掩的路面。寮棚洗碗的工人叫住二馬，深恐騎人山中岔了路，指著地圖一再叮嚀。再上柏油路，鮮豔紋理的乾扁蛇跡歎著：「這該死的現代馬路，飛快四輪壓得我現在還喘不過氣來。」

　　土塬鋪綠黃河展流，隨著散落的土窯來到臨縣青涼寺的市集，二馬穿梭於日常用品、雞鴨牲畜、玉米雜糧和蘋果棗桃的買賣聲中。被吸引的鄉親逐漸圍攏，「哪來的？」「上海。」奧馬繼續對著納悶解釋：「四個月前出發騎拉薩，現在往北京，」皺眉的眼睛亮了。看著奧馬也摸著藍馬，從路途的遭遇到目前的身體狀況，此起彼落的問語讓他不停地來回轉頭。
「我們這裡前後有著數不盡的山頭，你今天是不是爬了七、八個過來的？」
「沒算，一路風景漂亮，老百姓很親切，吃喝開心！」
「繼續走哪道？」
「臨縣、忻州再往五臺山。」
「你先要經過靜樂，前頭是呂梁山脈，山大得很，還有幾個山頭很難爬。」
「沒事，青藏高原四、五千米都爬過了，可以應付。」
「路上車子壞了，胎破了怎麼辦？吃住呢？」奧馬想起出發前的親朋關懷。

　　有著不耐，遠處喇叭突然連續鳴叫。踮腳一瞧，好傢伙，我們這夥黑壓聊客，裏一圈，外一圈地占著不寬的車道，合著路邊的攤擺竟已堵下六、七輛的車陣。奧馬急忙揮手叫道：「鄉親們，我們讓讓。」當官的必須一板一眼解難做秀，不是百姓，哪有這般樂趣？奧馬陷入人民群眾的汪洋「小海」，很是虛榮。

鄉親圍聊

幾度邀車風雨情，驚險崖壁拉重卡　山西馬坊鎮

由臨縣岔往磧口古鎮。剛上路，老天黑臉下起雨來，轉念直奔靜樂。這一折，奧馬錯失明清軍事商業重鎮。西灣村是首批中國歷史文化名村，南邊的孟門古鎮是大禹治水的黃河第一門。繽紛大地，遺跡俯拾即是。

突見一女手忙腳亂地停不好路邊車，奧馬一下浮出了女兒惶惑的臉龐。那是 2000 年，上海的汽車還沒有今天這麼多，將滿 18 歲的女兒準備由家返校。老爸說：「妳這次帶的東西多，我開車送妳。」臨上內環高架，老爸又說：「你來開！」「什麼？你要我開車？現在？你只教我在空地轉過幾圈，我又沒駕照，老爸，你瘋了？」「將來妳離開老爸只能靠自己，現在出現問題我們可以一起解決，我要妳還在身邊時儘量教妳。開車是必學的小事，高架上行車單純，有我在妳身邊不怕，妳試試！」於是，一路提醒著：「小心那個車可能偏出來...這個時候妳要帶剎車...」驚悚的女儿真由上海的西南角開到了東北角。下高架，比女兒還緊張的老爸終於可以換手把她送進學校。藍馬一個頓停，想到女兒對狠心老爸的容忍，奧馬一陣錐心愧疚。

出陝北過黃河後也是山巒起伏，村鎮相隔甚遠。只見山坡黃土裸露，大雨刷流成溝，披展的綠色植被奮力宣示著稀疏的領地。幾株散立林樹無力搖曳著單薄的針葉，習慣雨中爬坡的二馬突感淒涼。幾小時後坡更陡，水汗夾擊，僵寒的雙手不斷提醒奧馬，任何出現的小屋都得歇息暖身。

呂梁和太行並列為山西兩大山脈，有著海拔 2,831 米的最高峰關帝山。二馬正穿行在嵐縣和交口縣間的中段，也是呂梁山脈最高的山區，綿延的群峰海拔多在 2,000 米以上。久無來車，突然後頭追上一輛皮卡，緩緩靠近後搖下車窗。副駕駛座坐著懷抱小孩的民婦，遠側的司機正低斜著身子，拉伸頸脖向奧馬嘟噥。佇車聽個究竟，原來車主邀請二馬上車和他們一起翻山，說著：
「前頭陡坡還長，風雨這麼大，外面冷死了，你上來吧！」奧馬微笑，搖頭婉謝回答：
「沒關係，我能行，你們先走吧，謝謝！」路面濕滑，雨點嘩啦，男主人沒放棄：
「至少你先跟我們上山頭，可以避避雨！再一路下坡，不那麼辛苦...」婦人有著期盼的眼神。雨滴變得溫熱，臉上不再濕冷，奧馬微笑揮手道：
「沒事的，我很好，你們走吧，謝謝你！」
奧馬拉扯一下藍馬，看看遠方，再回頭揮揮手，跨上藍馬前行。逐漸寒卻的身體頓時來了猛勁，隨著四肢的發動開始有了生氣。

再彎過一個陡坡，深灰的皮卡又停在前方雨幕中。二馬左側來到駕駛旁，同時的再邀請和拒絕。奧馬無法告訴他上川藏下青藏的經歷。這狂猛的風雨摧殘不了二馬不搭車的尊嚴，漫長的陡坡也妥協不了藍馬滾動的自豪。即使上帝慈悲，也不能讓臨嫁的姑娘糟蹋了自己。背影或許讓人憐憫，但二馬滿眼都是前頭的快樂。

快到山頂，雨逐漸變小，風停了。霧濛的遠方，藍天開始顯得大度。濕氣不再寒冽，踩踏讓奧馬感到溫暖。再一個嶺線彎轉，又看到熟悉的後斗，在它的前頭停排著幾輛大卡。來到跟前，舉手招呼再次無言感謝。笑著的鄉人用手指勾了一下：「上來不？」奧馬用力拉眉露齒回笑。鄉親一家的溫馨，讓微露的陽光更加燦爛。

原來前頭演著驚險，一輛載重大卡山腰打滑，前方和左側的懸空數輪在崖上張望百米下的河谷。車尾對著車尾，另輛大卡試著賭命拉它上來。看這活，此地司機們過的日子，肯定比奧馬要返校的女兒學車多了幾倍的困難和危險！

呂梁山區　　　　　　　　　　　　　　　　山中歲月

拍照摔車尋鄉醫，豬肥馬壯是山西　　山西靜樂

坐於旅店階前，又見車隊迎娶。雖處鄉間，浩大的排場也透露出鄉人脖掛金鏈的大賈豪氣。他們聲調高亢，肢體舞動。也是，晉人至今自信，若有外出，多為商賈。

看過五體大趴，躺在供桌的碩大公豬，似笑又哭，那是比賽勝利的榮耀。看過電視報導的顝頂巨豬，團肉包裹四腿難能站立，有樂有苦。但，路旁閒逛有如牛犢的大黑豬，還是頭一回見著。一身泥衣，半濕半乾，橫目拱土不畏來人，活氣粗野的讓二馬不敢靠近。相信牠比三個月前趕場的四川種豬還帶種。就像今天一路的高頭大馬和如象大牛，真一方水土養一方「牲」。

東村前馬路上的一條減速帶，讓車上收著相機的二馬摔了一跤。一左一右，膝蓋手肘正好對上翹起的羊角副把，入村找醫。大夫剪刀一拉，奧馬身上的褲襪變成泳褲與長襪。速度相對較慢，卻是上路以來最慘的一摔。看著偌大的上下傷口思著罷騎打尖，再想到：「休息不也還疼」？繼續上路。晚上入了樂靜，床上攤開腿臂，僵硬的「大」字熬了一夜。

騎行讓人皮厚，心硬。或許人本來就堅強，有了可以自憐的溫室才變得嬌貴。有時，人真不如豬！

廚房床鋪貼灶台，夜入忻州逢馬張　　山西忻州

靜樂，是中國民間剪紙藝術的北方代表，它以粗獷的高原氣息保持了黃河流域的古老文化。「牆花」貼紙的取材廣泛。舉凡花草鳥獸、民間傳說，無所不包，土中有情，野中見趣。二馬入住的房間看似廚房改建，灶台連著等高床鋪，灰白拉開渾然一體，讚歎東家因地制宜的巧思。後來到了東北，發現這就是典型的炕床設計。

夜入忻州，一輛轎車下來經營健身事業的騎友小馬和小張，幾句招呼，他們為二馬找旅店也招待了火鍋。奧馬好奇問道：「你們健身會員多是哪些消費人群？」白領新貴、官員家屬和年輕朋友都有。確是，不只上海時髦，內地照樣開花。

忻州有著名的佛教聖地五臺山，還有與寧武關、偏關合稱長城「外三關」的雁門關。城東南 20 公里也躺著號稱華北第一溶洞（鐘乳石洞）的仙人洞，其究竟有多深，至今仍是謎。據忻州明萬曆志記載，此洞可通河北平山，上百公里的長度令人咋舌！它洞連洞、路通路，色彩斑斕。見過國內諸多溶洞，五色彩燈一打就彷彿進了《西遊記》的妖洞，奧馬沒了新鮮。倒是這大學旁的旅店，學子進出，奧馬又看到了女兒甫當新鮮人時的趣樣。

大一新生全體住校，開學不久的一次週六課堂上，老師對著同學道：「你們都上大學了，該斷奶了，不要就想著週末回家，心不在焉。」旁桌問女兒笑什麼，她輕聲道：「我是不想回家，是家人要我回去，我更像回家餵奶。」這剛滿 16 歲的崽崽，快知道要疼老爸了。

西瓜午餐三元錢，騎回五臺三晝夜　山西五臺縣

半日經過「打鬼子」地道戰的西河頭村及閻錫山故里，入夜，二馬追上一騎車老漢。50 歲單身未娶，家中還有 70 歲老父。今天大早由家裏出發往忻州，準備人和自行車一起上火車回祁縣工廠上班。到車站發現弄錯時間不能成行。來回近 150 公里，為省宿費又騎返準備明天再來。他提到在車站被三個壞人騙了 50 元賣他一個不走的手錶，很是懊惱。

趕著山路已覺疲累，聽他用「破車」來回只吃一個三元錢的小西瓜當午餐，二馬來勁，不再拖拉。進入縣城餐廳鼓勵老漢點菜，他指著豬肉燒土豆說：「即使祁縣也燒不出這個味。」接著，他又給奧馬上了一道大菜。

前年為了省錢，他由祁縣回五臺縣老家，踩了三天三夜。路上除了省吃，也省住宿。問睡哪裡時，他回答：「地上有的是，晚上一兩點後你找路旁的工廠，大門燈亮也乾淨，沒人煩你。」他微笑替自己下結論：「划不來，我是很累，那沒關係，回來後車子都廢了，沒有更省錢！」網上一查，那是 250 公里的山路。

釋迦牟尼說：「一切眾生皆有佛性，有佛性者皆得成佛。」眼前就是一尊苦難佛、彌勒佛，在「大肚能容，開口便笑」之前已放下一切。一路刻意尋吃當地菜肴的奧馬對吃過的少有記憶，這道菜，忘不了。

五臺老漢　　　　　　　　　　　　　　佛教勝地五臺山

勤儉傳承農家樂，板桌頭燈話家常　山西石咀金崗庫

　　來到五臺山景區大門，二馬被老漢引至寬大的四合院前，新蓋的農家一戶挨著一戶，裏屋貼著瓷磚，外頭僅是磚砌光牆，一副不重門面的憨態。入內，水槽邊一個淺平蒲籃擺滿剛摘下的野生山楂，土味親切。

　　老漢說：「托五臺山的旅遊，農村有了新氣象，都從上頭的老宅搬了下來。山裏舊居從外面看還像個村，只是進了村卻又少有住人，荒地到處雜草，老屋空空蕩蕩。」奧馬玩笑一句：「那我可以清出一屋，長住養老嘍！」「當然可以，我明天帶你看去，『們哲兒』你就可以住下。」五臺縣的方言本地人說起來順口，外地人聽來有點彆扭，學不來。但是那個熟悉的「昨列？」奧馬知道要回答自己怎麼了。

　　晚上，十歲男孫廚房拉開折腿小板桌，叫著客人吃起家常麵食。老漢提到自己年輕時也是一人抵得仨倆，只因車禍腿折就只能幹點山上雜活。不經意間，看到他壯年兒子矮凳吐霧，哈！雲游的自在和奧馬神似。飯後，板桌變成書桌，只是頂高燈暗，奧馬帶上頭燈打開電腦學著礦工幹活。計畫明日神遊五臺，問里程，老漢說：「咋也近 20 公里，你車得勁，有架勢。」聽出端倪，估計 20 公里，藍馬好用，一切還行。

香火鼎盛五臺山，佛林牆角抽捲煙　山西五臺山

　　五臺山百座歷史悠久的寺廟，皆有來歷，它與四川峨嵋山、安徽九華山和浙江普陀山合稱中國佛教四大名山。一早，二代當家騎著藍馬，奧馬跨上他的摩托車載著十歲的三代當家佯裝鄉人混進景區。平路行近 10 公里後，老弟汗流滿面呼著奧馬身後的「狗小」，於是二人停車換手。他一句：「你這車難騎，累人！」哈，不知是因沒教他換擋，還是他已慣騎機車，竟然對陪了近萬公里又不負重的「寶馬」說難騎。奧馬心中一笑：「兄弟，你唐突了！」

　　善男信女撒滿起伏步道，香火裊繞的莊嚴古寺各據山隅，廟裏廟外人頭鑽動著虔誠。佛眼之中人人平等，各色服飾和舉止卻也自我分出高下。來到供奉文殊菩薩的殊像寺，攤腿坐地的奧馬不禁羨慕藍馬的「有來無去永生不滅，身堅如鐵心空是鋼。」欣喜自己此時也能如行僧兄弟般地無喜無累，走哪算哪。

　　突來的一陣驟雨，奧馬與老漢簷下並肩坐地，靜看山雨往來。互敬香煙後幾句交談，各自默然地吸著指夾。在「煙絲波裏尋」的牆角，享受著當下的人間快活。星雲大師說：「自古以來，沒有一個人是通過修行而悟道的，修行沒有出期，覺悟只在一念。」抽著老漢的捲煙，奧馬悟出了前頭的「馬道」。

　　下山來到一古佛道場，門聯拉開「解脫門開誰肯入，浮生夢覺自知歸。」裏頭的佛陀隱約說著世間蒼生「有些在母胎中過世，有的在出生時，還有些剛能爬，有的剛剛學會走，有的在成年，一一離去，如同掉落地面之果實。此生迅速消逝，如以枝條在水中書寫般，一個沒有你的明天無疑將到來。」不管門開不開，人歸不歸，奧馬知道，自己一輩子只是活在自以為是的空無道場。

板車提籃趕活忙，重卡接龍繞太行 河北曲陽靈山

　　出五臺山進入 382 省道，準備翻越太行山脈。剛走六公里，就見前方車隊排起長龍。問著前頭狀況，一句：「外們可班兒到。」他也不清楚。繼而一想，兩輪藍馬可以見招拆招，有鑽行的方便。念頭一閃，轉憂為喜，二馬隨看精彩。

　　三輪板車拉著啤酒飲料、速食麵和各種袋裝食品沿路招買。再行，車輛一列、兩列，再生出第三列佔滿雙向車道時，板車變成了提籃。車陣依山路寬窄變化，大家一心向前。出現幾輛逆向來車，卻也卡死陣中動彈不得。問裏頭駕駛，已堅守陣地一天一夜，而前頭部隊還不知在幾公里外，看來這不是一般的塞車。

　　車頭貼著車尾，一路多是大卡、加長拖車、油罐車和中小貨車，滿載前往或輕車返航。二馬車頭左閃車尾右斜，迂迴前進，幾度道外土坡拉抬而過。高坐的駕駛不斷指點二馬：「那邊較寬，彎過去。」「這邊有縫隙，你試試！」　很是親切。來到兩軍對壘的山頂，發現兩頭陣仗一樣堅實。只是迎面更多看到駕駛的和善面孔，有豎起大拇指說笑為二馬打氣：「哦，你比我們還快，哈哈！」更多的是：「過來坐夥兒，聊聊。」

　　他們困在山籠中看著日月來去，徒有機動的車輪卻挪彈不得，也不知何時解套。二馬尋縫插針，行動自如。車內看書或吃食的有之，地上打牌的有之，土坡如廁的有之，小店門口酒談的有之，蹲坡望遠的有之，都不急不躁。在國際商場吆喝著「中國製造」的大賈衣著鮮麗地砍殺老外招架不住，就是有這些任勞任怨的後盾，他們是「中國第一」的代表人群。廣闊空間較勁奔走，拘圍當下順天應人，在「大丈夫能屈能伸」的教誨下，有衝力也有耐性，中國人高的無奈。車陣蜿蜒 20 公里，在較寬的山坡土丘還有大輪深陷不能自拔者。當二馬脫離戰場後，迎面一對白髮老伴也正一騎一推，趕著板車爬坡前往支援食飲。

　　驢肉火燒是發源於古城保定的漢族小吃。漕河地區將滷好的驢肉伴著老湯汁加入酥脆的圓形火燒(燒餅)，滷汁味厚、餅香不柴。而河間的驢肉為醬製，用碎肉和驢雜伴著剛出爐脆軟冒氣的長方形火燒，外酥內嫩。再配上醬菜、小米粥或清驢湯，上桌即食，很適合跑路大眾。進入河北阜平，奧馬吃它，真香！

　　店東平淡地說：「我們這裡山路塞車是常有的事，大家習以為常了。」
或許，當地交警也該配備一輛單車。

驢肉火燒　　　　　　　　　　　　　　　　車堵太行山

天雨膝傷捲褲腿，可憐電腦浸泡水　河北滿城

　　出門，還是散落碎煤黑渣的省道，一節或兩節的運煤卡車不時呼吼而過。陰霾的老天終於下起大雨，地上的煤渣拌起墨汁，滾帶而上的響沙黑水頓時將藍馬噴塗得慘不忍睹。一陣堅持，前頭路面已被清洗得一乾二淨。為了沖去藍馬污穢，奧馬飛快踩輪。雨中淋浴，二馬痛快！

　　為避免摩擦膝上凸起的結痂，奧馬捲起雨褲。大雨小雨輪流陪伴四、五個小時，不時拉扯大腿下滑的褲管，雨中嬉樂的奧馬又回到童年。冷顫進入滿城市區，兩碗羊湯暖身後尋得滿意旅店，拿出證後卻再迎來拒住：「你是外賓我們不能接受，你應該上前頭的星級賓館。」

　　轉往老式公房改裝的廉價旅店。從濕水的駝包攤開衣物，發現包裹的塑膠套袋變成了水袋，正有意無意地悶泡著電腦。半夜起尿，漆黑的窗外大雨飄灑，黃暈的路燈下，招牌迎風呼喘。想著長廊彎道的衛生間幽暗魍魎，老遠不便，奧馬毫不猶豫地一個上步打開窗戶，踮起腳尖對著一樓的凸簷加注熱流。天災讓浸濕的電腦還插電晾烤，哈，睡夢中的窮外賓也還在黃土高坡上。

忍痛上路入北京，大而無當是衙門　北京房山

　　清晨悠哉走往雜貨店買煙，問沒上海的紅雙喜，店主竟又不屑冷語：「我們就這些煙，你愛要不要？」不能斷糧的奧馬低聲說：「那就紅塔山來兩包。」奧馬付完錢順口一句：「PITA，謝謝你了！」「什麼屁踏不屁踏的？」「英文，我女兒教我的，意思是你是大好人。」那是以前父女聊天，老爸說：「現在這老闆有點讓我頭疼。」女兒笑道：「假如覺得難受，你就叫他 PITA 好了！」「匹塔？」「Pain In The Ass。」「哈，也是，他屁股疼難受，才會搞得我頭也疼，有創意！」爾後 PITA 就變成兄弟倆的暗語。老爸再看到老闆，頭也不疼了。

　　回到旅店，小心翼翼地捏剎車，放著負重的藍馬下樓。轉過樓梯彎道，突然車身右沉，一個下衝，奧馬真脫了把手。隨著腳踏的準確定位，錐心地一陣刺痛，膝頭一塊不小新痂掀了開來。「是福不是禍，是禍躲不過」，人生就是有著必然的安排，它就照自己所擔心的發生了。直流的鮮血緩緩拉長，幾乎進了短襪。一個狠心，壓黏回去！

　　經過義縣，往婁村滿族鄉前進，天黑時二馬終於踩入房山。路標說著「周口店北京人遺址」，那是 20 年前奧馬首次旅遊北京的訪地。記得就在路況險惡的冰雪冬季，包著「罐頭」響車，一家趕翻兒時教材，今天淡淡的一抹回憶激不起半點興趣。薄暮站於「北京界」的路標下，回想上拉薩下拉薩的騎程，奧馬不無感慨。對著前路，卻是只有無奈。或許對去過長城和明十三陵，瞻仰過毛主席遺容和看過天安門升旗的山野村夫，不說沙塵霧霾，再繁華熱鬧，北京也只是個大而無當、不適人居的「衙門」。

　　想到古代衙門高堂大人說了算，今代法庭靠的是法律知識和說理辯辭，女兒 19 歲時出門前的媚笑又浮上眼前。跟隨的那句：「Sue me（你告我吧）！」讓老爸對她身上短裙的批評一下子沒了底氣。老爸也想永遠有著「黨中央」的霸天皇權，還好，他知道民識終會普及，而女兒也會長大。老人的老世代總會過時，將來推動時代巨輪和老人椅輪的，就是現在看似青嫩的無數雙手。這嗯，她知道怎麼逗老爸。

老漢摔車惜鐵馬，吃飯坐看二人轉　北京大興

豔陽高照，二馬店前喝起可樂。旁坐輪椅的落寞大叔突然沙啞問道：「你老遠騎車？」「是，回上海。」空洞的眼神下沒了言語，沉默好一陣子，奧馬回問：「你生病了，難受嗎？」走出來的白髮大媽接下話荐：「他 67 了，退休後就喜歡騎車，去年騎車突然中風，就摔成這個樣子。現在除了看醫生吃藥，只能坐在輪椅上養病，可是，他還念著那單車。」

來到大興，悠哉走於熱鬧街區，二馬靠南穿過北京。掃著四周漸次亮起的城市，五光十色的華彩逐漸取代大地合攏的灰幕，奧馬感受不到丁點日落的安祥。打尖後，聽到街角麥克風吆喝著：「用餐免費享看二人轉」。北京對奧馬已沒好奇的吃食，燒烤就燒烤。走進超大排檔，圍牆內的「美食廣場」足有五、六個籃球場大。奧馬坐於後排吃看熟悉的二人熱鬧。

東北地方戲的二人轉，又稱蹦蹦、過口或春歌，大陸男女老少無人不曉。它唱腔粗獷帶黃，唱詞詼諧風趣，男女或扇或絹，彼此戲弄，場內二人服飾鮮豔地走著、唱著或舞著表現一段故事。每年 10 月後黑土大地逐漸白雪冰凍，日照甚短，在漫漫的半年貓冬長夜，尤其是電視還沒普及的年代，「寧捨一頓飯，不捨二人轉」是老婆孩子熱炕頭的族聚溫馨。

突然，門外一陣窸窣人湧，似乎是來人與店家有著過節找來民警陪同理論。就見堂內夥計，二話不說衝進邊房抄起長棍隱夾於臂彎，頗有開門驅狼或關門打狗的架勢。「兵來將擋，水來土掩，哈著玩兒」的有恃無恐，顯示草莽粗性和外地人在首都創立字號的不易。

記得十幾年前第一次到哈爾濱出差。一早忙活的女孩接了電話，原來，走私的香煙被海關攔了，立馬損失投資朋友的一萬元。當時也是一筆不小的家蓄。看她小小年紀也僅是淡淡一句：「啊，黃了，倒楣！」東北人確是大膽大氣，拿得起放得下。

看著頂上長繩拉掛的賊亮燈泡，奧馬深吸一口香煙，笑了。他又想起女兒臨畢業時，由家返校，出門又回頭對著手拿香煙目送的老爸說：「爸，妳把抽完香煙的空盒都留下來，我有用。」「那有什麼問題，多的是！」幾週後老爸提醒：「我幫你留很多香煙盒了，妳可以拿去用。」女兒面露詭笑，上到自己房間找出細繩後，一個一個串了起來，老爸看著新鮮。原來，是要把它們拉在客廳頂上，好奇一問：「又慶祝什麼節日了，這麼熱鬧？」她正色一笑說：「 I would let people know what will kill my dad（我要讓人家知道什麼東西要殺我爸）。」四五歲時，她拿著剪刀在面前搖晃作勢，逼得家裏的天皇老爺只能躲進自己書房抽煙。現在，哈，這未滿 20 歲的女兒長大了，她知道怎麼教育老爸、管理老爸了。

吃看二人轉

蘭州至北京後記

黃土民居

清代大學士王培說黃土高原「山禿窮而陡，水惡虎狼吼；土塊砌牆頭，燈油壁上流；麵餅蔥湯醋，鍋盔蒜鹽韭；沒面皮裘，四季常穿不肯丟」。然而，峁塬閃耀的溫情傳承也世代無從割捨。鄉親深渾的歌聲吼出：「低矮的草房苦澀的井水，一條時常乾枯的小河圍繞村莊，一片貧瘠的土地收穫著微薄的希望；它讓男人累彎了腰，女人鎖著愁眉，卻也住了一年又一年，生活了一輩又一輩...」那是他們《熱戀的故鄉》，也是離不開的真情和汗水。今天老毛的遺址「蒼山如海，殘陽如血」，還無辜訴說著苦難大地的鮮紅。

陽春白雪不敵下里巴人，進入國都不尋做料精細的官府菜，奧馬吃著老湯滷煮豬下水，成了街角的苦力侃爺。已無鷹鳴數省的勁拔，此時僅是白髮漁樵慣看秋月春風的強弩之末。回想來路黎民的古老滄桑，他隱約見到的卻是龍應台筆下<目送>的背影。

女兒從英國回到紐西蘭後，變成虔誠的基督徒，接受上帝的養牧也牧養著比她更小的羊兒。她感謝無所不能的上帝對她生命的點撥，使她明確了人生方向。她相信一切的存在，包括一天二十四小時的食衣住行都源於上帝的恩賜和安排，甚至建議好分享的老爸以自己的人生經驗為上帝証道。騎行前，她的郵件轉為頻繁，問這問那提前掛心。瞭解老爸的她，在電話裏也說著：「你要上路，不然一輩子遺憾，我會天天為你祈禱，祈求上帝保佑。」

電腦跳出一封郵件，上帝浩瀚的洪恩躍然屏上。正思考如何回覆，MSN那頭女兒出現，要老爸感謝上帝接近上帝。奧馬對宗教還沒達到女兒的高度，答應路上見著教堂一定進入謝恩，卻也三言兩語落荒而逃。或許，在她牧人的心中，老爸是一隻有待救贖的迷途羔羊。奧馬慶幸西方一派永遠不會有稱呼老爸「施主」的一天。人生如單車行進，兩眼看不到自己的背影。禪定的藍馬似在牆角點撥：「老大，你常說一輩子追求的是順心自在，只有活得像自己才會快樂。你女兒經由上帝找到自己，更加懂得感恩，這是她一生最大的福分。」或許，神，超越宗教，只是奧馬不知。

獨輪的遊戲，僅是花俏的搖擺。有後輪的支撐，前輪才能安穩；有帶動的鏈條，把手才有奔頭。奧馬安坐兩輪轉折的高座，踩著黃土蜿蜒不變的軌跡，滾出的，卻是自己對女兒的思念。

卷五　京滬沿海

妻問：今天晚上回來吃飯嗎？
夫答：有應酬，不回了。
妻笑：一丈之內才是夫！

笑笑自己，笑笑別人；
生活就是，
一根油條、一碗豆沫，再加上調侃。

京滬沿海— 朦朧的繁華　　*行前小語*

　　假如身處三、五百年前的明清年頭，酒肆綸巾，舟行馬馱；或處於五十年前未現代化的中國，處處扁擔挑夫，土屋標語，那將是二馬接下來行程的精彩。今天發達的沿海生態，就是奧馬似曾相識的生長堆疊，已然沒有往日盛世太平或民生疾苦的緬懷。或許對過去世道的追尋才是他騎夢的根源，不知 50 年後的「奇異世代」是否對著今天的老生也有著好奇？

　　一把摺扇在說書人口中有著「文胸武肚僧道領，書口役袖媒搧肩」的諸多世態描繪，奧馬相信，一部單車也可騎出多樣天空和無盡情懷。當二馬行走華東各省還可期待又一次的道聽途說、鄉情互動。或許繁華騰飛會帶來些許浮躁落寞，但它也將是孤騎張望中的享受。

　　「探索的旅程不在發現新事物，在於培養新視角。」今天的中國還將成為昨日中國，滾往未來的華夏歷史，二馬上路。

暮渡長江

京滬沿海 — 北京至上海　　2010/08/23 — 09/11

半買半送永留念，黑夜臨城連兩摔　　　　　8-23　天津
　　柳垂古鎮看年畫，心閒奧馬玩小說　　　8-24　天津靜海
吃碗冰粥三摸腿，閨女上轎頭一回　　　　　8-25　河北滄州

　　羊湯美味在泊頭，風起雨來村外村　　　8-26　山東德州
金立毛像百吉圖，一地酒水難善了　　　　　8-27　山東高唐
　　烤鴨扒雞樂開懷，趕驢老漢靦腆笑　　　8-28　山東聊城
空靈教堂歎文革，繞入河南不缺省　　　　　8-29　河南台前
　　仿模證件尋台前，宋江晁蓋闖梁山　　　8-30　山東鄆城
八旬聾翁賣馬紮，知父女兒遠提醒　　　　　8-31　山東菏澤
　　荷澤亭園思牡丹，響馬鬍子齊上寨　　　9-1　　山東菏澤
為尋典型走蘭考，無辜稚子熬長夜　　　　　9-2/3　河南蘭考
　　油條豆漿胡辣湯，河南騎友午吊床　　　9-4　　河南商丘

古城夏邑長壽鄉，姣好女子心訝然　　　　　9-5　　安徽鐵佛
　　獨坐江中樂垂釣，鄉女揀馬尋鍾馗　　　9-6/7　安徽靈璧
霸王虞姬一坯土，摩托追趕送燒雞　　　　　9-8　　江蘇雙溝
　　盱眙龍蝦歎口拙，我是張飛我怕誰　　　9-9　　安徽桐城
三月煙花下揚州，九月踩踏上渡口　　　　　9-10　江蘇鎮江
　　日趕盲道六百里，晨歸家門人走樣　　　9-11　上海

半買半送永留念，黑夜臨城連兩摔　天津武清

　　手上的一件東西總會勾起那人、那情、那景還有自己難忘的觸動。喜歡懷念所以喜歡擁有紀念品。就像愛書的人，見了喜歡的書就不能釋手。奧馬特別感謝洛桑在拉薩為奧馬挑選深含佛意的藏鍊，不但讓他寧靜致遠，也把菩薩的祝福從聖城一路灑到了北京。不管是臨時起意或刻意尋找，它們都充滿溫情和友情。至今，奧馬陸續快遞回上海七個包裹。

　　出北京在一排古董攤中看石雕問價格，攤主卻好奇奧馬的騎行。一番聊談後指著奧馬屬意的兩個說：「半賣半送，你挑一個留個紀念。」奧馬順勢玩笑：「我都要。」一陣掙扎，他羞赧道：「實在不好意思，我只能賣你一個，你挑一個吧！」一個半價一個原價，奧馬帶回鄉人的善意。

　　過午點，二馬鄉間騎行良久，叢林農家斷續出現。突見門前一板白字寫著豪氣「山西麵王」，想它是偏僻鄉村唯一食店。入內，家徒四壁毫無裝修，幾張簡單桌椅侍候著進出鄉人。抬頭一瞧，蓋滿一牆的菜單有著近 50 種麵食炒菜，除木耳和水煮肉片孤零跳高 14 和 15 元外，其餘多是 5 至 7 元。菜單旁拉一聯「...貴妃故里麵食香」，莫非是「溫泉水滑洗凝脂，回眸一笑百媚生」的永濟楊玉環？如此食肆有這般詩引，不得不驚歎百姓生活的古情浪漫。

　　由北京大興出發，日落時分抵河北廊坊。奧馬對千篇一律的大城興致缺缺，繼續夜騎修路中的 105 國道奔天津。工程重車往來及近日雨來雨去，路上半軟半硬的泥土高達尺餘。沒有路燈，兩旁山田一片漆黑，只有近處農舍隱約透出微光。

　　兩眼奮力盯著輪前，有時地面黑團凸起，卻是輪滾平坦。依賴前燈，小心顛簸前進。兩小時後終於看到前頭黃燈排列，兩旁漸有商店作息，往來車輛也開始出現，修路段就要結束。突然，大燈刺眼，奧馬偏旁讓路，沒踩兩下，不見眼的高土擋輪踩踏不動。銅器、五把銅刀加上剛買的石雕使車尾重心偏高，稍一躊躇，人車已側摔倒地。拍拍泥土，再行上路。沒踩幾下又來車燈，相同情況再次上演。只是這次屁股正好摔在凸起的硬土塊上，一陣酸麻，一時爬不起來。

　　漆黑中，剛扶奧馬起來的老鄉又跑了過來，憐憫一句：「又摔了！」見他彎腰伸手，奧馬急急橫手叫道：「先別動，讓我緩一緩。」夾著藍馬在地上又躺了近半分鐘，氣順之後方起身。懊惱對來車一句：「不讓了！我騎中央，要讓你讓。」反正是工地，你四輪，你燈亮！三天後到山東德州，一碰屁股還隱隱作痛。最後一里土路，20 米內連摔兩次，有點冤。這是出發以來的第九、第十摔。

京津夜路

柳垂古鎮看年畫，心閒奧馬玩小說　　天津靜海

楊柳青古鎮

車驟比憨

來到楊柳青，奧馬憶起央視介紹過它的年畫。運河穿過風情街，一式青磚灰瓦的仿古建築，磨磚對縫的步道拉起兩旁葫蘆罐式的應景商鋪。一條古街試圖重現明清古鎮的商貿繁榮。走完有著「崇閣濛雨」的文昌閣和號稱「津西第一宅」的石家大院，奧馬入探店家。

「半印半畫」的楊柳青年畫與蘇州桃花塢年畫並稱「南桃北柳」。就如天津泥人張的彩塑，奧馬感覺它細、鮮、豔、樸外，卻也不解門道。坐於大庭廣場，遞上香煙與開店的河南夫婦聊起他們家鄉商丘也是六朝古都，商周距今三、四千年，還真古！

昏暗中住進靜海平房旅店。正心喜房間寬敞，一抬頭，窗外漆黑的老樓掛著「靜海結核病防治所」大字，心中起毛。繼而一想，現在哪來結核病？有了抗生素，就沒了林黛玉，只有電視上求職廣告的張飛手起刀落，豬肉橫飛。電腦裏汪峰吶喊著《怒放的生命》：
「曾經多少次跌倒在路上，曾經多少次折斷過翅膀
　如今我已不再感到徬徨，我想超越這平凡的奢望
　我想要怒放的生命，就像飛翔在遼闊天空
　就像穿行在無邊的曠野，擁有掙脫一切的力量...」

女兒對著照片送上一句：「你怎麼老在夜裏趕路？」腿股又是一陣觸痛。奧馬想起昨夜的兩摔，歎道：「唉，老爸苦啊！」弄著手機，突然一個影像取代腦中的狼狽。看著、想著、聽著，奧馬突然一笑：「哈，什麼超越平凡的奢望、掙脫一切的力量，對凡人而言，除了病魔，什麼都勝不過母愛和老二的力量，那才是生命的怒放和解放！」夜色曖昧，心閒的奧馬逮住憨笑的藍馬玩起短信小說：

話說浪跡天涯的藍馬，告別老大奧馬找了一處僻靜總結著輪跡，有緣與湘女鄰居數月。看她護著五六歲的啞言男孩上學，在冬日蕭瑟的北京郊區早送晚接，常以羸弱的身軀抱著超過自己一半體重的兒子來去。原來，母親慕名國都大校，為新裝電子耳蝸的兒子學語遠來陪讀。提到每月5，6千塊的高額學費，鄰裏唏噓著：「叫媽媽不清不楚，用手說事卻比得惟妙惟肖。唉，又聾又啞，養了這種小孩一輩子招罪！」頑皮小孩用一個萬能的「吧」在媽媽嬌寵下倒也活得自在...於是大土匪藍馬開始稱男孩「小土匪」或「兄弟」，兩人越加親昵，只是小匪不知大匪開始算計他...一陣毒打，小匪終於涕泗縱橫地被錯愕的媽媽穿上衣服...叫吃飯學習或關電視也不再拖拉翻臉，一番「長征」後，驕縱的小匪漸成方圓也努力開口學語...媽媽一心為著小孩，大匪開始擔心她的後果「會不會也很嚴重？」...

「老大，在幹嘛！吃飯沒？我準備回山上老家了」...「呵呵！老大！想抱抱你睡覺」
「忙着敲字，也想妳！」「呵呵！怎麼想的，哪裡想，又想哪裡？說不出來就是騙我的」
「高啊！有妳的，全倒出來！身在北京想爹娘，人在老家思情郎，東西南北奔波忙，自家
　兒子偎身旁。呵，有情女子苦中有樂。想妳北京門外的凍冷，我借妳的暖還沒還，還想
　妳炒菜時的女兒樣，餵飯時的媽媽樣。想妳生病時的可憐樣，還有做愛時的撩人樣...」
「土匪，流氓，你是最壞的壞蛋，就會胡思亂想胡說八道」「妳討打，怪誰呢？」...
「老公，三更半夜還是想你」...

　　敲著敲著，不知天將發白，幾聲雞叫似藍馬困倦提醒：「老大，別喝了，幾小時後還
上路，你快給我一個好收場吧！」混沌奧馬是該替老二下結論了：
...百年後的天上，老大醉眼直問：「武漢那七天怎麼過的？你到底摸了小媽沒有？」藍馬
詭笑張嘴：「記得夜裏，如狼的男人揉了似羊的女人，但不確定當時是在睡覺還是做夢。
待會我問問隔壁的老莊，或許他們知道...」話音未落，一陣暴打，大老匪替小匪打起了
老匪。「唉，不摸白不摸，假如真摸了也是白摸。老大你說，現在有差別嗎？你打冤枉了！」
突然，兄弟又想到了一起：「我他娘的，小匪是不是也被冤枉了？」...

　　房內電腦唱著《舊情人舊情歌》，窗外的張飛剁完大肉準備拉著板車外出叫賣。二馬
知道，老漢前世不是這個姓，還寫過書。哈，孤獨的人生還是離不開別人，而自戀的後果
通常也都很嚴重。

吃碗冰粥三摸腿，閨女上轎頭一回　　河北滄州

　　市場一「冰粥」小攤很是新鮮。粥要冰凍，有玄機，吃它一碗！近看是家鄉水果刨冰，
與前時安徽「冰堡」異曲同工，這名確實不俗。剛坐下，立即引來路人圍看藍馬，再饒有
趣味地看著奧馬。終於有人開口：
「你這車子不錯，很貴吧！哪裡騎過來的？」
「還好，就 3000 元，從上海騎拉薩，再走北京，現在正繞回上海，快五個月了。」
這一說，人越多。鄉人問，奧馬答，大夥開著玩笑。有逗角、捧角、觀眾，就是沒有主角。
突然一小伙問道：
「我可以摸摸你的大腿，看看有多結實嗎？」四周人群頓時靜了。對近五個月來遇上的諸
多情況，奧馬已見怪不怪。輕巧愣看後隨即爽快一句：
「行，挪！」大腿抬了一下。小伙彎身捏腿，滿意點頭道：
「嗯，結實！」奧馬看著「給力」的大腿也覺得滿意。抬頭又笑指藍馬輪子：
「你再摸摸我兄弟的，更結實！」
似乎被鼓勵了，又有兩個年輕小伙也忸怩提出相同要求。摸就摸唄，想以前酒廊那多美麗
大腿，一次沒摸過，卻也每次給小費。現在第一個沒要小費，自然也就不好開口。要不是
粥車老闆發話提醒：「讓人家先吃冰吧！」奧馬手上那粥可化了。這個新鮮經歷，口拙的
奧馬總也無法說成段子。

　　大庭廣眾被人捏腿，還是一連三次，是閨女上轎頭一回。上海出發上路是奧馬的頭一
回，一路上有太多的頭一回，奧馬經歷也觸動。「生命不是呼吸有多長，而是頓住呼吸的
一瞬間。」只有頭一回，才有可能屏住呼吸，驚訝讚歎。

羊湯美味在泊頭，風起雨來村外村　山東德州

二馬來到泊頭，在塵土飛揚的路旁有著一家簡陋小店。三米的門牆斜立著灰白長板，墨汁歪斜捲著「老三羊腸湯」。騎了三個小時已是午點。不嫌髒亂，在斑駁脫落的壞牆中局促就著一張搖晃小桌，揮汗吃淨羊湯，意猶未盡又要了一碗羊雜。知道山東單縣羊湯的湯白味鮮，對著碗中腥羶的濃味，奧馬也相信了店東所言：「泊頭羊湯很有名，我一輩子開著這不起眼的小店。」

親切的老三看著吃客一再問道：「合你口味嗎？好吃嗎？」嘴忙的奧馬也不得停地歪頭說著：「有特色，好吃！」哈，他讓奧馬記起幾年前的夜晚與女兒吃飯，她陪老爸淺酌談心後收著碗筷問道：「你有吃飽嗎？」「滿到喉管了。」就見她突然似笑非笑地瞪大眼睛又來上一句：「Sure（確定嗎）？」現在奧馬就想對著女兒再給上那句：「Doubly sure（雙重確定）！」這崽，細心又貼心。

普照寺有一千多年歷史，民國時期直系軍閥吳佩孚親筆題匾，遂為「鐵佛寺」。「滄州獅子景州塔，東光縣的鐵菩薩」，它也歷盡文革的破壞直到 1986 年才又修復。大殿中的釋迦牟尼佛高 8.24 米，重 48 噸，似乎還是現今中國最大的鐵鑄坐佛。突見老嫗騎著板車身旁擦過，車上有著小堆水果。心想老太辛苦，就當瓶水攜帶也可解饞。回頭追上叫停，果然是自家的多疤小梨和蘋果，狠抓一袋。老嫗和藹地又是「一元」，奧馬反占了大娘便宜。

傍晚一陣突來的狂風暴雨把二馬送進德州，在郊區被揀回「村外村」飯店挪出的一間自用客房。晚上吃飲，聊出有著花頭熱鬧，號稱「小香港」的台前縣。奧馬確定了接下來經往河南的行程，一人跑路就有這好處：「往東往西，我說了算！」

金立毛像百吉圖，一地酒水難善了　山東高唐

把吃剩的隨車零食攤開桌上：內蒙風乾牛肉、天津鹹鴨蛋、河北鴨梨、山東笨雞蛋。若再加上士力架和瓶水，就想起上小學遠足時媽媽精心準備的野外午餐，只少了她起早現做的壽司。以前曾因它們一夜睡不著覺，現在就只覺增加負重。一路嚐鮮常有消受不了的貨底，看著「天公」不敢拋，僅能叫藍馬塞著揹著，再求鄉人共吃或靠自己肚皮爭氣了。

沿著田邊經過明清古運河舊址。蘆葦下一溪斷續穿流，虛實掩顯，顯然已成小孩抓魚的小溝。繞入一不起眼的村內大場，金碧輝煌的毛澤東雕像舞著：「領導我們事業的核心力量是中國共產黨，指導我們思想的理論基礎是馬克思列寧主義。」黨縈根於群眾，「神」又來到人間。老婦坐著閒談，少婦抱著幼兒，小孩逗著黑狗，渾然一幅農村閒樂的百吉圖。吸吮黨的奶水學步，歌頌黨的偉大成長，運轉黨的機器生活，叮嚀黨的輝煌入土。或許在今天的中國大地還是沒了黨的「文件」就沒了主意，樸實的鄉人也不知何以自處。只是不知，看到小平改革的發展，天上的「神人」是否也修正著指導思想？

接連經過中普啤酒、雪帝啤酒和杏花村啤酒等酒廠。中國啤酒上百種，有著沒喝過的廠牌不足為奇。倒是見著一輛翻倒的卡車心有不捨。滿載的箱酒將車頂擠開了口，有如瀕死的鯊魚噴著白沫。撲鼻的酒味伴著四碎的玻璃，怎一慘字了得！二馬進入書畫之鄉高唐。

齊魯文昌武盛，忠厚豪氣的民風源遠流長。難怪，山東歷朝歷代諸多人才，出將入相卻無橫心殺戮的開朝皇帝。來到書畫一條街看著飛簷翹尾的仿古牌樓，不禁想到離此百公里的泉城濟南的龍奧大廈。網上說它建築面積 37 萬平方米，走廊周長一公里有著 40 多部電梯，電話和電腦插座 45,000 個。這個僅次於美國五角大樓，世界第二的單體建築是去年中國全國運動會的指揮中心，也是現在中國最大的政府大樓。對今天的繁華，不知孔孟聖賢又將如何點撥？

烤鴨扒雞樂開懷，趕驢老漢靦腆笑　山東聊城

褲襪、風衣，盤帽、圍脖，再戴起風鏡及半指手套，每寸皮膚都嚴實躲著北方八月的辣陽。見得大傘下一攤「扒雞熟肉」，隨手拉坐圓凳與棚內阿姨和幫襯的小姑娘聊了起來。

旁賣烤鴨的捲褲管大姐，身上的短花衫斜跨著小包，燦笑過來問著二馬的來去。稀疏齒縫吐出鄉音：
「俺看你包的一身一頭，不悶嗎？不熱嗎？」
「我是耐熱品種，七八月都奔過了黃土高原習慣了。」奧馬笑指她玻璃內吊掛的烤鴨又說：「怕曬，不包緊點，一天七、八個小時可能就要烤得像你那香噴金亮的油鴨了。」
「呵，這大熱天，萬一路上中暑怎辦？」
「那就讓老天看著辦囉！」她指著棚內的姑娘又開起了玩笑：
「你應該找個小妹陪著，一路上有個照應，也好幫你搧風。」
「哈，找了，就是找不到，要不，大媽幫我找一個？」
嘎嘴奧馬暢快的有如一隻吃撐的土鴨，因為他想到了女兒。她小二在大禮堂參加演講比賽，為了一時涼快竟無視底下的聽眾，在坐等的臺上不由自主地搧起了小學生裙。雖然她的「羊羔跪乳」沒有得名，卻在老爸的腦海裏留下了最美麗的一景。現在奧馬又感到一陣涼快！

沿著 316 省道，二馬奔往聊城。低頭邁步的體小褐驢默默轉著厚沉板車的軲轆。側坐轅上的閉眼老漢安祥入神。抬頭發覺奧馬拍他照片，滄桑塵撲的臉上陡然露出靦腆的笑容。瞬間，二人會意的眉眼有了交融。想起舊識，僅是半年前上海的一面之緣，卻也周到地邀著晚飯。這「突來忽思君，相見亦無事」的莫名友情，真濃！席間聊談，溫文儒雅的楊兄對女兒的期望似乎與奧馬大相逕庭。

今天 65 公里，慢走慢看，奧馬似乎戀著什麼。

靦靦老漢

空靈教堂歎文革，繞入河南不缺省 河南台前

聊城山西會館

　　自宋朝開展漕運，聊城是中國聞名的九大商埠之一，船裝水運客商雲集。古運河道旁的山西會館還飄展著「協天大帝」紫旗，供奉著「精忠貫日」的關公老爺。周邊古色古香的鐘鼓樓、戲樓、碑亭和春秋閣靜靜說著昔日晉商行走天下的輝煌。古董攤撿起刻有宋子文字樣的大銅章，知道肯定是假，沒關係，回家抹掉後再上「大吳先鋒藍馬印」。

　　見一教堂，請求開門後對著空靈的十字架謝恩。奧馬憶起與女兒二人燈下舉杯深聊，開懷探談做人處事、歷史文化和經濟哲學的耳語時光。現在孤倜奧馬擔憂在沒有上帝的前提，父女再也無法隨性交流。想起一路蒼髮老人提及因文革而毀棄的千年古蹟和家中藏寶時，空茫眼神下的那句：「就這樣沒了！沒了！」奧馬似有若無地唇齒微動。人生一歎也只軟綿無力，黯然無聲。以前談及貼心女兒都是開心自豪，現在卻是一陣紛亂茫然，奧馬低頭祈問：「她感恩，她行善，但在這需面對競爭的社會，是否可以讓她在年輕時試著做一回小小主人，尋難勇進，恣意起舞？主啊！她說祢是唯一的真神，請開示我這駑鈍無知的子民。阿門！」

　　沿 254 省道前進，綠野平疇也秋涼怡人。又見一頭戴草帽身穿藍衣的老漢，趕著乾瘦驢兒，沉重地拉著幾根壯長的橫木，雖排孔斑駁卻也百年堅實，破舊古宅的拆樑或將轉成今日磚房的頂柱。前方，兩個兄弟共騎載物板車，車後一栓繩的黃狗默默尾隨，有如托缽行僧，安寧祥和的空氣洋溢著動感和樂趣。農村的生活或許苦實，但比起繁華城市的忙亂，必定更加有味。

　　《水滸傳》中的水泊梁山就在石佛鎮前頭，當年的菅芒河湖已成桑田陸地，感受不到北宋末年「縱橫河港一千條，四方周圍八百里」的壯闊。陽谷前岔開《金瓶梅》武松鬥殺西門慶的獅子樓，又閃過他打虎的景陽崗，二馬穿行於章回小說來到河南台前。

　　夕陽斜掛，路邊與鄉親扯淡，一小年青見藍馬車把上的銅鈴，死纏活說一心要留下做紀念。一陣好奇，拉薩買的對他也有著非凡意義？旁邊有人解圍一句：
「這是不可能的，對他本人的價值太大了！」奧馬樂遇知己。又一人道：
「我們台前夜裏 KTV、桑拿和酒店熱鬧的很，你應該好好玩一下。」奧馬當下爽快接道：
「哈，電話給我，落腳後找你喝酒耍玩去！」

仿模證件尋台前，晁蓋宋江闖梁山　山東鄆城

　　在中國，證照是被認可的需要。除身份證、駕駛證、畢業證外，上崗要證，買票要證，結婚要證，生育要證。有人笑說：「未婚要有單身證明，有工作要就業證明、沒工作要有無業證明，有錢要財產證明、沒錢要貧困證明，死亡要死亡證明、活著要有未死證明。」現代中國人正常生活所需的證件不僅數量多，而獲得這些證件也不容易，除了費用，還要耗費時間和精力。無奈的是，有些證件，沒有「關係」就甭想辦理。

　　到政府部門辦事似乎就是一個「開具各種繁瑣證明的過程」。試看友人上海賣房經歷。提供了繳納的契稅證明，櫃檯老爺又索要買入金額的「正規」發票，理由是「我們要確定你的賣家有交稅」。當時美金購房就是這個單據，上家沒交稅咋過戶？現在又上哪問去？他苦笑為十年前的賣家再繳營業稅。為匯出房款，問了多處終於來到稅務局。師爺一句：「唉，你們賣房的人真多，來，你拿筆記著，準備這些資料。」列出了七項單證名稱，有的已無法提供。又指電腦網上的表格，叮嚀最後一句：「要用 U 盤（大拇哥）把寫好的資料拿過來，我們才能在電腦上審批...」。

　　未開放前，媒體曾報導北京一對雙胞胎夫婦為「合法」生育第二胎，奔波六個多月，蓋了三十多個公章準備五十多頁資料，奧馬不奇怪。上海和北京，中國兩個現代的大城如是，其他角落城市的繁文縟節可想而知。或許一個中國人要走完一生，僅是為證明自己的存在至少需要「謀取」幾十種證件。人說，偌大的中國一放就亂，所以沒有「關係」的百姓，累！

　　台前縣以仿模證件聞名，奧馬起了賊心繞道前來。昨夜駕三輪的漢子用電話問著熟識，一張身份證索價 500 元，最後又「風聲較緊，以後再說。」今早縣城內外一路問著：「我要做個證件，你有熟人嗎？」左彎右拐卻無所得。再經指點，沿著 101 省道尋至十公里外的小鎮侯廟。一條窄小街面戶戶大門深鎖，渡著小月「午休」。探問路人，原來，「現在嚴打，大家避著風頭。」

　　揣上饃饃，沿著 254 省道前行。藍馬載著整根截斷的沉重甘蔗，一路卻屢見有賣，再看到鄉人僅買半根時，恍然大悟，原來甘蔗可以截斷零賣。「倒吃甘蔗，漸入佳境」，下次，奧馬就買它頭段。隨著一條搖擺的浮橋滾過黃河，二馬繼續奔向鄆城。挨著梁山的鄆城與水滸淵源深遠。「梁山一百單八將，七十二名出鄆城」，領頭的晁蓋和宋江都是鄆城人，「智取生辰綱」的黃泥崗就是今天縣內的黃堆集。

　　坐於低矮的石墩上，與四位守家老人啃蔗閒聊。不同的生活有太多過去要交流，想多問一些，也傾吐一些。夕陽餘暉下，彼此淡然說道：「不去也不行，讓兒孫們去吧！」數老下著結論：「你們臺灣老人活得和我們沒兩樣！」是的，老了都一樣。可是，單看人性的醫療制度，兩岸活得似乎又不一樣。

兩岸閒聊

深夜的旅店大院，四下靜寂，啃完甘蔗洗去手黏，凳上哈煙真神仙般暢快！手上一本「旅伴」雜誌談及甘肅農村的年輕畫家如是說：「一把鏟子也有它的性格，一堆泥土也會有它的脾氣。當世界的所有細節都被過分定義後，我們是智慧了還是更無知了？當一切所見都成為概念而無趣時，我想重回懵懂。」或許說的懵懂，就是沒有證，不需證的世界。有如鏟子和泥土的百姓不敢顯露性格和脾氣，但是他們不只是證件的標物，也想擁有自己的鏽跡和野味芬芳。

莫非，今日的台前就是古代梁山的延伸？他們用著筆墨和棍棒，對浮誇盛世做著體制外的解放！

八旬聾翁賣馬紮，知父女兒遠提醒　　山東菏澤

老漢綁馬紮

昨夜廣場燒烤吃串淡看鄉人散步悠閒。今天出門，馬路甦醒，人車奔忙。一老漢坐於寬敞人行道上穿椅線，馬紮散立閒人圍觀。奧馬是一見椅子就坐的主兒，有幹活老人又有喜歡的玩意，於是將屁股落在有背靠的馬紮。它確與藍馬坐墊截然不同，一矮一高，一大一小，一軟一硬，一虛一實，各自舒爽。

白衫搭著西褲拖鞋，低頭老人使勁將一條布繩在木框上來回穿梭。用力打個結抬頭說：「一元」。原來是換坐線。奧馬開口：「怎麼賣？」半天沒反應。納悶間旁人告知：「他 83 歲，重聽。」踏前指馬紮，果然，老人道出價格。笑叫比劃又看嘴猜意，路人感染快樂也大聲幫吼。最後明瞭數量，老人無錢找零。和重慶山區理髮師傅一樣，多給不要。那再加一把。

廢棄椅桿的二次勞作不是工廠花俏產品，有著市井巷道的家門親切。四小一大，老人費心捆綁，二馬成了中國郵政的送貨小廝。女兒網上看到照片說：「你一定要買，支持古老鄉人手藝。」回道：「買了五把，佔他 4 分之 1 還多，運費比椅錢貴。」忘加一句：「還等著妳付錢！」心有靈犀一點通，真所謂知子莫如父，而知父莫若女。

荷澤亭園思牡丹，響馬鬍子齊上寨　　菏澤休整

　　奧馬騎行沾染了「東北鬍子，山東響馬」的土匪習氣，也更加心儀「大碗喝酒，大塊吃肉」的粗狂。以前來過山東無數次，現在才首次踏入與洛陽齊名的牡丹之鄉菏澤。昨夜在路旁燈下的堂外矮凳上獨飲，大饅頭就著厚片羊肉，吞嚼的奧馬頗有山東大漢的架勢。

　　光影溫柔，水波蕩漾，不緊不慢的步調揮灑著天天週末的情趣。天黑來到夜市，販夫走卒吃喝拉談，喧囂吵雜漸去漸遠。牡丹身枝節制又剛強，花朵豔麗大氣，人說她碩柔華貴是花中之王。奧馬卻尋起黑龍江邊豐腴水草的幽幽細長，大興安嶺奔放溪流的潺潺不息，花木林人訴說的狂野姿色。騎遊東北的計畫隱約成型：來年蟄伏最北中國，在最冷隆冬望著圓白嶺線，待春暖鳥啼出發南下。魯地思北騎，奇妙的時空轉換讓響馬和鬍子擰成了一股，奧馬又閒得自在。

　　「山寨」床頭臥擁柔被，想起萍水相逢的新識，起身道別時的一句祝福：「願你好人一生平安！」月下入夢的奧馬禁不住莞爾。

為尋典型走蘭考，無辜稚子熬長夜　　河南蘭考

小女說：「你騎這麼遠，水果送你，不要錢。」

夜間公園高唱紅色歌曲

　　一路有著滿街的周杰倫為諸多商品宣傳，「只要我喜歡，有什麼不可以」的標誌表情挑逗惹眼。一提「話說不清楚」的臺灣歌星，即使不知名字，全國老小都知道就是那個年輕偶像。現代看板和電視無孔不入，周杰倫來到鄉村更是耀眼。

　　天黑，進入蘭考找到老字號「李記羊肉鮮湯」館，大鐵鍋裏的羊肉羊雜，要啥有啥。門外小凳圍坐矮桌，與溫州來此出差的年輕小李暢飲。客戶來電，聽他一句：「你掛斷，我打來。」轉頭對奧馬笑說：「省他們電話費。」浙商業大確是有理。捨得、和氣、共贏、低調、敢闖和精明的特點，讓他們在中國商品百強中高占半數。一句「白天幹老闆，晚上睡地板」，有這種吃苦耐勞的經商傳統能不致富？哈，活該他們有錢！

旅店桌前電腦說著焦裕祿：

「蘭考地處河南黃河故道，飽受風沙、鹽鹼、內澇之患。焦裕祿於 1962 來到正遭受三年自然災害的蘭考上任。他不顧自己的肝病，在風沙最大的時候查風口探流沙；大雨傾盆的時候淌洪水看流勢；風雪鋪天蓋地的時候，率領幹部為群眾送濟糧款。他經常鑽進草庵、牛棚和普通農民同吃住同勞動...」。不到兩年，肝癌奪去生命，年僅 42 歲。他的遺言：「把我運回蘭考，埋在沙堆上。活著我沒有治好沙丘，死了也要看著你們把沙丘治好。」沙丘，治好？不想十個焦爺能否在那年頭完成此曠世工程，他確是近代中國「犧牲小我」的典範！

過去，焦裕祿是毛主席的好學生，抱病從公的情景，有點悲涼。

今天，周杰倫是小學生的大明星，載歌載影的場面，很是光鮮。
每個時代都喚著自己的典型。街燈霓虹閃爍，這個城市的過去和現在，奧馬一時對不上號。

第二天晨起，寬大內院陽光充足，幾條橫拉的鐵線風中招搖。老闆娘指著洗衣機和大水盆說：「水龍頭、洗衣粉都在這裡，東西儘管用。」奧馬痛快洗刷一上午，所有衣物幾乎全部上架。長長兩串意猶未盡，拉過水管，藍馬也來洗身。出門輕快一句：「太陽老大，幫著照看，我晚上回來收成。」

來到往日典型的陵園，思潮飛到古今中外。道德之事無法設立標準，更不能強制執行。所以今天西方的法律也承認個人自主空間的存在。而在老毛時代，國家民族的大旗拉到日常生活的吃穿拉睡，個人僅是一隻為族群犧牲奉獻的螻蟻。光天化日之下萬民企盼，有能有心者必也多勞。尤以 5、60 年代政治運動接踵而來，導致天然災害相應發生，是非顛倒的荒唐文革更是無數悲劇的源頭。焦典型的樹立或許不是歷史的顛頂玩笑，而是苦情大地的人性揮灑。不只是為窮鄉，他是為全民的教化而犧牲。利在當代蘭考，功在共黨華夏。

夜晚的公園光線幽暗，廣場上男女老少隨樂舞動。涼亭角落風琴古箏高唱紅色歌曲，鏗鏘有力，聽眾擊節應和掌聲不斷。湖邊，情侶點茶而坐促心輕談，好漁者隨著垂釣的浮標晃動，冥思獨白或與魚兒對話。除了排檔吃喝，這就是一路看到百姓外出的夜間生活。過十點，農民用著拖拉機滿載小西瓜兜售自家收成。或許，城管收班才能上場。老婦讓孫兒趴著車椅站休，高度不得舒服，小兒疲累轉身又抱著老婦。奧馬近前拿買，順口一句：「小孩好累，想睡覺了，幾歲？」老婦無奈回答：「五歲，爸媽外地打工了，沒辦法，只有跟著我們。」

小兒閉眼再轉身靠著鐵硬的車頭，不求被蓋，要的只是可以躺下的一片木板。奧馬樓前階梯摔開西瓜，齒舌刮舔。肚皮無法改變世界，小兒將來也只能靠自己的努力改變命運。手中一個火機燃去數根香煙，卻燒不掉小兒的一絲困倦。

奧馬希望小兒將來也能如小一女兒，在週六對第一次突然開車出現校門接她的老爸驚訝後所說：「有同學爸媽天天開車接送，就那樣。爸，今天也沒有說特別高興。阿嬤每天都會在巷口等我，我搭公車回家也很快樂。」相信，小兒也會從小就隱約知道將來人生要追求什麼。

村農深夜賣瓜

油條豆沫胡辣湯，河南騎友午吊床　河南商丘

　　出巷口，桌上糊狀碗食吸引二馬。路人攤前一聲：「盛碗豆沫，來兩根油條！」奧馬學舌呼聲就坐。原來二者是絕配，喝一口豆沫咬一口油條，爽口開胃。而剛剛鄉人的那句口禪正是河南人身份的最佳表白。沒想到花了三塊錢就學舌一嘴河南味。原來「武王平殷後，天下宗周，而伯夷、叔齊恥之，義不食周粟，隱於首陽山採薇而食之。」餓死後殷都人感其氣節祭奠，以小米舂成粉做成羹，放入青菜和搗碎的黃豆沫兒，呼之為「豆沫」。

　　對面騎來白髮蒼蒼的趕路老嫗，彎腰斜背奮力踩踏，狀似急迫。莫非大事突發，三輪板車就是她出門遠行的工具？捨己為人的古代典型也罷，商業運作的時代寵兒也罷，對她而言，此時都是多餘。

　　路邊，迎來鍋底最後一碗河南「正宗胡辣湯」，吃完碗內的紅薯粉條和碎切肥豬肉又要來豆腐腦，這兩天的「尋焦」學習終於了結。兩張一元紙幣抹淨過去和將來，奧馬又落得輕鬆自在。

　　過午的悶熱國道少有來車，忽見林中有著打尖人馬。綁樹拉繩，個個吊床午休，有如水滸中護鏢好漢。入內探視，原來是河南新鄉騎隊十人往上海。奧馬玩笑一句：「你們好享受啊！」他們確是比青海遇上的鋪墊午休的嬌貴學子更悠哉。組織的騎行有的是規律的踩踏與休息，大夥吃飯和集體睡覺，奧馬真玩不來。

綠林騎漢吊床午休

古城夏邑長壽鄉，姣好女子心訝然　安徽鐵佛

　　昨夜進宿商丘的國營賓館，高聳的大廈原是市有招待所。前臺對二馬的要求感到棘手，經理一句：「當然行！」於是二馬拉手乘電梯上了最高樓層。清晨在大廳高掛的旅遊景圖神遊：「登商丘古城，尋三商之源，探芒碭神奇，遊黃河古道，訪木蘭故里，覽華商之都」，中國城鎮永遠不缺人文古蹟。商丘是帝嚳高辛之都、少康中興、商朝開國、周朝宋國、漢朝梁國及南宋開國的六朝古都。古老歷史的深厚底蘊讓它有了安步自信的百姓。戰國中期，一代大師莊子的故里所在眾說紛紜，至今爭持不下。《史記‧老莊申韓列傳》云：「莊子者，蒙人也」，有說這蒙就是今天商丘東北的蒙縣故城，果真耶？是真是假，都已是黃土一坏。

路過的小鎮卻不缺巧思，甫開張的婚紗店前停著一輛加長敞蓬禮車，前後還掛著鮮紅喜氣的傢俱廣告，不忘創收。馬路上，一輛不知啥車改裝的「一元公車」悠然駛過，有如景區的透空接駁車，隨叫隨停。沒有失敗的嘗試，哪來償夢的喜悅？今天專家學者口中的「產業創新」，資源不是關鍵，或許更多是「敢做」的挑戰。時近中秋，糕餅作坊前婦女伴著糖油箱桶排起長隊，正候加工以成月餅。現代商業與傳統生活各自紛陳。

　　吃完一大盆營盤的正宗羊肉，老闆夫婦談及以前大忙時一天要宰殺十幾二十隻山羊。兩個較大小孩已送入縣城寄宿私校就讀，現正為留家么兒的過胖犯愁。剛入腹中的豐腴羊肉，讓奧馬感到某些農家個體已經富的流油。

　　孔子祖籍的夏邑是長壽之鄉，也是中國上古古都，中國人以「華夏」自稱來源於此。剛出鎮區，後面一電動車輕盈超過二馬。姣好的身影加上得體的衣裙，在少有人車的郊區有如一股清流，久為山野村夫的奧馬不禁眼亮。前頭紅燈亮起，二車並排停下。側臉望她的同時，她也笑容可掬開口：「你長途騎車辛苦。要不要到我們辦公室休息一下？」

　　前是岔道又沒路標，奧馬正為問路發愁。對甜美邀請自是欣然接受。只是這不是商業區，遠近也無大樓，何來辦公室？二馬尾隨進入不遠出現的現代加油站建築。哈，原來，她是超大型國營事業的主管。入內，熱情問候，體貼邀坐，臨走還堅持在駝包兩側各夾上一瓶「脈動」飲料。下班的韓老弟也一路陪騎指路、介紹景點，直至省道路口方告別而去。

　　不經意的邂逅讓遠漂歸來的遊子感受鄉情溫馨。河南雅陋雜陳也包容並蓄，有人說她是中國人的母親。確是，華夏傳統歷久不衰。

小鎮敞蓬禮車和改裝一元公車　　　　　　　　　　　　　　　　　　送飲帶路

獨坐江中樂垂釣，鄉女揀馬尋鍾馗　安徽靈璧

靈璧奇石

清晨接過大叔白行車去田野出恭，踩上 28 吋的大輪，好玩！這是五個月來除藍馬外，唯一踩過的單車。瞄著地圖上的揚州，也就 5 天可抵上海。愈近沿海地勢愈平商氣愈炙。走哪住哪，住哪吃哪，二馬有如貪玩小孩踟躇回家，有棄兒沒棄兒隨意打一桿，走停自在。

大橋下，一獨坐江中的老兄正與兩岸共垂釣竿。納悶，他怎來到河中入座？又如何把自己安然固定？前頭 2、30 隻山羊快足穿越馬路。隻隻貼身而行甚是緊湊，有如部隊轉移的快、狠、準。牧人一聲輕呼，殿後跟隨的狼犬倏忽躥至主人身旁。領頭羊的威望，令人佩服，而奧馬一向自豪所養之狗隻隻比人聽話，對這犬控羊隊的絕活卻是認輸。

日暮，隨著「靈璧」路標路旁陸續出現碩大奇石，開始留意農宿。左顧右盼間，一輛電動摩托車後頭趕上。女青年側臉微笑：「你騎車，天晚了，先到我們家坐坐，休息一下，就在前邊不遠。」繼而邀請在家吃個晚飯。知道奧馬正尋一樓住處，又道：「我們家，正是院子，方便放車，你可以今晚就住我們家。」納悶！一路上有這多好人，現在還是個年輕單身女子。他們總是知道奧馬要什麼，在需要的時候出現。再三邀請，奧馬一大男人就被小女子撿了回家。開鎖進入農戶大門，租來的院落確是寬大，沒有他人同住，二人聊等她忙活的新婚丈夫回家。

晚上三人夜市排檔吃飲，突然隔壁大棚站起舉杯二人，奧馬提醒：「你們朋友？」他倆看後搖頭。奧馬指指自己，對方點頭過來。原來是當地騎友看到棚外藍馬尋馬主，騎行褲確定了奧馬。第二天，旅店房間撥弄著電腦，廚房阿姨突然敲門提醒：「我們要收拾早餐了，看你沒出來，我為你留了一些，你慢來。」這特別的照顧讓奧馬又吃上久違的早食。餐廳看著冰箱，似乎上頭就貼著女兒大學時的叮嚀：「老爸，我這兩天跟教授去北京出差當翻譯，1- 煮好的食物分幾包放冷凍，2- 新鮮蔬菜在冷藏，P. S. 假如你快餓死了，記得打電話給我！」唉！這女兒，那時候就知道怎麼寵老爸。

電話響起，為二馬尋宿此地的敬酒馬兄又邀午餐，有道是「天下一路，人熟地不生！」想起昨天入住時，四、五員工列隊拍手歡迎遠來的騎人，店家的盛情讓奧馬決定休整一天。

原來，靈璧有三寶，一醜一美一奇。它是「捉鬼鍾馗」的家鄉、有著虞姬墓，靈璧石也是聞名，一塊上好的石頭可以敲出五音八律。晚上說著風土，小田看到駝包內的銅刀，一句：「你確實一路沒什麼好怕的，隨身帶了五把刀。」三人都笑。奧馬有如對著揶揄父親的女兒問道：「妳一個人路上邀我，就不怕我是壞人？」她說：「你一看就是好人，況且你還騎車。」或許，騎人的身影，就是最佳的人性告白。

霸王虞姬一培土，摩托追趕送燒雞　江蘇雙溝

虞姬墓

虞姬墓沉睡於宿泗公路旁的靜林中，灰沉的墓基隆起近兩米。明清所立碣碑經過文革糟蹋已是新修，蕭穆中帶著荒涼，撩不起現代多情男人的一點傷感。對聯說著淒麗：

「虞兮奈何？自古紅顏多薄命，
　姬耶安在？獨留青塚向黃昏。」

後頭追上一輛電動車叫住二馬，青年熱情地說：「我聽說一個拉薩騎車下來的人在前頭，一路追，你騎得真快，總算趕上了。這燒雞是我們宿州名產，你帶著路上吃。」那袋裝的金黃油雞，濃郁香味似乎撲鼻而出，奧馬婉拒，老弟再三堅持：「我要到前頭村裏看親戚，剛好帶上了，還有一隻，夠了。看親戚還有下次，你就留著這隻吧！」

想起昨日微雨閒逛，泥濘土路旁有著幾攤水果。靠近一臉風霜皺紋的老嫗攤前拿了少量的葡萄和香蕉，再指著水梨說：「都是我一個人吃，少要幾個，妳幫我挑。」看著她駕輕就熟的選出兩個好樣的就要進袋，奧馬冒出一句：「醜的、撞到的沒關係，我馬上吃，還可以放的你留著賣，就這些」。順手抓了2個磕碰傷腐的進袋。稱完後正付著錢，老嫗說話了：「你這人厚道，來，再送你兩個」，又撿上兩個好梨。堅持半天方才脫身。

一百多公里外，地方領導的「法老雄心」讓「九年不長十年淹，高窪不平的黃土灘」還是「旱澇保收的一等地」的爭執未息，人命已出，千畝良田也糟蹋了。早七年前就立起歐式風格的現代辦公大樓，占地42畝，人稱「阜陽白宮」。時代巨輪永不停息，為著明日的留名大氣，善良百姓總要烙下淚痕血跡。

虞姬墓前的一坏黃土，哀戀蓋世霸王的烏江一刎；隨車追趕的一隻燒雞，香飄盛世中國的靈璧一別。廖老弟，謝謝你！

盱眙龍蝦歎口拙，我是張飛我怕誰　安徽桐城

近兩點，看到「中國龍蝦美食第一街」的牌樓，知道盱眙已到。上海有著滿街的盱眙龍蝦和中國第一，沒有專利誰都可以掛它一板。奧馬手口皆拙，若無人侍候，上桌的蝦蟹常常連殼吃下，現在卻想捲起袖子吃牠一鍋，見斗大招牌「盱眙龍蝦第一館」前還停著幾部轎車，似乎說它地道。

進得館內，穿著光鮮的年輕女掌櫃用公安語氣問道：「幹啥?」「吃飯。」又低頭生硬一句：「吃啥?」「龍蝦。」奧馬順手指著窗外的藍馬問道：「我車子放外面沒事吧？」小女緩緩抬頭斜眼外望後不耐煩地偏臉道：「我們三斤才能做。」「我一個人，不能少點？」冷淡

搖頭：「沒辦法」。奧馬笑道：「好，那就來三斤，上！」攆不走騎單車的寒酸客人，她指著貼牆小桌：「坐那兒！」「沒有其它桌子？」不喜面壁的奧馬心知裏頭多包間，希望還有大廳。見沒搭理，也好，可以探著藍馬。良久，方聽得她向內一聲吩咐。耐性地點上香煙，舒勞解饞，一煙在手的奧馬有了世界。

夾指豎灰再要煙灰缸，又沒搭理，奧馬有了情緒。是見外地憨客一人「小」吃，還是騎車寒酸所以低眼斜看？就想上馬走人，留她小崽吃去。一路鄉情問候，剛要進入繁忙的都市就碰上小娘擺譜，還沒舉筷就來上尖削嘴肉，奧馬頓時食趣全無。

白雲悠飄變成人車的浮世氣躁，山高水深變成彼此的面目可憎。再問有啥啤酒又悶聲不吭時，就如後來的電影「我是張飛我怕誰」，按捺不住的奧馬不再啞忍，猛然狂吠：「狗日的！我來吃飯，不是要飯，從現在起不要妳說話，叫經理出來！」瞪大圓眼的奧馬拍起了桌上「三國」。隨著小女衝進後堂，一陣搶白傳來，有如被咬一口的小狗淒厲哀嚎。馬上，廚房大老出來陪談。隨後上桌的一鍋「蕈瞎」就這樣被兩狗給糟蹋了。

上路後，揣摸她是留待晚離客人的親隨。大男人對小女發飆，欠修養不厚道。把脾氣拿出來叫本能，把脾氣壓下去叫本事，沒本事的奧馬可以腳翻無數大山，本性卻難改。繼而一想，都活到這點子上了，還改什麼改？率性可矣。哈，張飛的頭該怎麼掉就怎麼掉，要不，哪來當陽長阪一吼的痛快！不轉「社會」的奧馬真想回頭反騎。

晚上摸黑踏進旅店，開心與店家夫婦談聊解乏。轉身臨上二樓，老闆娘促著一句：「老公，瞎看著幹啥呢，還不幫抬車上樓！」他們夫婦又讓二馬上到了西藏。「世界是自己的，與他人毫無關係。」或許，奧馬百歲之後也沒有楊絳的淡定與從容。

三月煙花下揚州，九月踩踏上渡口　江蘇鎮江

過了古運河大橋，先是幾團黑雲鑲著耀眼的白邊，接著嘩啦水滴四周敲打。暮色中，冒雨來到鎮揚汽渡，二馬水淋上了長江渡輪。低頭看著腳下微開小口的汲水騎鞋，那是奧馬在拉薩走街挑選，又找著鞋攤打上了兩排透氣鉚孔。如今，順腳的藍白足蹄將完成它六千多公里的使命，不捨啊！迷濛的江面揉出對岸一片繁華，或許歡鬧的生活有時比一座荒山還要寂寥。讓人感到疲憊的不是大山大水的騎途，而是世俗人情的裹腳鞋子。

幾渡大江，最後渡過的還是長江。清初揚州屠城十日，民末對日抗戰八年，皆已湮滅。橋梯下，手機說著段子：「愛人是路，朋友是樹，人生只有一條路，一條路上多棵樹，有錢的時候別迷路，缺錢的時候靠靠樹。」上海院子裏銀杏樹下的枇杷和桂樹是該修剪了。

駁船岸邊熄火，二馬相攜上岸。路燈晦澀，整齊的道樹婆娑起舞。古人「煙花三月下揚州」，二馬「踩踏九月上渡口」。淒冷容易傷感，近家總是情怯。

鎮揚渡口

日趕盲道六百里，晨歸家門人走樣　上海

　　二馬走了五個月，現在離家近 300 公里。對人生，奧馬總說：「最後笑的，笑得最可愛」，他決定一天騎完。心想「今天要回家，再晚，都要躺在自己的床上！」

　　進入燈城常州，林立的街燈在國道兩旁爭奇鬥豔，有如士兵舉矛連綿數里。巨龍腳步在繁華的都市日夜踩踏前進，政府與商家共同打造的特色產業讓義烏模式遍地開花。日暮逼近無錫來到五個月前的陸橋，想起拉練往南京時與小曼坐石階等候扎胎的劉隊和薩拉，風雨泥濘歷歷在目，奧馬鼻酸。當時問路，國道有新舊兩線，路人指路混雜模糊，忐忑之心油然升起。

　　對外來單騎，與其說無錫可愛不如說可恨，恨沒買剛上市的地圖。先是新修輔路誘人進入后又折返幹道，漂亮專用慢車道又逼人上了高架快車道。當聽到越過身旁的轎車丟出：「媽的，你這車也上來」時，奧馬用拳頭握緊了車把。終於沿著嶄新的現代大道前行，黑暗中一個明確的路標寫著「312 國道，上海」，上方箭頭有著大字「西」，上海不是在無錫東邊嗎？方向明顯相反，拍你一張。久久一路空曠無人，此時昏黑中突然走來一人道：「拍我照片幹啥？」堅持要看相機。忍著問路，對方劈頭一句：「我們新修的國道成 S 形前進，傻眼了吧！」哈，上帝又看到往日氣盛的都市奧馬，對著一句：「去你娘的無錫！」

　　不停的問路前進，接連的猶疑轉折。天已黑心早亂，再經市區一連串的挫敗與懊惱，想投降停宿了。搖擺著，突然看到「蘇州 29 公里」路標，毛孔立馬舒張！再看到寒山寺路牌，解脫奧馬進入久違的「藏書羊肉」狠吃一頓。守夜的虎丘塔，燈火通明有如天光引路，來到昆山城郊正擔心夜半無人問路，由宜興返騎的小王適時出現，熱情引奧馬切過市區。二人行進於明亮的寬暢國道，又見一背背包穿涼鞋返家的青年夜騎，一身瀟灑。呵，奧馬看到自己年輕的生命，真好！

　　凌晨兩點看到安亭新設的哨卡，驚覺上海正進行世博會，擔心路檢對藍馬身上的五把銅刀有著意見。還好，解放軍對「騎單車的人民」不檢放行。來到出發第一天抽煙的徐涇迪卡儂廣場，空無一人，看著頭插地圖的藍馬，又是一陣濕眼，奧馬被自己感動了。熟悉又陌生的美化 318 國道，新樣亮麗地說著五個月去回的變化。當二馬各自頂著頭燈進入家門時，碼表顯示 5 點 10 分。一天一夜 22 小時奔騰 285 公里，兄弟倆累了。藍馬要卸甲休息，奧馬也要躺橫伸展。踩著樓板，幾聲雞啼歡迎二馬歸來。

　　人一輩子都在重複，重複著出門與回家。就如一路的農民對著莊稼討活，世代重複著挖土與埋土。奧馬過上都市生活卻還重復著鐐銬式的人生軌跡，生活沒有全然的自由，總要與困厄同床共眠。天微亮，屋內久違的熟悉黴味撫慰著最後一天的折騰。奧馬拉上塵封五個月的鋪蓋，還是那麼貼心溫馨。

　　跑得再久再遠，家，永遠是旅人最後的歸處。

五個月沒想的家

來日方長戲人生，南疆北域路還遠　上海拉薩北京環騎結語

　　生活就是沒有終點的一條彎曲山徑，只能見招拆招一路下去。奧馬懷疑，騎車是自己鳥籠生活的必然逃避，還是籠鳥求歡的不息尋覓？上路，已然沒有對抗，有時更像達爾文筆下個體灰飛煙滅前無意識的前進。人說得好：「老了，還是無法看懂身邊問題，只是更能容忍和接受。」　奧馬幸運一生有著選擇的自由。

　　沿途景觀揉進回憶，奧馬對過去生活有著了斷後的欣慰。回首五個月十八省市的心路歷程，不禁規劃著未來騎行的美麗藍圖：
　　上海寒冬拉練後，確是不懼雨天和寒冷
　　大巴山區翻嶺後，再也不懼爬坡
　　川藏上去後，不懼高原
　　青藏下來後，不懼強風
　　夏日陝北黃土高原穿行後，不懼炎熱
　　上海–拉薩–北京環騎後，不懼長途
　　就等夏天新疆絲路騎完後，不懼沙漠戈壁
　　冬天東北隴黔騎完後，不懼雪寒泥水
要將馬兒裝上可拆卸的擋泥板讓牠少懼污水泥地，那時才能說：「一狗二馬在路上」。全天候全路種騎行，逍遙又自在。奧馬已然決定要狂野騎遍中國各省。

　　屋外網球場星光鋪地，老森兒門口石墩一坐，唱將起來：
月亮奶奶往那腔，　　　（月亮你要往哪去）
估堆包穀畝牛事；　　　（蹲看玉米沒啥事）
跳皮毛捏豬老闊，　　　（撒野小孩憨又蠢）
茅池搬橋僵得疼。　　　（茅坑耍拽還倔拗）
古吃霸佔山喀喀，　　　（隨手拿來山裏活）
款天闊地渣拉拉；　　　（吹牛自擂吵翻天）
裝瘋迷竅打王逛，　　　（裝瘋賣傻神恍惚）
妥神扒到扯筋瓜。　　　（大哥到來相鬧傻）
豫湘黔川的鄉音土味，一股腦冒了出來。看來奧馬這輩子要走的路，還長著。不關結束與開始，人生所有的結局早已寫好，喜悅和淚水都已啟程。

　　笑憶人生來追夢，年過半百還塗鴉。唉，這天養的老小子！

轉山轉水的堅持，令人敬佩的騎友

「五湖四海皆朋友，天下騎友是一家」，奧馬路上受到很多騎友的幫忙。歸來後有人對奧馬騎行萬里需要體力、毅力和耐力感到難得，他總回答：「這沒有想像中的難，只要有了興趣，就什麼都有了。我不算什麼，當你知道路上騎友的經歷，那才叫佩服！」

劉隊—— 上坡輪胎跑氣，五公里打百下

劉隊通常會在山頂或主要地標等候奧馬。往榮許那天補胎數次卻找不到禍首，他推爬到宿地檢查後立即換新內胎。第二天爬五千米的東達山，上山下山一天不見人影，直到傍晚下坡將入村才看到他在路旁坐笑。原來老兄出發不久發現輪胎又跑氣，問題沒解決。想到路遠道險不能變成他人負擔，於是，猛踩四、五公里就用隨身的「小小」氣筒快打一百下，再急忙跳上趕路。一路爬坡 50 公里不休息。

185 公分高，身強力壯的陝北大漢說：「呵，真累死我了！」奧馬看到樂天助人的憨趣。

一毛 ——摔車扭踝，單腳上山

在通麥再度遇上北京四年青騎友，他們提到一毛前天的爬坡。因疲憊低頭只看地上踩踏，不小心撞上前車摔倒扭腳。此時離埡口還剩幾公里，他繼續堅持，單腿撐上埡口後順勢滑坡下山。

奧馬回想，路上也是幾度因疲憊而只看前輪一米苦騎，曾滾上修路的砂堆倒地，有次還差點撞上路邊卡車的後斗。哈，斗膽揣測，高山稀氧又長途爬行，他在打盹！當別人提起這經歷時，一毛只是旁笑不語。他肯定有更多野玩山水的樂趣。

野狼—— 大人騎小車，餐風露宿走滇藏

他淡笑說：「第一次買車回來後，別人告訴我那車走不了滇藏，於是回店換，老闆就給我這部。」那是 15 吋車架的山地車。

麗江出發，一路風餐露宿，山區帳篷內的主要糧食是幾斤大餅和麵條，間或玩漁所得。180 公分的高壯身軀，騎著彆扭「童車」，不說山路彎陡艱難，車負沉重，單就每日近十小時的彎腰屈腿踩踏，其折磨絕不是「夠嗆」所能形容，而野狼真用它騎進拉薩歡看世足賽。不斷給自己藉口而怯於上路的騎人是該臉紅了。

家鄉常以烏鴉踩在牛背上形容小孩騎大車，或許，野狼在路上也曾經希望自己是一隻小鳥。他有追逐夢想又逆來隨緣的雅趣。

Emrys —— 單車拉著拖車歐洲出發，經亞洲騎回澳洲

四川雅江碰上。路標告訴奧馬騎了 3,000 公里，而他輕描淡寫地說已 15,000 公里，預估還有 10,000 公里就到家了。從德國漢堡告別母親，一路向東經哈薩克斯坦入新疆。準備走雲南回澳洲雪梨，有著「我騎車回家陪老爸」的輕鬆。

那天翻過 4,500 米的高爾寺山，奔坡來到小村後對他邀起袋中餘糧，他痛快大吃，似乎意猶未盡。於是奧馬問大姐：「早上旅店準備的口糧還有嗎？」她皺眉說道：「吃剩的給外國人，這好意思嗎？」「誰在乎！」捧到跟前，他一句：「你們不吃了？」確定之後，就像奧馬一樣，當仁不讓地吃完又送上的食物。正如地上的青草，牛羊不分彼此，這是大家的體力。

傍晚再趕路。老兄長車鐵條被顛簸石路震斷，路面稍好後又趕上來。約他當夜同宿，上坡時還不忘回頭問要奧馬駝包，欲幫減負。可愛的兄弟！單車叫 Eagle，拉了一輛拖車 Bobe，帳篷睡袋等行李 50 多公斤。他們仨，一路入境出境與天地同行。臉上燦爛的笑容說著遠颺異域的豪氣。

張強—— 環騎中國省會城市

蘭州碰上時已出發三個多月，正走青藏往拉薩。後來收到他的短信：「昨天爬蟠龍 72 拐 45 公里，六個半小時，遇冰雹永生記憶。」記得那天，奧馬翻過 4,658 米亞拉山後，往下一望，傻眼了！土路雞腸盤繞，碎石陡坡不停。慶幸「還好我是下坡。」老弟由那頭爬了上來！

看著地圖，奧馬豎起拇指，省會都位該省中央，除了崇山峻嶺的拉薩，東北雪地的哈爾濱，西北沙漠的烏魯木齊，還有深山叢林的貴陽，孤立南海的海口...，相信，它們都讚歎他深邃內斂的勇氣。

哈奇—— 中國四年騎四萬公里

青海不凍泉碰到時，七十多歲的瑞士人正帶隊上拉薩往阿里。補給車跟隨，隊中有日本人、韓國人還有中國的陪騎導遊。

隨著咖啡、蘋果，再送上明信片。只見片上一戴頭盔穿騎服的老者，踩著伴他數十年的白色坐騎。鬚髯白鬚下，手拿北京奧運火炬。他說自己沒家人就好像在告訴你有一個大家庭。來中國經營廣告公司近四年，計畫年底移往澳洲繼續騎行。或許真正的事業是騎遊。只要輪子滾動，必然意氣風發堅定向前，他坐在兩輪上的人生，有著老當益壯的英氣。

　　後來在內蒙黑山頭草原，奧馬碰上了海南行者，負重近百公斤，曾在新疆沙漠斷水、嚴冬凍殘腳趾。靠著僅有的積蓄和妹妹的偶而打點，騎走中國已兩年，因為一直在路上，小侄女出生一年至今未見面。

　　他說：「我不能接受資助，那會有慣性。」問他為什麼上路，還這麼堅持。又說：
「趁著年輕，就想完成一個心願。我想你也知道，騎車是會上癮的，停不下來！」
似乎，他有不畏天地的牛氣。

　　還有很多騎友都留下記憶。多樣的個性和生活歷程，不約而同地走到一起。透過自我堅持和彼此關懷，體會天地萬物和諧、人性樸善恒美。山有多高，影就有多長，山水天地教人成熟，也讓我們在不經意淪為別人盜版時，有了短暫的回眸。

　　奧馬發現，只要踩在遠行的輪上，不管男女，除了情趣，也多有「能仁寂寞」的隱然霸氣。蘇格拉底說：「未經審察的人生沒有價值。」正因為曾經在忘我的時空走過，我們對自己的人生也有了更多的評論權。

上海-拉薩-北京環騎 費用參考

　　奧馬進入大陸工作十五年，常各地出差，對民風消費稍有感覺。在不浪費的原則下，絕不虧待自己。2010 年上海拉薩北京環騎，全程 155 天費用彙整如下：

A. 騎行基本費用（人民幣）

名稱	每天平均（約）	合計
住宿（10-260/天）	80	12,400
吃	50	7,750
煙雜，飲料	15	2,325
車保養及配件		500
其他（船費，地圖..）		500
小計	150	23,475

B. 人文享受費用

名稱	合計
紀念品	8,000
聚餐同樂	3,000
樂捐扶貧	5,000
其他（買/修相機，換裝衣物，景點門票..）	3,000
小計	19,000

A,B 支出合計	42,500

　　路上碰到很多青年學生長途騎遊，每日吃住預算 50-60 元，幾人同行也玩得盡興。如果帶上帳篷，就更省了。後來有人問宿得食，走了熱情的哈薩克斯坦一個月花不到 1,000 元人民幣。

　　點對點的駕車旅遊，需要全神貫注，一天下來可能腦鈍脖僵。沿路看賞的騎遊在座墊上前傾後仰，隨性伸展「六體」活絡，下車後常是更加精神。前者要油費和路費，所費不貲；後者花的幾乎全是「腿費」，它還越花越有，身體越也來越棒。若時間允許，四輪換成兩輪也是不錯的選擇。

卷六

完騎大中華里程、騎影及小記

1– 上海–拉薩–北京環騎
2– 臺灣、東南/西南、東北/內蒙
3– 西北新疆下海南

結語、後記

趕路的豬老弟，我們道上相遇
你四足我雙腳，靠的都是腿力

你一欄又一欄，我一地又一地
說不清是生活還是樂趣

我們充滿生機，我們展現活力
我們，都有享受生命的美妙回憶

四川路遇趕趟種豬

山童牧歸– 貴州畢節

1— 上海拉薩北京環騎里程（公里） 2010/4/10— 9/11

上海—成都

日期	抵達宿地	日程	累計
4-10	浙江織裏	128	128
4-11	安徽廣德	107	235
4-12	安徽宣城	89	324
4-13	安徽當塗	101	425
4-14	安徽九華山	58	483
4-15	安徽月山	133	616
4-16	安徽懷寧	102	718
4-17	安徽白帽	87	805
4-18	湖北浠水	111	916
4-19	湖北黃州	75	991
4-20	湖北武漢	85	1,076
4-21	湖北仙桃	81	1,157
4-22	湖北荊州	134	1,291
4-23	湖北宜昌	112	1,403
4-24	湖北秭歸	65	1,468
4-25	休整		1,468
4-26	湖北奉節	58	1,526
4-27	重慶公平鎮	118	1,644
4-28	重慶巴陽	85	1,729
4-29	重慶福祿鎮	86	1,815
4-30	重慶袁驛	47	1,862
5-1	四川大竹	69	1,931
5-2	四川花橋	78	2,009
5-3	四川南充	83	2,092
5-4	休整		2,092
5-5	四川安居	133	2,225
5-6	四川童家溝	74	2,299
5-7	四川成都	146	2,445
5-8, 9, 10	休整		2,445

成都—拉薩

日期	抵達宿地	日程	累計
5-11	四川邛崍	75	75
5-12	四川天全	113	188
5-13	四川瀘定	108	296
5-14	四川康定	53	349
5-15	休整		349
5-16	四川新都橋	71	420
5-17	休整		420
5-18	高原爬坡		420
5-19	四川雅江	112	532
5-20	四川理塘	79	611
5-21	四川158道班	57	668
5-22	四川措拉鄉	123	791
5-23	四川巴塘	57	848
5-24	芒康溫泉地	48	896
5-25		0	896
5-26	西藏芒康	66	962
5-27	休整		962
5-28	西藏左貢	50	1,012
5-29	西藏榮美	52	1,064
5-30	西藏邦達	64	1,128
5-31	西藏八宿	110	1,238
6-1	西藏然烏	96	1,334
6-2	西藏波密	95	1,429
6-3	休整		1,429
6-4	波密通麥	132	1,561
6-5	西藏魯朗	30	1,591
6-6	西藏通麥	64	1,655
6-7	休整		1,655
6-8	西藏魯朗明	73	1,728
6-9	西藏八一	78	1,806
6-10	西藏魯巴河	89	1,895
6-11	西藏金達	95	1,990
6-12	西藏松多	61	2,051
6-13	休整		2,051
6-14	西藏拉薩	191	2,242

拉薩—蘭州

日期	抵達宿地	日程	累計
6-25	西藏羊八井	94	94
6-26	西藏當雄	95	189
6-27	西藏納木錯		189
6-28	西藏當雄	74	263
6-29	西藏那曲	78	341
6-30	西藏那曲	102	443
7-1	休整		443
7-2	西藏安多	146	589
7-3	天下第一道班	82	671
7-4	西藏雁石坪	112	783
7-5	西藏沱沱河	93	876
7-6	青海五道梁	151	1,027
7-7	青海不凍泉	95	1,122
7-8	青海納赤臺	94	1,216
7-9	青海格爾木	93	1,309
7-10	休整		1,309
7-11	郊外帳蓬	48	1,357
7-12	青海巴隆	237	1,594
7-13	青海香日德	52	1,646
7-14	青海都蘭	66	1,712
7-15	青海茶卡	135	1,847
7-16	青海橡皮山山頂	60	1,907
7-17	青海湖景區	102	2,009
7-18	青海西寧崖源	125	2,134
7-19	青海西寧	41	2,175
7-20	休整		2,175
7-21	青海樂都	75	2,250
7-22	甘肅西骰	143	2,393
7-23	甘肅蘭州	43	2,436

蘭州—北京

日期	抵達宿地	日程	累計
7-24	甘肅崇蘭	64	64
7-25	龍灣石林	122	186
7-26	休整	22	208
7-27	甘肅景泰	74	282
7-28	寧夏甘塘	64	346
7-29	寧夏沙坡頭	91	437
7-30	寧夏青銅峽	113	550
7-31	寧夏銀川	81	631
8-1	休整		631
8-2	內蒙鄂托克旗	80	711
8-3	內蒙珠和	122	833
8-4	陝西靖邊	104	937
8-5	陝西青陽岔	62	999
8-6	陝西榆林子洲	98	1,097
8-7	陝西米脂	69	1,166
8-8	休整		1,166
8-9	佳縣白雲山	69	1,235
8-10	山西臨縣	73	1,308
8-11	山西嵐鎮	77	1,385
8-12	山西靜樂	84	1,469
8-13	山西忻州	96	1,565
8-14	山西五臺縣	70	1,635
8-15	山西金剛庫	70	1,705
8-16	五臺山騎遊	54	1,759
8-17	河北曲陽靈山	113	1,872
8-18	北京大興	83	1,955
8-19	北京房山	110	2,065
8-20	北京	51	2,116
8-21, 22	北京休整		2,116

北京—上海

日期	抵達宿地	日程	累計
8-23	天津武清	109	109
8-24	天津靜海	77	186
8-25	河北滄州	85	271
8-26	山東德州	117	388
8-27	山東高唐	91	479
8-28	山東聊城	65	544
8-29	河南臺前	64	608
8-30	山東鄆城	66	674
8-31	山東菏澤	67	741
9-1	休整		741
9-2	河南蘭考	89	830
9-3	休整		830
9-4	河南商丘	96	926
9-5	安徽鐵佛	126	1,052
9-6	安徽靈璧	111	1,163
9-7	休整		1,163
9-8	江蘇雙溝	88	1,251
9-9	安徽銅城	96	1,347
9-10	江蘇鎮江	110	1,457
9-11	上海	285	1,742

上拉北環騎總里程 11,011公里
美利達挑戰者24速，加牛角副把

上海–拉薩–北京環騎

帕隆藏布江

怒江綠穀

納木措

波密吊橋

轉經

牧牛歸家

牛糞堆比美黃岩山

曠野旗飄

高原藏居

犛牛漫坡

2- 臺灣、東南、西南、東北、內蒙里程（公里） 2010/10/25— 2011/8/4

臺灣環島

日期	抵達宿地	日程	累計
10/25	臺北淡水	350	350
11/03	慈湖澤車	43	393
12/16	新竹市	30	423
12/17	田埔	57	480
12/18	司馬庫斯	33	513
12/19	復興高頭城	46	559
12/20	苗栗頭份	85	644
12/23	臺中市	93	737
12/24	臺南北港	110	847
12/25	臺南麻豆	62	909
12/28	臺南仁德	57	966
12/29	臺南	30	996
12/30	高雄市	68	1,064
12/31	屏東東港	83	1,147
01/01	臺東尚武	84	1,231
01/02	都蘭	90	1,321
01/04	長濱	71	1,392
01/06	花蓮豐濱	45	1,437
01/07	花蓮太楊	97	1,534
01/08	蘇澳台楊	50	1,584
01/09	宜蘭	63	1,647
01/10	大同	49	1,696
01/11	臺北中和	51	1,747
01/19	基隆	105	1,852
01/20	九份	45	1,897
01/22	基隆	32	1,929
01/22	基隆	20	1,949

東南騎行

日期	抵達宿地	日程	累計
1-24	福建閩清	100	100
1-25	樟湖	72	172
1-26	青州	92	264
1-27	三明	76	340
1-28	明溪	75	415
1-29	陸良	87	502
1-30	江西王田	89	591
1-31	於都	107	698
2-1	上猶	123	821
2-2	崇義古亭	55	876
2-3	湖南汝城	85	961
2-4	廣東丹霞山	63	1,024
2-5	韶關	87	1,111
2-7	乳源天井山	59	1,255
2-8	陽山嶺青	85	1,327
2-10	連山太保	72	1,413
2-11	陽西黃洞	86	1,507
2-13	賀州二塘	35	1,542
2-15	荔浦二橋	114	1,656
2-16	柳州	105	1,761
2-17	休整	103	1,864
2-19	忻州歐洞	10	1,874
2-20	河池	94	1,968
2-21	金城江三旺	124	2,092
2-22	巴馬	79	2,297
2-24	坡月長壽村	44	2,413
2-25	田色	72	2,614
	百色	103	
	靖西沙梨	77	2,691
	廣西		

西南邊陲

日期	抵達宿地	日程	累計
2-26	貴州安龍	81	2,772
2-27	貴州興義	68	2,840
2-28	雲南長底	76	2,916
3-1	師宗	81	2,997
3-2	呈貢七甸	66	3,063
3-2	昆明	105	3,168
3-4	安寧	35	3,203
3-5	楚雄	47	3,250
3-6	楚雄		3,250
3-7	南華	154	3,404
3-8	彌渡	112	3,516
3-9	大理	86	3,602
3-10	永平休整	60	3,662
3-11	永平	119	3,781
3-20	瓦房	78	3,859
3-21	保山	46	3,905
3-23	潞江	48	3,953
3-26	龍文橋	64	4,017
3-27	騰沖	66	4,083
3-28	騰順	61	4,144
4-10	和順	50	4,194
4-11	芒市	60	4,254
4-12	三臺山	183	4,437
4-13	瑞麗	33	4,470
		84	4,554

東北黑水

日期	抵達宿地	日程	累計
	黑龍江哈爾濱	90	90
5-12	撫遠休整	38	128
5-13	烏蘇鎮	56	184
5-14	濃橋	166	350
5-15	街津口	72	422
5-17	休整3天	26	448
5-20	名山	133	581
5-21	蘿北	33	614
5-23	鶴崗	76	690
5-24	伊春	156	846
5-26	休整2天	36	882
5-27	湯旺河	127	1,009
5-28	賓山一日遊	26	1,035
5-29	遜克	121	1,156
5-30	遜克	112	1,268
6-3	沿河	80	1,348
6-9	白石砬子	116	1,464
6-10	三卡	82	1,546
6-11	呼瑪	76	1,622
6-12	白銀納	100	1,722
6-13	塔河	123	1,845
6-14	蒙克山	113	1,958
6-17	內蒙漠河	80	2,038
6-24	北極村、休整	175	2,213
6-25	金河	122	2,335
6-26	莫爾道嘎	80	2,415
6-27	恩河	144	2,559
6-28	額爾古納	128	2,687
6-29	黑山頭	78	2,765
6-30		98	2,863
		75	2,938
		104	3,042
		55	3,097

內蒙吉邊

日期	抵達宿地	日程	累計
7-1	（陳）巴爾虎	85	3,182
7-4	滿洲里、休整	174	3,356
7-5	達石莫	61	3,417
7-6	西旗	96	3,513
7-8	東旗	140	3,653
7-9	巴彥布日德	70	3,723
7-10	伊爾施	134	3,857
7-11	阿爾山白狼	56	3,913
7-12	索倫	140	4,053
7-15	好仁白音	54	4,107
7-16	烏蘭浩特	84	4,191
7-18	吉林 白城	104	4,295
7-19	大安安廣	90	4,385
7-20	松原王府	125	4,510
7-21	松原王府	41	4,551
7-22	農安和龍	115	4,666
7-23	長春	47	4,713
7-24	伊春	80	4,793
7-25	四平營坡子	32	4,825
7-26	梅河口	103	4,928
7-27	三源浦	82	5,010
7-28	通化熱鬧	104	5,114
7-29	集安安福	18	5,132
7-30	涼水	103	5,235
7-31	蓬萊太平哨	95	5,330
8-1	丹東古樓子	101	5,431
8-2	東港莊河青堆子	82	5,513
8-3	皮口	93	5,606
8-4	金州	123	5,729
	大連	77	5,806
		45	5,851

總里程 12,354公里
捷安特旅行車，27速蝴蝶把

臺灣環島重摔車　　　　2010-11-5 臺灣竹東

　　計畫環島並探望親長及同學，午後由臺北出發往竹東。一路單車專用道、鐵馬驛站及與路標成一體的「南無阿彌陀佛」很是新鮮，景美車少確是寶島。冬遊似春遊，灰馬一身裝備，奧馬卻連頭盔都沒準備。原以為要到晚上，現在一估算也就四點可抵達。於是晃往慈湖回憶三十年前全民奔喪的場景。近兩蔣文化園多緩坡，一陣大風吹來，準備迎戰，嘿，它沒了。不遠處就見蔣公塑像安坐慈笑，確比大陸的毛像更有人味。驚訝「臺灣怎麼變得這麼小？」閉著眼睛都可跑她兩圈！以前騎慣的藍馬是美利達山地車，穩重堅實；放肆的奧馬不知新上手的捷安特旅行車輕便快跑，與牠有著脾性上的差異。

　　回頭來到岔路，正道往大溪，左側下坡往龍潭。錯過前想起路人提醒，及時迴入左道。終於下坡的奧馬忽略了「減速」大字的提醒，放！...突然，陡坡，彎急，速快，車輕，重心不穩，急抓剎車，甩尾，稍放剎車，前輪偏出路面，滾入水泥溝槽，一聲「咔」響，二馬翻，幾秒鐘空白...。當奧馬從深過半米的山壁乾溝站起時，左肩劇痛左手僅能垂掛，直覺告訴他肩膀可能脫臼了。全身分不清的陣痛持續，臉上血滴落下風衣前胸。奧馬知道「頭腦很清楚」，夠了！艱難地坐臀抬腿，單手支撐爬出山溝，卻已無能拉拔卡在山壁的倒栽灰馬。

　　十分中後交警出現，一串提問：「有沒有事？車禍？沒有同伴？」隨即拿起對講機呼起救護車。奧馬婉拒呼叫後問道：「你們怎知我在這兒摔車？來得這麼快！」請他接過相機為自己拍照。得知拍照不是保險求償，而是為了留憶，奧馬又看到四川常樂山區摔車時，圍觀路人相同的納悶。交警拆卸馱包並將灰馬拉上路面，知道騎人摔得嚴重後再呼救護車。在大陸，奧馬會再拒絕，面對家鄉的親切，只問道：「單車是否和我上車同行？要不要錢？」交警耐性道：「你都成這樣了還問要不要錢，先送醫院看有沒有事！」然後，為了讓這可憐老廝放心，加了一句：「消防隊的，不要錢。」

　　...兩個年輕熟練的救護人員把奧馬安置在車內的擔架車上，雖空間有限，灰馬竟也不可思議的被弄了上來。奧馬想留下網址希望日後有機會再謝交警，一句：「你要不要看我大陸騎車的照片？」苦笑的臉欲言又止，或許他想說的是：「你這怪物！」等救護車時兩人交談過，奧馬是麻豆人他是新營人，按大陸說法，他們是隔壁鄰居。

　　奧馬坐於救護床上等著聊談。救護員上車關門後卻禮貌地堅持「傷者」躺下，要立即看查。山路彎繞，灰馬順勢傾斜旁靠，正驗傷的救護員立口溫心道歉：「對不起！」奧馬傻眼！彷彿回到了 20 年前在紐西蘭的救護車車上。

　　1991 年，移居紐西蘭的奧馬正迷於滑雪，飛南島皇后鎮的卓越山（The Remarkables）到著名的蹦極發源地一跳。接著在滑雪場混到夜間八點。四肢拖鈍該收兵了，一個彎道，摔了。躺在雪地一觸肩，鎖骨斷了。三分鐘後第一個下滑的救護員發現，拿出對講機並為奧馬蓋上毯子陪著。15 分鐘後擔架上來，30 分鐘後上了救護車。晚上在醫院暖黃色的病床上，護士拿來菜單要奧馬勾選合口的次日早餐。

　　後來，每觸到有落差的鎖骨就想起車上救護員的一路撫慰。尤其是，那句輕聲提醒：「進醫院前面有個小不平（bump），你會有震感，沒事的。」接著，刻意慢行的車子有如跨

過一條白斑線，一點沒震動。親切專業的救死扶傷，不索證件和費用的醫療餐食，讓奧馬第一次感受到文明社會裏一個「人」，即使是陌生人，所擁有的尊嚴與價值。

或許奧馬已經離開家鄉太久，她已不是以前知道的臺灣，她的人文水準早被世界肯定。當醫生為奧馬看診時，灰馬放眼可及。雖不知誰傷的比較重，奧馬知道，牠和藍馬一樣是患難的兄弟，他倆也將攜手同走大陸。接下來，是徹夜不眠的幾天痛楚和一個月休整。

二十年前的第二天回到旅館，一 Kiwi（紐西蘭人）青年看奧馬苦臉掛著三角巾，笑說：「摔斷了是不是？沒事，我玩機車就斷了三次。」佩服紐人「運動人生」的輕難心態，奧馬笑了。即使再痛也知道沒事。可是，這一次，可能就是致命的一擊。

灰馬前輪反轉陷夾，快速的衝力讓後輪凌空翻騰 180 度入溝卡死，尾前頭後倒栽沒入大半個車身。奧馬頭前腳後飛入前方兩米溝裏，左側風衣騎褲嚴重撕裂。前輪剎車下溝的一剎那，碼表時速停在 45 公里。沒戴頭盔的頭竟然閃過山壁及外側直切的水泥稜緣，這頭怎麼躲過的？思之怕之！

假如此摔致殘，也只平添騎友一例警戒「要戴頭盔！」六個月前，出上海的第一天在國道摔了，後無來車；現在環島的第一天又摔了，頭殼無恙。上帝是要告訴奧馬什麼？回想十幾年前滬寧高速的凌晨，孤身駕車返滬打盹驚醒；隔年，又是單人駕車深夜回蘇州，在施工中的工業園區翻車，四輪朝天。這是第三次死裏逃生，難道，還有事情待完成？奧馬忘記了臺灣，但家鄉還守著他。

在表妹的山中現代「農莊」休養寫記，一向沉寂的座機突然響起南半球女兒的呼喊：「爸，我還以為你在阿嬤家，你摔得這麼嚴重，怎麼不告訴我？」「又沒摔殘，幹嘛告訴妳，妳怎麼知道我在這裏？」「姑媽說你一個人在山裏養傷，吃呢？誰照顧？」「哈，放心，妳表姑媽和姑爹每週末都會上來陪我，還把冰箱塞滿啤酒和食物，香煙也不缺，我快樂的像神仙。」這老小子不是天養的，奧馬又回到了童年的家。

記得女兒曾經說過：「爸，我擔心有一天會找不到你！」還好，現在有了網路和手機，父女只會偶爾斷線。

太平洋岸邊的都蘭遊民　　　　　ATAYAL 高山我族

臺灣環島—暮靄的浪濤　　　2010/10/23—2011/1/11

司馬庫斯

余老山嶺

北橫峽谷

梨山日出

東港碼頭

花東公路

霧濛中橫

鐘山十里畫廊

歸童

馬隊

廣東乳源瑤寨

廣西沙梨農家

歐洞壯村

貴州馬嶺峽河谷

七彩雲南

羅平油菜花田

布依族水煙　水牛　背簍

雲南驛古鎮

楚雄彝人古鎮

村童放學

和順古鎮

瑞麗潑水節

西南邊境尋倩影　　2011-4-16 雲南瑞麗

　　由福州馬尾的東岸海濱騎走西陲中緬邊境，三個月，五千公里來到正歡鬧著潑水節的瑞麗。人說南方邊界城市多是「賭、毒、色」孳生的園地。太陽普照下卻也只見蠅利的攤擺和奔忙的走販。鬥財、玩命和人性的放縱永遠只存在於幽暗的角落。

　　午後街上逐漸車水馬龍，不分男女老少彼此混戰。商店前，水桶、水槍和水管齊舞，滿城沸騰。正欣賞著原形畢露的濕淋胴體散發野玩美麗，突然從樓頂扔下的水彈身邊炸起。慶幸仰尋，身旁眼尖的姑娘又來一句：「你衣服還乾的啊！」就見倉惶的二馬在四方的炮「水」下一陣逃命。

　　呼喊，難掩矜持；歡笑，卻又細語不斷，處處瀰漫著撩人的水波風情。白天潑灑後，處處水跡，清涼的夜燈下些許人影，靜靜地有如雅淡的幽蘭，隱露芬芳，奧馬融入她亮麗的胸懷。江如其名，地如其名，人也如其名，這就是瑞麗！城市都有各自的內涵，此地少女的呢喃放浪，在翠綠山水的襯托下更顯嬌柔。水是溫情的泉源，激發浪漫遐思，連日水族傣味讓奧馬輕歎一聲：「Juicy！」

　　纖巧的南方舟船樓閣，大氣的北方峽谷山水，細細品味。有一天當別人提起時，奧馬一句：「我見過，經歷過。」了無遺憾。感受了也就放下了。接下來，二馬要繼續走看東北和內蒙。

無可奈何花落去　　2011-6-8 黑龍江黑河

　　來到白石砬子村，突湧的烏雲籠罩大地，方過三點，卻暗如黃昏。田草環繞的道旁，有著簡單屋舍。一土屋前的籬笆半倒，二馬好奇張望著上掛的小板招牌。一老漢步出門外微笑招呼：「進來坐坐聊聊，就我一個人。」似乎就希望有個人氣。進得屋來，廚灶炕鋪很是陋舊，窗外的柴房菜地，更顯落魄。幾句聊談，看著不像旅店的旅店，如意的騎人說：「不走了！這兒哪裡可以弄幾個菜？我搞來，晚上喝幾杯。」

　　奧馬喝著碗酒，大叔談起老家山東，四、五歲時隨著哥哥「闖關東」來到此地求生。天寒地凍，壘土披起屋頂，食衣住行，憑著手腳張羅。用著簡單農具，尺土開墾落地生根，卻也有著「棒打麅子瓢舀魚，野雞落到飯鍋裡」的知足。說起老毛還債蘇聯的那些年頭，噓唏歎著不解：「有著好肉好糧，國內百姓卻吃不上口，各地多有淒慘餓死的。送到那邊卻又被老毛子指規格不符，最後就地拋棄。」誰能料到，一「子」之差，竟也合力演出近代中國的悲劇。歷史和生命可以扯淡，但是，百姓和生活真的不好說。

　　如今，兒女各自成家，也當了姥爺。近年由南方老家經人介紹，嘗試彌補久無老伴的空虛。不料，有小輩顧忌田地家產被分，一個還未入門就給攪黃了，一個雖已進門又給打離了。身勤體實至今還是孤身獨活。捧著飯碗看著漆黑的窗外，他幾度無奈呢喃：「山雨欲來風滿樓，無可奈何花落去。」唐宋二人的詩句被山民一串，入景入情，也更加悲涼。對老漢而言，有子無子似乎沒大差別，只是，他咋弄出這兩句？

　　彷彿手機響起，那頭，大學畢業返臺工作幾個月後的女兒正關心說著：「爸，你一個人在那邊過得還好嗎？我現在才體會到過去你對我的教育和要求，都是為我出社會做人做事做準備。我上班很順手，老闆和同事也都喜歡我。爸爸，謝謝你！」奧馬看著老漢的眼睛逐漸模糊。那時，女兒剛滿 20 歲。她只希望老爸能夠活得更快樂一些，奧馬知道她比自己還懂得感恩。女兒終於從老爸的肩膀上出發，開始尋找自己的人生。奧馬這輩子已沒了牽掛，謝謝老天！

東北老漢的鄉村旅店

東北黑水（黑龍江扶遠至漠河）— 豐美的沃野　　2011/4/27—6/22

街津口–赫哲族漁村

前蘇聯海蘭泡

哈爾濱 聖‧阿列克謝耶夫教堂

黑土無涯

寶山牛群

伊春石林

愛輝人民公社

內蒙吉遼（黑龍江漠河至遼寧大連）— 浩瀚的水草　　2011/6/23—8/4

額爾古納

阿爾山

漠河北極村鄂倫春民族博物館

室韋俄族

馬上長杆

蒙古巴爾虎草原

吉林集安高句麗將軍墳

3- 新疆喀什至海南三亞里程（公里） 2011/9/4－ 2012/3/12

新疆沙漠（吐魯番至烏恰）

日期	抵達宿地	日程	累計
09-04	上海火車站	35	35
09-05	新疆吐魯番	0	35
09-06	托克遜	54	89
09-07	庫米什	99	188
09-08	烏什塔拉	89	277
09-09	焉耆	138	415
09-10	庫爾勒	56	471
09-11	庫爾勒休整	18	489
09-12	吾瓦29團	63	552
09-13	沙漠公路塔中	176	728
09-14	31號井	170	898
09-15	塔中	98	996
09-16	100號井大瑪紮	180	1,176
09-17	民豐	80	1,256
09-19	策勒阿克伊來克	184	1,440
09-20	洛浦	96	1,536
09-21	和田	28	1,564
09-22	皮山木吉村	149	1,713
09-23	葉城	121	1,834
09-24	莎車	69	1,903
09-25	英吉沙	142	2,045
09-26	喀什	75	2,120
09-27	喀什休整	25	2,145
09-28	烏恰休整	12	2,157
09-30	烏恰返喀什	98	2,255

西北絲路（吐魯番至蘭州）

日期	抵達宿地	日程	累計
10-01	新疆吐魯番	10	2,265
10-02	吐魯番市	67	2,332
10-03	鄯善	108	2,440
10-05	紅山口13間房	137	2,577
10-07	哈密	105	2,682
10-08	伊吾淖毛湖駱駝圈	95	2,777
10-10	新疆駱駝圈子	79	2,856
10-11	新疆星星峽	138	2,994
10-12	甘肅瓜州	170	3,164
10-13	布隆吉	81	3,245
10-15	三道溝	58	3,303
10-16	玉門	33	3,336
10-17	嘉峪關	137	3,473
10-18	酒泉	43	3,516
10-19	酒泉清水	77	3,593
10-20	肅南裕固族區	104	3,697
10-21	張掖丹霞公園	56	3,753
10-22	張掖	47	3,800
10-23	山丹軍馬場鄉	46	3,846
10-24	山丹	40	3,886
10-25	返永昌	89	3,975
10-26	永昌壩阡古城	36	4,011
10-27	涼州沙漠公園	15	4,026
10-29	天祝安遠	97	4,123
10-30	永登	46	4,169
10-31	蘭州	98	4,267
11-01	甘肅蘭州西固	84	4,351
11-02	—	78	4,429
—	—	28	4,457

甘南川北（蘭州至成都）

日期	抵達宿地	日程	累計
11-03	蘭州休整	32	4,489
11-06	甘肅西果園	31	4,520
11-07	甘肅廣河	86	4,606
11-08	甘肅臨夏	57	4,663
11-09	夏河休整	0	4,663
11-10	夏河拉撲楞寺	35	4,698
11-11	合作	73	4,771
11-17	合作休整	70	4,841
11-19	甘肅綠曲	59	4,900
11-20	甘肅碌曲	55	4,955
11-21	郎木寺鎮、休整	95	5,050
11-22	郎木寺	9	5,059
11-25	四川川主寺溝	91	5,150
11-26	汭力臺	91	5,241
11-27	四川松番包号村	61	5,302
11-28	四川九寨溝	91	5,393
12-01	松番肖一日遊	91	5,484
12-02	牟尼溝一日遊	55	5,539
12-03	茂縣太平村	59	5,598
12-03	阿壩州攻略縣	78	5,676
12-06	青城山	48	5,724
12-07	成都汶川	117	5,841
12-08	青城堡	69	5,910
12-09	成都	27	5,937

川南貴州（成都至三江）

日期	抵達宿地	日程	累計
12-17	四川龍泉驛	61	5,998
12-18	簡陽賈家鎮	45	6,043
12-19	內江資中	128	6,171
12-20	內江	42	6,213
12-21	隆昌	45	6,258
12-24	瀘縣	53	6,311
12-26	瀘州	34	6,345
12-27	敘永	141	6,486
12-28	敘永西湖村	14	6,500
12-30	敘永古藺東鄉	22	6,522
12-31	貴州大方縣	78	6,600
01-01	大方黃泥塘	72	6,672
01-03	黔西	34	6,706
01-05	修文縣小箐	45	6,751
01-06	貴陽	62	6,813
01-06	貴陽	65	6,878
01-08	貴陽古鎮	11	6,889
01-08	青岩	37	6,926
01-09	擺省猴場堡	37	6,963
01-10	貴定猴場堡	66	7,029
01-11	都勻	55	7,084
01-15	都勻望月村	39	7,123
01-16	丹寨	25	7,148
01-25	三都苗村	36	7,184
01-28	三都拉攬鄉	31	7,215
01-29	八寨水寨	52	7,267
01-30	貴州榕江	15	7,282
01-31	大利侗寨	69	7,351
02-01	黎平平永寨	28	7,379
02-02	貴州黎從	53	7,432
02-03	黎平黎寨	38	7,470
02-05	堂安侗寨	46	7,516
02-05	廣西三江	41	7,557
—	—	105	7,662

廣西海南（三江至三亞）

日期	抵達宿地	日程	累計
02-06	三江休整	9	7,671
02-07	丹州古城	61	7,732
02-08	安匯	3	7,735
09-10	融江毛坪	40	7,775
02-11	融昌	50	7,825
02-12	柳城太平村鎮	62	7,887
02-13	柳州	57	7,944
02-14	柳州休整	15	7,959
02-15	鹿寨導江	45	8,004
02-16	柳寨孟村	69	8,073
02-17	金古諾寨	31	8,104
02-19	金秀羅香	51	8,155
02-20	金秀縣休整	0	8,155
02-23	返馬練	79	8,234
02-24	平南	70	8,304
02-25	廣西貴港	134	8,438
02-29	廣西玉林	102	8,540
03-01	廣西陸川	48	8,588
03-02	廣東廉江	99	8,687
03-03	廣東雷州	95	8,782
03-04	廣東海口	102	8,884
03-05	海南海口	4	8,888
03-08	海南屯昌	99	8,987
03-09	海南瓊中	65	9,052
03-10	海南五指山	96	9,148
03-12	海南三亞	95	9,243
03-12	海南三亞海角	64	9,307
03-20	上海	27	9,334

歐亞馬小折AX3
27速小羊把

本段總里程 9,307公里
中華騎遊兩年總計里程 33,000公里

新疆小馬下海南　　　2011-9-4

　　半年前騎經福建三明的一句「草約」，變成兩週後新疆的行程。心想，小折車都上了川藏，玩它一輛。為了小馬不被丟傷，奧馬放棄飛機搭五十小時的火車上新疆。燈火向後飛逝，展開地圖。遼闊的新疆占中國 1/6 版圖，有著大片寂寥的無人區。中間最大的塔克拉瑪乾沙漠，東西 1,000 公里南北 400 公里，面積近臺灣十倍。腹地綿延的沙丘最高超過 300 米，或說沙漠突起的狂風能將沙牆吹起。稀有的原生植物為吸取地下水份，其根系超過地上株身的幾十倍，動物也常有夏眠的現象。它號稱世界第二大流動沙漠、中國五個最美的沙漠之一，也是二馬此行的挑戰。

絲路山口伴鹹魚　　　2011-10-5 絲路紅山口

　　奔過火焰山後由鄯善出發，還是一片戈壁黃土。天際空無，似見不見的地平線讓二馬有如孤舟行於大洋，遙遠啊！風頂得踩踏費力，奧馬屢屢手肘靠把，趴身而行。南湖村看完樓蘭彩玉奇石進入高速路口的餐廳。放下香煙可樂，脫著手套圍脖與剛坐下的兩位山東卡車司機問起前面路況。開車的朋友永遠是二馬的指路明燈，人親切，又說得詳細準確。三人合桌用餐，點的都是水煮魚。就著桌上兩個並排的暗紅大碗，唯一的差別是兩人啃饅頭一人吃米飯。他們說：「前面沒有人跡，一路藍天黃土有長坡，你必須趕 100 公里到紅山口，裏面幾戶人家可能有住宿。」旁人又說：「騎車的人都是一早出發，你晚了！」已是下午一點，二馬感到懸！

　　到櫃檯埋單，敦厚的老闆告知：「剛剛與你同桌的連你的一起結了。」人看騎單車的可憐，總想幫助。奧馬一路不知吃了多少白食。合著吃飯要付錢，總是兩輪搶輸四輪，小車不敵大車。而這次誰也沒提，急於趕路的青年竟直付了錢，又沒說一句走了人。

　　...夕陽餘暉中，找到七角井旁的幾戶人家，鄉親告知此地叫「十三間房」。夜裏山風鬼哭神嚎，四周一片漆黑。探頭解尿的「小弟」只知戈壁低矮，隱約的魍魎山脊無限延伸。熬至深夜，照著電筒和衣躺卜十元的床位，與鄰床相距不到一米。震耳的鼾聲和腳襪濃烈的「鹹魚」頭尾齊來，難以成眠。奧馬心中卻感謝上帝的眷顧，今夜食有回鍋肉，臥有一板床，四壁還擋風溫暖。輾轉反側，店家上菜時的一席話又跳了出來：
「我們這邊就是風大，去年北京一個像你一樣騎車的，出了門被強風阻攔又回來，在我們這裡前後待了三天。明天就看風怎樣了，它一個月難得停幾天。」

火焰山

紅山口狂風

新疆沙漠（吐魯番至烏恰）— 寂遼的西域　　2011/9/4—9/30

沙漠公路

輪南胡楊林

葉城

策勒阿克伊來克村

喀什街角

維族民家

洛浦維族少女

艾提尕爾清真寺

西北絲路（新疆吐魯番至甘肅蘭州）— 沙嚎的荒漠　2010/10/2—2011/11/3

祁連山

烏恰柯爾克孜族老

葡萄烘幹房

哈密博物館

蒼茫布隆吉

肅南裕固族自治區

羅馬後裔　驪軒古城

哈薩克族伊吾縣

嘉峪關大漠

甘南川北（蘭州至四川成都）— 遠古的尕寨　　2011/11/6—12/6

甘肅阿木去乎

甘肅七道樑

雪原帳暖

甘川郎木寺

夏河拉卜楞寺

中國麥迦－臨夏

四川九寨溝

川南貴州（成都至廣西三江）— 翠柔的江流　　2011/12/17—2012/1/31

鬼市雲頂寨

南關牌坊古鎮

青岩古鎮

貴州大利侗寨

擺貝苗寨

烏騾壩布依寨

三都苗寨過年

堂安侗寨薩滿祭壇

黎平侗寨鼓樓

地坪風雨橋

八蒙水寨

黔山泥濘歎陽貴　　2012-1-6 貴州貴陽

貴州泥路

臨出修文縣城問路，十字路口的交警告知：
「你要騎車走老路上貴陽？呃，前面的坡還行。」
一臉憐憫。奧馬斜眼笑問：
「還行？你還行的意思是『差不多』？有坡，不平也不陡？」
「還行，就是很陡！」
二人笑成一團。他再提醒：
「後頭有個六道拐，不過還好，你是下坡。」
往川北九寨溝的「九道拐」及汶川前的「六回頭」，二馬都剛放過冰凍積雪的羊腸彎拐，
心想不算事。一小時後，奧馬還解讀路旁「一事一議，因地制宜」的看板，噩夢降臨了。

　　眼前哪是路？是被泥漿覆蓋的石料工地。裹著鬆軟污泥的石頭一地散佈，有如忘了起
鍋的黃硬肉丸滾油冒頭。看著大小汽車和摩托車艱難往來，想到去年四川遂寧的修路段，
此時又多了滿鋪的一路泥漿，路口的摩的駕駛笑說：「年來，我們這裡就是這個樣。」怒吼
一句：「兄弟，我們一起泥浴吧！」有如就義知交進入刑場，二馬豁然解脫，坦蕩得不惜
身命了。他倆知道，心繫的剛強鏈條經得起艱難世道任何濁惡沙石的蹂躪。一輛大卡近身
而過，噴起的泥花濺上身來，張開的小口也飛接了泥團。奧馬嘴吐舌頂對天一陣穢語笑罵。

　　淒慘來到山頭岔口，張望無人問路。山腳前殘雪鋪掩石堆，見著旁邊一頭蓋鐵皮的棚
屋。入門探看，角落的磚頭，低矮地架起一片餐桌兼櫥櫃的木板，上頭一副碗筷伴著凌亂
嫌小的鍋盆桶缸，一碗黑稠冷殘，等著再度食用。幾件棕灰衣物掛在繩上，空蕩的竹簍窩
在牆角。黑暗中，貼牆板床躺著一緊裹兩床薄被的身軀，畏寒的頭臉沒入被桶。隨著撲入
的冷風再尋，僅有的就是三根鐵硬的撬石棍，二躺一靠。坐上廢棄的泡沫「椅墊」，望著
八塊小磚圍成的克難爐灶，奧馬腦袋一片空白。

　　老漢一個翻身，見著來人不走，有氣無力地在被窩裏開口：
「有事？」奧馬回神接著：
「請問貴陽直走還是右轉前頭大路？」
「門前一直往下，路不好走，前頭還有幾個彎拐下坡，你千萬小心，過了就比較平了...」
聽著他親切又虛弱的話語，猜是生病所以白天臥養休息。奧馬老想生活和生命，而棚內的
竹簍、石棍和門外的石頭，談的可能只有苦難的生存。用着名利或棍棒，人人都日夜叩敲
著無言的長頭。此時，老漢普世關懷的氣場，正溫暖著昏寒的陋室，奧馬看到裸捐家產的
心靈富豪。

　　下坡來到六道拐，二輪開始打滑。較急的彎道不敢順勢剎滾，總是停車折轉龍頭，再
行滑踩。當前後有車出現，怕兩車在窄滑路面誰強霸了誰，奧馬噤若寒蟬地拉小馬旁待。
幾日來的「泥水地」變成了「泥水梯」，二馬學著小孩溜滑梯。

廣西苗寨芒哥會　　2012-2-10 毛坪十九坡

　　盛裝苗女穿戴亮鏤銀飾，魚貫走來，踩著舞步繞起大場，一排，兩排，三排再四排。更多蘆笙隊伍進入，圈子越來越大。婀娜多姿的如花少女有如仙子下凡，腰身頭冠嬌散著嫵媚，尾隨的可愛小女也有模有樣。晃動身軀的蘆笙吹手更加奮力吹奏，隨着較勁竹音的逐漸高亢，她們輕身回轉又旖旎前行。情、雅、亮和人數眾多的「勢」潑灑出一幅有聲有色的大地動畫。悅耳絲竹飄山野，曼妙苗女柔踩堂，人間驚艷的奧馬瞠目結舌。

　　...鞭炮跳火，再度幣撒錢飛。有大膽老少開始前衝搶撿，而「芒哥」恣意滾泥後早已候等，三倆合力摟拉來人護錢。人馬跳閃亂成一團。有人被按在泥地，一身汙濁；有人被拉開領口，塞入泥漿。場外哄笑四起，拋飛的泥巴，也讓近處觀眾慘遭池魚之殃。吹笙踩堂，玩泥搶錢，農閒過年人人舒心開懷，真苗族一樂也！

　　曠野中有鬥牛鬥馬的安陲坡會熱鬧喧嘩，山坳裏的毛坪坡會明亮似水。在渾脆雄偉的竹音中，靚柔苗女的典雅含蓄閃爍着燦爛華麗。旁人得知奧馬趕上了兩場坡會，每每問及：「看到美麗苗女了嗎？」想著苗家過年經歷的一餐數席，各家輪喝不停，奧馬總是一聲讚歎：「美麗的令人遐思。」

苗族踩堂　　　　　　　芒哥護錢

都勻雪掛玉樹

廣西安隆苗族 17 坡

鬥牛

丹州古城

瑤族下火海

長壽村- 金秀孟村

古占瑤屯

海南屯昌軍坡乩童

三亞碼頭

椰林海風不思歸　　2012-3-15 海南三亞

在這喜怒哀樂的「錢潮世途」，兩輪滾出的財富讓二馬走遍四方，經歷酸甜：
上坡攢錢，下坡爽花錢；頂風丟錢，順風猛撿錢。
烈日曬錢，大雨苦洗錢；淌泥撒錢，過水還扛錢。
炙陽狂沙、冰雪雨寒的漫長騎程，讓奧馬又經歷一輪率性人生。

騎行途中低頭自問：「人生還要什麼？」
財、情、名、「力」思索半天無能回答，再問：「假如明天要入土，有遺憾嗎？」倏然開朗。
原來，困擾奧馬的不是「要什麼？」而是「要做什麼？」難怪，路上這麼快樂！

南海的椰林抹上一片彩霞，玩興未盡的雀鳥歡叫歸巢。「鹿回頭」的岸邊水天一色，
撫沙細浪分享著樓臺竹椅的兩人靜寂。天下沒有不散的筵席，生活沒有無盡的旅途，每個
人都要回家。不要浪漫絢麗或呼風喚雨，只要斧砍柴劈或淺笑耳語。在這天涯海角，心存
感激的奧馬，依依不捨地輕拍小馬，試圖把一路的悸動留在靜柔的沙灘。

天涯海角

兩年完騎華夏結語 —— 單車人生

　　百年後，雲端低矮的八仙桌上杯盤狼藉，桌下酒瓶如隊。尋回頸上人頭的張飛盤腿而坐，笑看二馬臥歡騎行的輝煌。對飲談心間，藍馬問道：「網上說，人生有如騎單車，全靠自己，你以為呢？」「也是，一切都在自己的手、腳和腦上，也只有不停踩踏前進，才能保持平衡。」

　　二馬繼續一來一往：
「人生就像騎單車，要用力才能前進。有時沒用力還在前進，其實是在走下坡路。是嗎？」
「沒錯，人生有上有下，希望別下過了頭。有人走，有人停，有人從年輕時就不敢用力踩，到頭來，遺憾走得不精彩。」

「人生就像騎單車，一路上會有順風的時候，有逆風的時候，也會在關鍵時刻掉鏈子或爆胎，有時你人還得扛我車？」
「天不由人，一切只能靠自己。就像在重慶奉節和青海巴隆，我們手足無措，也只有親身經歷才能體會人生的美麗。」

「人生就像騎單車，有人騎得快，有人騎得慢，有人蹬著很吃力，有人蹬著很輕鬆。我們多半是在走前人走過的路，否則不僅是顛簸那麼簡單。你怎麼看？」
「老子說『吾道一以貫之』，蒼生亦是，哪有異數？或許前人把路開的更加平坦，但，路還得自己走。」

「人生就像騎單車，有時候你會發現路上晃的很厲害，仔細一看，原來是輪的問題。有的輻條太過緊繃，有的輻條太過放鬆，上路久了，我輪也就歪了？」
「孔子說『中庸適度』，唉，不管路面怎樣，先看看自己。一輩子踩得就是那兩個輪子，別把生活繃的太緊，也別放的太鬆。」

　　壓掌而起，舉瓶啜引一口，藍馬睞眼再問：
「老大，既然你書唸得多，又是老子又是孔子的，你說說，女人與單車有什麼相同？又有什麼不同？」奧馬一時語塞，思考良久吱唔說道：
「哦——這個書上沒有。是不是女人也是男人一輩子的人生，只是不像你鐵馬兄弟，剛直不二，手到擒來；她們滑膩水柔，難以捉摸？」
「錯！我就告訴你這書呆子，相同的是兩樣都可以騎，不同的是，單車先打氣後上騎，而女人是要先騎上去再打氣，人生就這麼簡單。哈，你只會騎單車，不會騎女人...」
還是話音未落，惱羞成怒的大哥又打起了小弟。

　　打或不打，騎或不騎，都是人生。奧馬知道，陽光普照的大地沒有新鮮，生活也不是騎車那麼簡單；但是，在凡間有了藍馬兄弟們，他確比仙還快活。

後記

2013 年秋，女兒結婚，奧馬飛紐西蘭祝福：

狗挽臂

「… 這個貼心懂事的女兒大學畢業後，我們聚少離多，但她仍是我口中不離的話題，郵件談心的知己。從呱呱落地到穿上禮服的現在，她都是我心中的驕傲、手中的瑰寶。在我轉山轉水騎行的兩年，她每天為父親祈禱，是我一路網上照片關懷取樂的兄弟，也是黑夜孤行，魂牽夢掛的唯一。

作為新娘的父親，在此神聖的一刻很是喜悅，但也有著一絲傷感。前世的情人、今生的貼心棉襖就要放手。昨天，陪著女兒排練走紅地毯，對這幾步路我感到漫長。今天站在這裡，發現它不漫長，不到幾分鐘，卻是一個父親三十年的心路。

馬哽咽

有了選擇就有承擔。在主的恩典下，相信堅定的共同信念會讓新郎新娘一路相互扶持，天長地久。感謝上帝。阿門！」

婚禮結束後又回到臺上幾乎不能言語的暗啞：「祂，或許真的存在！」奧馬心服口服，也一塌糊塗。緊上行李，拉上的是，奧克蘭上空不捨的祝福和坦然的失落。飛機衝上藍天，似有若無的尾氣還掙扎著割捨不掉的割捨。

上帝永遠都是光芒萬丈地走來，所以祂是神。而奧馬，偶爾也會想當一隻率性又心虛的狗。只要不傷害他人，是神是狗都是「我」。呵！奧馬下輩子不當馬就當狗，有時候還要倒著走。兩年後奧馬看到又一匹小馬在教堂裏憨跌學步。人說：「親之再親，都只擦肩而過。」奧馬想：「不論是天上來的 God，還是地下生的 Dog，能牽手時得趕快牽手！」

2030 年夏日午後，老驥伏櫪的奧馬藍天海邊涼椅躺息，瞇眼聽濤與神閒聊。孫子突然來問：「外公，你這輩子最快樂的是什麼？」瞬間展顏，奔騰的思緒有如相簿翻頁，情景一一浮現。奧馬兩眼發亮起身慈笑：「走，我倆騎車轉悠去，回頭我講那書沒有的故事給你聽。」奧馬知道，單車會把身心帶到深遠寬廣的天際，他又來勁了！

聖經裏，耶穌說：「信我者得永生。」
草原上，頑桀不靈的奧馬說：「一狗二馬還在路上。」

一狗二馬在路上：單車華夏兩年,探玩天地人趣 /
奧馬著. -- 新北市, 2015.08
　　面；　公分
ISBN 978-957-43-2765-2(平裝)

1.遊記　2.腳踏車旅行　3.中國

690　　　　　　　　　　　　　　　104017520

🕊 獵海人

一狗二馬在路上
——單車華夏兩年，探玩天地人趣

作　　者	奧　馬
圖文排版	奧　馬
封面設計	奧　馬

出 版 者　　吳志暢
235 新北市中和區華新街 109 巷 24 號 12 樓之 3
電話：+886-9-7366-3534　　　　　　　信箱：omarwu@outlook.com

製作發行　　獵海人
114 台北市內湖區瑞光路 76 巷 69 號 2 樓
電話：+886-2-2518-0207　　　　　　　傳真：+886-2-2518-0778
　　　　　　　　　　　　　　　　　　服務信箱：seahunter@gmail.com

展售門市　　三民書局【復北門市】　　　　三民書局【重南門市】
10476 台北市復興北路 386 號　　　　10045 台北市重慶南路一段 61 號
電話：+886-2-2500-6600　　　　　　電話：+886-2-2361-7511

網路訂購　　博客來網路書店：http://www.books.com.tw
三民網路書店：http://www.m.sanmin.com.tw
金石堂網路書店：http://www.kingstone.com.tw
學思行網路書店：http://www.taaze.tw

法律顧問　　毛國樑　律師

出版日期：2015 年 8 月
定　　價：480 元